A Research on the Mechanism of
Local Administrative Supervision
System in Ancient China

中国古代地方监察体系运作机制研究

余蔚 著

上海古籍出版社

图书在版编目(CIP)数据

中国古代地方监察体系运作机制研究 / 余蔚著. ——上海：上海古籍出版社，2024.5
ISBN 978-7-5732-1110-1

Ⅰ.①中… Ⅱ.①余… Ⅲ.①监察－政治制度史－研究－中国－古代 Ⅳ.①D691.49

中国国家版本馆 CIP 数据核字(2024)第 076460 号

中国古代地方监察体系运作机制研究

余 蔚 著

上海古籍出版社出版发行

(上海市闵行区号景路 159 弄 1-5 号 A 座 5F 邮政编码 201101)

(1) 网址：www.guji.com.cn
(2) E-mail：guji1@guji.com.cn
(3) 易文网网址：www.ewen.co

苏州市越洋印刷有限公司印刷

开本 635×965 1/16 印张 14 插页 5 字数 209,000
2024 年 5 月第 1 版 2024 年 5 月第 1 次印刷
ISBN 978-7-5732-1110-1
K·3580 定价：98.00 元
如有质量问题，请与承印公司联系

目 录

绪论 ·· 1

第一章 地方监察制度建立过程的比较研究 ······························ 8
第一节 全新地方监察制度的建立——以宋为例 ····················· 9
一、地方监察机构之建置 ·· 9
二、其他监察机构的短期设置 ··· 16
三、地方监察机构的监察内容 ··· 20
四、互察 ·· 31
第二节 "次生"的地方监察制度的建立——以金为例 ··········· 35
一、世宗以前地方监察机构的缺位及监察困局 ···················· 37
二、提刑司、按察司的变迁：大定二十九年—贞祐三年 ········ 40
三、中央官员的地方监察工作：监察御史与其他特使 ·········· 50
四、金地方监察制度的效果及影响 ··································· 53
第三节 历代地方监察制度因革之主线 ································ 57
一、刺史作为主要监察官的时期 ······································ 58
二、监司并立的时期 ··· 66
三、监察(巡按)御史—肃政廉访(提刑按察)司时期 ·············· 71
小结 ·· 75

第二章 地方监察官的体系化 ·· 77
第一节 地方监察官之类型 ··· 78
一、兼具监察之职的行政官 ·· 81
二、兼职的监察官 ·· 87
三、专职的监察官 ·· 89

第二节　地方监察"体系"：机构之间的关系 ⋯⋯⋯⋯⋯⋯⋯⋯ 91
　　第三节　地方监察机构与行政机构的关系 ⋯⋯⋯⋯⋯⋯⋯⋯ 100
　　小结 ⋯⋯⋯⋯⋯⋯⋯⋯⋯⋯⋯⋯⋯⋯⋯⋯⋯⋯⋯⋯⋯⋯⋯ 102

第三章　中央对地方监察事务的管理 ⋯⋯⋯⋯⋯⋯⋯⋯⋯⋯⋯ 107
　　第一节　中央对地方监察体系的控制 ⋯⋯⋯⋯⋯⋯⋯⋯⋯⋯ 107
　　第二节　专职监察机构的补充——临时遣出 ⋯⋯⋯⋯⋯⋯⋯ 122
　　　　一、汉代的临时遣使——以"绣衣使者"为中心的复杂体系 ⋯ 122
　　　　二、魏晋至五代的临时遣使 ⋯⋯⋯⋯⋯⋯⋯⋯⋯⋯⋯⋯ 125
　　　　三、宋代的临时遣使 ⋯⋯⋯⋯⋯⋯⋯⋯⋯⋯⋯⋯⋯⋯ 131
　　小结 ⋯⋯⋯⋯⋯⋯⋯⋯⋯⋯⋯⋯⋯⋯⋯⋯⋯⋯⋯⋯⋯⋯⋯ 141

第四章　地方监察官的权力边界 ⋯⋯⋯⋯⋯⋯⋯⋯⋯⋯⋯⋯⋯ 143
　　第一节　由"察"至"考"——监察面相的扩张 ⋯⋯⋯⋯⋯⋯ 144
　　第二节　监察对象的外延 ⋯⋯⋯⋯⋯⋯⋯⋯⋯⋯⋯⋯⋯⋯ 154
　　第三节　监察内容的拓展 ⋯⋯⋯⋯⋯⋯⋯⋯⋯⋯⋯⋯⋯⋯ 159
　　小结 ⋯⋯⋯⋯⋯⋯⋯⋯⋯⋯⋯⋯⋯⋯⋯⋯⋯⋯⋯⋯⋯⋯⋯ 169

第五章　巡行：地方监察官的履职方式及效果 ⋯⋯⋯⋯⋯⋯⋯ 170
　　第一节　时间、空间及其他——历代巡行制度概述 ⋯⋯⋯⋯ 171
　　第二节　宋代监司的巡历与分部巡历 ⋯⋯⋯⋯⋯⋯⋯⋯⋯ 182
　　　　一、技术难题：巡历制度的确立过程 ⋯⋯⋯⋯⋯⋯⋯⋯ 185
　　　　二、巡历的空间与时间：路内分部与周期 ⋯⋯⋯⋯⋯⋯ 190
　　　　三、临时分部：为处理紧急事项而作的空间分划 ⋯⋯⋯ 198
　　小结 ⋯⋯⋯⋯⋯⋯⋯⋯⋯⋯⋯⋯⋯⋯⋯⋯⋯⋯⋯⋯⋯⋯⋯ 201

结语 ⋯⋯⋯⋯⋯⋯⋯⋯⋯⋯⋯⋯⋯⋯⋯⋯⋯⋯⋯⋯⋯⋯⋯⋯⋯ 204

参考文献 ⋯⋯⋯⋯⋯⋯⋯⋯⋯⋯⋯⋯⋯⋯⋯⋯⋯⋯⋯⋯⋯⋯⋯ 209

索引 ⋯⋯⋯⋯⋯⋯⋯⋯⋯⋯⋯⋯⋯⋯⋯⋯⋯⋯⋯⋯⋯⋯⋯⋯⋯ 216

绪　　论

　　所谓"监察","监视而观察"①而已,本意甚简,但关涉至广,地位至重。自皇朝肇始,御史大夫作为监察官的首领,已在"三公"中占据一席之地。至明清,形成都察院—六科给事中之下庞大的官员群体。两千年来,监察的理念在官僚制度中始终有明确的体现,但汉亡之后,有颇长一段时间处于徘徊消沉的状态。在大约最近千年的帝制时代晚期,监察理念才又有了突破性的进展,监察官群体形成的结构远较此前复杂,对于监察官的作用以及其重视和依赖程度在不断增加。

　　监察一事,其重点自然是对权力部门非理、违法行为的发现与纠正,是澄清吏治、维持政治秩序的最重要手段,而监察体系则是官僚体系"自净化"的重要装置。它多是针对官员,这一点从未被忽视过。此外尚需强调,它对于君主,也或多或少会起制约作用。"古代士人通过这一制度,在批判与限制、改造与削弱君主专制方面所发挥的积极作用",②不应忽视。监察体系固然由帝王的需要与支持而生,但当它发展成熟之后,它便有自己的意志,并不完全随君主的意愿而行事。一个部分独立的监察体系,是对握有政治权力的所有机构和个人进行制衡、排除施政任意性的最重要力量。"专制"固然始终无法被击破,在"专制"的框架下维护统治秩序,当然是统治者的最终利益所在,但也并非与社会的利益相背反。

---

① 《诗经·大雅·思齐》第二章"监观四方",笺曰"监察天下之众国",疏云:"监视而观察天下四方之众国。"见[汉]郑玄笺、[唐]陆德明音义、[唐]孔颖达疏,朱杰人与李慧玲整理:《毛诗注疏》卷二十三,上海古籍出版社,2013年。
② 胡宝华:《唐代监察制度研究》,商务印书馆,2005年,第196页。所谓"这一制度",在原书中指监察制度之重要组成部分——谏官制度。

与监察制度的重要性相应,学界也向来重视它的作用。较系统的研究始于1920年代,高一涵对于御史制度的通代研究可视为一时之典范。①虽则御史制度仅是监察制度的一部分,但却是最核心的一部分。高著对于史料的梳理不仅体现了他的旧学素养,加之其求学于日本以及长年活跃于政论界的经历,使他的研究时时凸显相当强大的评析与批判能力,在当时足使人耳目一新。而御史不仅是秦汉以降最重要的中央监察官,多数时代也承担了部分地方监察的职责,或者某些监察官由御史台管理,因此高著也常将御史与其他地方监察官进行比较。高著作为早期影响较著的研究成果,开监察制度综合研究之先河。继之者如徐式圭的监察制度通代研究,②其关注面更广,以制度的梳理为基础,就地方监察层面,如刺史制度等,皆有所及。

高一涵专著刊发之后,关于监察制度的研究,沿三条路径并行发展。较引人注目的是对该制度的通代研究。自1970年代始,在海峡两岸有多部专著出现。③ 在史料处理、细节阐发、具体制度的评述方面,皆有所发明。但也有较明显的共同之处:大体依时代铺叙;强调历代制度的延续性,对于前后转变关注较少;较重视机构的建立与调整,机构之间的关系则非论述重点。此外,历来不乏以"略论"、"史话"、"漫谈"性质的论文,试图对两千余年监察制度作一些阐发,个别观点或有启示作用,但当然难以对这么长时段的制度发展线索作一全面而准确的梳理。

第二条路径为断代制度之研究。曾纪蔚对清代监察制度、陈世材对两汉监察制度的研究,④是相关研究中较早刊行的。1980年代以后,佳构

---

① 高一涵:《中国御史制度的沿革》,上海商务印书馆,1926年。
② 徐式圭:《中国监察史略》,中华书局,1937年。
③ 徐曾渊:《中国监察制度的理论、渊源及影响》,台湾商务印书馆,1971年;彭勃、龚飞主编:《中国监察制度史》,中国政法大学出版社,1989年;吴观文:《中国古代政治与监察制度》,国防科技大学出版社,1991年;邱永明:《中国监察制度史》,华东师范大学出版社,1992年;关文发、于波主编:《中国监察制度研究》,中国社会科学出版社,1998年;贾玉英:《中国古代监察制度发展史》,人民出版社,2004年。此外,李小树的《秦汉魏晋南北朝监察史纲》(社会科学文献出版社,2000年)也与上述著作有近似的体例。
④ 曾纪蔚:《清代之监察制度论》,上海书店出版社,1931年;陈世材:《两汉监察制度研究》,上海书店出版社,1944年。

迭出，基本涵盖了汉、清之间的主要朝代。胡宝华关于唐代监察制度的研究，①对御史、谏官的设置、职责有非常清晰的论述，其最为精妙之处在于：将地方监察制度"演变过程"落实到体系化过程、内部结构、权力及其实施等各方面的变迁；对机构如何履行权力、制度生成与变化的动力、其于政权中起到何等作用、中央地方关系与制度实施遇到何种困扰，给出了透彻的剖析。邓小南的系列文章，由信息渠道的视角对宋代官员的政绩考核过程作了系统的探赜，从"实然"而非制度"应然"的层面，揭示了考绩工作的具体实施细节，并强调了考课与监察的紧密联系。这些作品，可视作"过程研究"的典范。②贾玉英的专著对宋代的中央、地方监察机构的建置沿革与职能，作了清晰的梳理。③洪金富关于元代监察制度特点的长篇论文，④于制度安排之细节、机构之间的关系、监察事务之展开以及由元代制度发散出去的历代制度之比较等方面，多有独到之见，可视作同类研究中的典范之作。明代的相关研究，则有刘双舟、张治安两部著作，⑤从制度考证之周详、观察角度之全面、剖析论证之深刻等各个层面来看，皆有值得称赏之处。除了研究者通常不会忽略的机构建制，它如权力的运行、管理机制、机构之间关系等较"活"的方面，都作了新尝试。另外，我们也不应忽略一些优秀的政治制度史、法律史、地方行政制度史的研究⑥所涉及的监察制度的内容。比如白钢主编的《中国政治制度通史》，作为一套由各个断代的政治史集合而成的皇皇巨著，对各主要朝代的监察制度，都有精

---

① 见胡宝华上揭专著。
② 邓小南：《政绩考察与信息渠道——以宋代为重心》，北京大学出版社，2008年。
③ 贾玉英：《宋代监察制度》，河南大学出版社，1994年。
④ 洪金富：《元代监察制度的特色》，《成功大学历史学系历史学报》第2期，1975年7月。
⑤ 张治安：《明代监察制度研究》，台湾五南图书出版公司，2001年；刘双舟：《明代监察法制研究》，中国检察出版社，2004年。
⑥ 政治制度史研究如白钢主编的《中国政治制度通史》，人民出版社，1996年；李治安：《元代政治制度研究》，人民出版社，2003年。地方行政制度的研究如严耕望的《中国地方行政制度史·秦汉地方行政制度》、《中国地方行政制度史·魏晋南北朝地方行政制度》（"中研院"史语所，1961年、1974年），周振鹤：《地方行政制度志》，上海人民出版社，1998年；陈志坚：《唐代州郡制度研究》，上海古籍出版社，2005年。法律史研究如戴建国的《宋代法制初探》，黑龙江人民出版社，2000年；《唐宋变革时期的法律与社会》，上海古籍出版社，2010年；宫崎市定：《宋元时代的法制和审判机构》，载《日本学者研究中国史论著选译》第八卷，中华书局，1992年。

炼而周全的论述。由于监察制度被置于非常全面的政治环境中进行讨论，故而它展现给我们的，是监察制度与其所生存的空间有充分互动的面貌。又如李治安关于元代政治制度的研究，以相当大的篇幅展开地方监察史的研究，机构建置与演变的细节被充分挖掘。此外，运行机制、权力结构与机构之间的关系，始终得到强调。而地方行政制度与法律史的研究对象，则有很大一部分是与监察制度重合的，如经历监察—行政机构之转型过程的刺史，兼具监察、行政、司法职能的宋代监司等，莫非如此。

第三条路径偏重专、精，大多是围绕个别监察机构所展开的深度研究。关于某些中央监察机构如唐代御史、宋代台谏的精深研究，①为我们提供了从地方向中央监察制度进行衔接的通道，故而我们应格外关注。不过与本研究关系最直接的，自然是对地方监察机构的研究。刺史制度的研究最为成熟，1940年代劳榦先生已有详考。② 此后，魏晋南北朝之中央遣使、③唐代采访使及巡院、④宋代诸监司、⑤元代监察御史与肃政廉访使、⑥明代巡按御史等制度，⑦皆有相关研究陆续推出。历代主要的地方监察机构，大体皆有专文论及。

但要全面地理解历代的地方监察制度，仅依赖前所提及的三条途径的研究，尚有不足。它们各有一部分涉及地方监察制度，与本研究的关系，愈往后则愈近，可借鉴之处愈多。但不同的途径，各自限于研究线索

---

① 王寿南：《唐代御史制度》，载《劳贞一先生八秩荣庆论文集》，台湾商务印书馆，1986年；虞云国：《宋代台谏制度研究》（增订本），上海书店出版社，2009年。
② 劳榦：《两汉刺史制度考》，《中研院史语所集刊》第十一本，1944年。
③ 刘太祥：《北朝大使巡行制度初探》，《许昌师专学报》1995年第1期；武剑青：《南朝遣使巡行初探》，《西南交通大学学报》（社会科学版）2007年第6期。
④ 池田温：《采访使考》，载《第一届国际唐代学术会议论文集》，台湾学生书局，1989年；高桥继男：《唐代後半期における巡院の地方行政監察業務について》，载《星博士退官紀念中国史论集》，星斌夫先生退官纪念事业会，1978年。
⑤ 戴建国：《宋代的提点刑狱司》，《上海师范大学学报》（哲社版）1989年第2期；郑世刚：《北宋的转运使》，载邓广铭、郦家驹等主编《宋史研究论文集》（一九八二年年会编刊），河南人民出版社，1984年；戴扬本：《北宋转运使考述》，上海古籍出版社，2007年。
⑥ 丹羽友三郎：《元代における地方監察機構の成立過程について》，《三重法经》第十六号，1965年；丹羽友三郎：《元代における地方監察官の分巡について》，《名古屋商科大学论集》第十卷，1966年。
⑦ 巨焕武：《明代巡按监察御史》，台湾政治大学政治研究所博士论文，1970年。

和视角,又各有其需要补足之处。比如通代的监察制度研究,因研究对象的范围太广,难以同时清晰地梳理出几条线索:中央的、地方的,何处以沿袭为主、何处出现明显转折。尤其是按时代的演进进行论述,便很难再将注意力集中到各时代监察体系与政治环境的关系——这一工作需留与断代的监察制度研究者。但断代研究很易切断该朝代与前后历代情况的关联,难以在同等基础上进行时代之间的比较,更难穿透机构或官名的表象去寻找不同时代的制度的异同——譬如,同为监察御史,不同时代,他们在地方监察中的作用和地位显然不同;而两汉刺史与明代巡按御史名称虽不同,其实质却可能有很大的共通性。这类异同,若非将各个比较对象置于其所处时代的制度环境中,对其功能与地位作同等深度的分析,则很难作出评判,这就需要作专、精的个别研究。而最后一类研究同样有其局限,这一形式不易观察到监察体系内部的各机构关系如何、监察体系与行政体系的关系如何,以及这些关系在历代有何变化。

若从地方监察的角度来看,上述研究途径的不足,就更为显著,它们明显偏重于中央。而论述地方制度的论著,总体来看又存在以下问题:"碎片化",即较重视个别机构,较少关注机构之间的关系,即地方监察体系的形态。"固定化",即较重视机构的建置沿革,而对权力流转、运行状况较为忽视。"孤立化",即关注了地方监察,但容易忽视其与中央监察制度的联系,或忽视其与地方行政的关系。上述论著,很少有同时发生上述问题的,但又很难同时避免上述问题。建立一种较新的论述框架,以突出地方监察体系的整体性与内部结构、它与周边各种政治要素的关系以及不同时代制度的连续与变化——这些便是笔者亟望作这一新研究的动力。而地方监察制度与相应的中央制度之间存在明显不同。前者的对象要广泛得多,因空间因素的加入,研究过程中的种种困难会被放大。它的成熟过程与中央监察制度不同,至少当御史台的设置与运行制度大体定型之后,地方监察机构之设置却时断时续,起伏较大。由是,确立新的观察角度,构建新的论述框架,更显必要。

对地方监察制度作通代性质的考察,不同于作一部传统的《职官志》,不同于断代研究的简单叠加,而需要特别关注不同时代地方监察制度的关联,于是立足点必然是要做系统的考察。职是之故,对于制度的变革,考察重点应在于机制。关于机制,笔者认为占据重要地位的研究内容应是:

地方监察事务的承担者,以及不同层级、不同专业职任的承担者共同构成的体系,即监察官的结构。在此需要强调"体系"的意义:至少在秦以后,监察权存在于任何政权中,但若这一权力仅存在于地方行政体系中,而看不到行政体系之外的监察脉络,恐怕就很难谈得上有监察"体系"了。

对象,即受监察的官员的范围。

内容,即所监察的事务的范畴。

权限,即所监察的事务的属性,它与监察对象的关系。

承担者的归属,即谁在控制他们,控制的目的与方式。上述从承担者到对象的诸要素,人和权力的结合体,在整个政治结构中占据了怎样的空间,对于官僚体系的正常运作,对于国家层面的政治稳定起了怎样的作用——这是很富挑战性的问题,但也是对地方监察体系作整体描述所必须解释的问题。

其履行职责的方式,是与行政官员的"坐治"相对的"巡行"。在这个动态的方式中,又如何作出空间的区划及时间的限定,以调适同僚之间的工作节奏,并最有效地覆盖全部国土以及各类地方权力部门。

本研究的框架设置与内容安排,大体便按照上述次序推进。在此之前,笔者拟在个别朝代制度的全面研究的基础上,呈现历代地方监察体系演进过程的阶段性,以时间序列上的纵向梳理,作为全部研究的基础。在全部研究之中,笔者力求贯彻"关系"的研究。在两千年的地方监察体制演变过程中,细节的变更几无中辍,每个时代,必定有某几项有"特点"的具体制度。最直观的表现在监察官员的名称,变动繁复。然而,监察官名称的变更是无关紧要、不涉及根本的。重要的是以此为切入点,去考察一切"关系"的变迁:监察体系的内部关系,监察体系与其他政治官僚群体——尤其是与它主要针对的行政体系的关系,以及历代监察体系的关系。

对不同时代,笔者不得不有所侧重,集中关注了汉宋元明监察体制的演进。这是因为在汉末刺史转而成为行政官员之后,直到宋代,监察体系才得以重建,进入一个新的连续发展时期,延续至元明。并且,其结构之复杂、其权势之强大,在两汉刺史制度的基础上有明显推进。比起汉代来,宋元明更称得上是监察体系的全盛期。而在这个漫长的时期中,承担者、权限、对象等各要素,前后皆有转折,这是远比"延续"更值得关注的问题。体制的主要变化,就发生在这三个朝代。可以说,要研究监察体制的变化,宋元明还不止是"经典"时期,它甚至是"主要"时期。

需要强调的是,本文所指的"地方监察官员"、"地方监察机构"和"地方监察体系",是指以监察地方事务为职责,而非指常驻于地方的官员、机构以及他们所形成的体系。本文这样表述有可能造成误解,但比起"监察地方的官员(机构、体系)"的提法,总算是顺畅一些。监察的对象是地方行政体系,但监察事务所涉是包括中央和地方在内的庞大的官僚体系的活动,并且,中央作为机制的设计者,在其中扮演主角。

第一章　地方监察制度建立过程的比较研究

秦以后,所有朝代都存在地方监察制度,但其系统性却大相径庭。或是简单明晰但不乏力度者,如秦代直接以御史监郡;或是繁复交错的监察官员构成严密监察网,如宋代之诸司并立,以及元、明两代之多层级制度。也有始终在尝试建立较完整的监察体系但却一直未能成功的,如唐代曾有多次监察官的建置及改置,但未能建立一套长期有效的体制。金代曾于短期内致力于监察体系之施设,然建制与效果皆不恒,亦可归入此类。更有旧朝制度早已衰颓不堪用,而仍保持原有框架,无意更张创革者,如魏晋南朝。每一种状态,都有其值得关注之处。建立起严密监察体制的时代,其意图及实现的过程固然有深入探讨的价值。而作出巨大努力却未有明显成效的时代,制约其监察制度建设的政治氛围与利益冲突,同样足以引起我们的兴趣。

作为全部研究的基础,本章拟选择一些较典型的时代,详述它们各自建立地方监察制度的过程,尤其注意突出历次转折,及创制、转折的政治背景,致力于三个最重要的变量:时间(过程)、空间(区划)、关系。所谓"关系",既包括监察官之间的关系,也包括监察制度的创设、改革与其他政治要素的关系。拟选取的时代是宋与金。其他时代非不重要,不过关于汉代刺史的研究较早成熟,成果最富。唐、元两代,已有前述胡宝华、洪金富、李治安诸先生之专门研究,关于"过程"等,笔者既无重要新见,亦不宜在此赘述。

不过,在本章最后,笔者将综合考量历代地方监察制度的因革关系,考察后代如何吸取前代经验,又提供了什么教训以促使后代有针对性地建立本朝的特色制度。这一工作将充分吸收前人的成果,尽量展现秦以后两千年制度变化的过程。

第一节 全新地方监察制度的建立——以宋为例

秦以降,任何一个朝代的制度,都不可能丝毫不带前朝的影迹,横空出世。即如宋朝,亦不例外。如唐以前常用、在唐代登峰造极的临时遣使之制,在宋代并未弃而不用。而中唐以后以度支体系的巡院行地方监察之职,也与宋代的转运使作为财政官员而兼监察之职,有某种程度的相似性,或者存在理念上的影响。不过,这些要素都不是宋代制度的主要表现。在最关键的方面——新的监察官如何全面握有对地方的监察权,以及监察官之间的关系,如何体现独特的权力结构,这是宋代制度自生的内容。

一、地方监察机构之建置

1. 转运司

宋代产生的第一类地方监察机构转运司,唐已有之,其职能是财政方面的,即转输东南之财谷至京师,其行使职能之范围为东南数十州。五代亦建置不辍,宋是借用了旧有的机构,赋予新的意义。它在乾德四年(966)已遍置于"诸道"。[1] 不过,直至开宝九年(976)太祖下诏,令诸转运使"察部内知州、通判、监临物务京朝官,以三科第其能否",[2]它才开始正式行使监察权,成为监察机构。如司马光所言,它所具备的,是"汉部刺史

---

[1] 郑世刚:《北宋的转运使》,载邓广铭、郦家驹等主编《宋史研究论文集》(一九八二年年会编刊)。
[2] 《续资治通鉴长编》卷十七,开宝九年十一月庚午,中华书局,1992年。

之职"。①

　　转运司(漕司)建制的特殊之处,首先在于其中可有两个以上互不统辖之官员,如转运使与转运副使、判官即是。三者皆可称为"漕臣",其行使的职能是相同的,"掌经度一路财赋,而察其登耗有无,以足上供及郡县之费,岁行所部,检察储积,稽考帐籍,凡吏蠹民瘼,悉条以上达,及专举刺官吏之事"。② 一路或有转运使,或有副使、判官,视任者之资历而定。而朝廷对漕臣之资历,亦按路分之别而有不同的要求。同时,每路转运使、副、判官的员数亦视路分之不同而异,而且,在整个宋代各路漕臣之置废、员数,变迁不定,大致是使、副、判官共二至三人。

　　南渡后,宋廷只余半壁江山,情况较之北宋有所改变。反映在资历要求上,各路似无甚区别,据邓小南先生研究,南宋——特别是后期的诸路漕司,很少设有转运使一职,其长官多为运副或运判。在员数上,南宋前期除用兵等非常时期,平时各路皆以两员为率。后期,则一般只置一员。③ 惟京西、淮南东、西路较为特殊,多以一到两名官员兼转运、提点刑狱、提举常平茶盐等数职,以民事较为简省之故。

　　转运司之区划,在宋初至道三年(997)为十五路:京东、京西、河北、河东、陕西、淮南、江南、荆湖南、荆湖北、两浙、福建、西川、峡路、广南东、广南西路。真宗咸平四年(1001),西川路析为益州、利州两路,峡路分为梓州、夔州两路。天禧四年(1020)分江南为东、西路。十八路之制维持了五十余年,是最为稳定的区划。熙宁五年(1072)至七年,分别分京东为东、西两路,京西为南、北两路,河北为东、西两路,陕西为永兴军、秦凤两路,淮南为东、西两路,此二十三路之制,也存在近五十年。宣和四年(1122),置燕山府路与云中府路,此为《宋史·地理志》所载二十五路之制,加上崇宁四年(1105)所置京畿路,北宋末共二十六路。

　　南渡之后,宋境仅有两浙、淮南东、淮南西、江南东、江南西、荆湖南、

---

① [宋] 司马光:《温国文正司马公文集》卷二十二《谨习疏》,四部丛刊本。
② 《宋史》卷一百六十七《职官志七》,中华书局,1977年。
③ 邓小南:《宋代文官选任制度诸层面》,河北教育出版社,1993年,第137页。

荆湖北、京西南、成都府（原益州路）、利州、梓州（潼川府路）、夔州、福建、广南东、广南西路，大部分时间为十五路。

2. 提点刑狱司之建置

提点刑狱司（宪司）主要官员为提点刑狱公事，始置于景德四年（1007）。此后二十五年间，三置而二罢，至明道二年（1033）复置后，建制始固定，提刑司成为与转运司并列的地方监察机构。① 提刑司主要官员，有文武之分，文臣提点刑狱公事建制稳定，武臣则一直处于置废之间，淳熙十六年（1189）之后不复置。若文臣、武臣提点刑狱皆置，则每路文、武各置一员；若只差文臣，一般情况下一路只置一员。然在熙宁七年（1074）至元祐元年（1086）间，京东、西、河北、陕西、淮南、两浙旋分旋合，分则每路各置一员，合则置两员通管一路，此为例外。

提点刑狱之职，"掌察所部之狱讼，而平其曲直，所至审问囚徒，详覆案牍，凡禁系淹延而不决，盗窃逋窜而不获，皆劾以闻，及举刺官吏之事"。② 先有审刑之任，明道二年（1033）置提刑，就是因为"诸路刑狱既罢提点官，转运司不能一一躬往谳问"，③既置之后，与转运司并列，乃予以监察之任。然此外又有领兵弭盗之职，其中武臣尤重在此职。故往往"群盗啸聚"或"溃卒聚为群盗，惊劫县镇"④之时，乃置武臣提刑，其置、罢，多与时局之安宁与否有关。

提点刑狱司所对应的路分区划，大致说来与转运使路是重合的，不重合者只是少数路分。如哲宗元祐元年（1086），河北、陕西、京东、京西、淮南各分为两个转运司路，共十路，而提刑司则为五路。次年，提刑司复分十路，仍与转运司路重合。⑤ 两种区划较长时间不重合的，是两浙路。该路于熙宁七年（1074）四月分转运、提刑皆为两路，同年九月复合，九年五

---

① 戴建国：《宋代的提点刑狱司》，《上海师范大学学报》1989年第2期。
② 《宋史》卷一百六十七《职官志七》。
③ 《续资治通鉴长编》卷一百十九，明道二年十二月丙申。
④ 《宋史》卷二十二《徽宗纪四》；《建炎以来系年要录》卷六，建炎元年（1127年）六月丙戌，中华书局，2014年。
⑤ 《续资治通鉴长编》卷三百六十八，元祐元年闰二月丙申；卷三百七十一，元祐元年三月壬戌；卷四百，元祐二年五月丁巳。

月又分,十年五月合。① 此二度分合,转运司、提刑司路是一致的。但建炎四年(1130)提刑司独"用熙宁法,复分为二",从此与转运司路不相重合,共为十六路。②

3. 提举司之建置

提举司,包括提举常平司(仓司)与提举茶盐司(茶盐司),两者皆因财利事而影响地方行政,朝廷为此赋予其监察州县官吏之权力,既使其财政职能得以顺利实施,又使朝廷对州县之行政事务有进一步的约束力。自神宗置提举常平司以来,"每事各置提举官,皆得按察官吏",州县必然疲于应付,此后两司之数度废、置,最终合而为一,并不是没有理由的。

自熙宁二年(1069)至绍兴十五年(1145),提举常平不但在置、废之间徘徊,而且其存在之时,或是高层行政长官,或是高层行政组织属下之一员,变迁不定。

真宗景德三年(1006),置各州常平仓,掌地方籴粜赈恤,"每州择清干官主之",隶司农寺。然而官小权轻,"徒有安抚之名,初无救恤之实",皇祐元年(1049),仍令州官一员主之,隶于转运司,大约希望借漕臣之威慑来增加常平事务的重要性,使之正常发展。③ 这反映了提举常平司之建置在行政事务方面的需要。熙宁元年(1068),先遣官提举陕西、河北常平。④ 二年,始置十八路提举常平广惠仓,兼管勾农田水利差役事,简称提举官,又置同管勾提举官。⑤ 遂与转运司、提点刑狱司同为监察官。

于熙丰新法时期新置的提举常平司,此后便随新法的废罢与重兴,而交替处于置、罢之间。元丰八年(1085)始,陆续罢新法各条,提举常平乃

---

① 《续资治通鉴长编》卷二百五十二,熙宁七年四月壬辰;卷二百五十六,熙宁七年九月丁未;卷二百七十五,熙宁九年五月丙寅。
② [宋]施宿等纂:《嘉泰会稽志》卷三,收入《宋元方志丛刊》。按《宋史》卷二十六《高宗纪三》:绍兴元年十二月"己卯,诏:两浙分东、西路置提点刑狱"。然而同卷建炎元年十月己卯,已有知秀州兼权浙西提刑赵叔近。不过,这或许是因为一月前两浙提点刑狱被杭州叛兵所杀,武臣提刑被劫持,故暂分为两路,令叔近兼浙西提刑。两浙正式分两路当在次年。
③ [宋]林駉:《古今源流至论》前集卷六,文渊阁四库全书本。
④ 《宋史》卷一百六十七《职官志七》。
⑤ 《宋会要辑稿》职官四三之二、三,中华书局,1957年。

于元祐元年罢。绍圣元年(1094),哲宗亲政,又复置。① 建炎元年(1127)罢,以其事归提刑司,然置司之时各州所聚钱谷,尽为他司移用。二年定议复置,②未及实行,高宗南狩。三年,因赵鼎之奏而中辍。③ 绍兴五年(1135),以侍御史张致远奏,又置司,令茶盐司兼领,无茶盐司处仍令提刑司兼领。④ 八年,提举常平司本已复置,然因设置了总管诸路常平的经制司,乃于九年隶经制司,为"某路干办常平等公事",常平事务虽从茶盐司脱离,却仍隶于经制司,不复为独立机构。同年经制司罢,其事复归提刑,仍于每州置主管常平官。十三年,又命茶盐司兼领,仍未成为独立之一司。⑤ 直至绍兴十五年,将常平事由提刑司划出,与茶盐司合,置提举常平茶盐事。⑥

茶盐司于政和元年(1111)初置之时,主管官称提举茶盐事。绍兴十五年并入常平职事,称提举常平茶盐公事。不过,此后往往是常平与茶盐分称,如《吏部条法》所载淳祐中各路高层行政组织荐举员额数,常平与茶盐即分而计之,因此,提举常平茶盐,可目为一名行政长官长期兼两司之职。

常平司之反复置罢之过程,实际上反映了专置一司管理地方常平赈济事务之必要性,然此官与熙宁、绍圣二次"新法"有不解之缘。南渡之初,甚为君臣所讳,而其原来所行之重要职事——青苗法,更是令人深恶痛绝,故建炎以后二十年,对于常平官之设置始终十分犹豫。故而相比转运、提刑司,提举常平司的建置较不稳定。

熙宁二年置十八路与开封府界常平司,因各路事务繁简程度不一,每路设官亦不同,每路置提举官一到两员,某些路分置同管勾官一员,共四

---

① 《宋会要辑稿》职官四三之六、七。
② 《建炎以来系年要录》卷七,建炎元年七月己亥;卷十七,二年八月癸丑朔。
③ 《建炎以来系年要录》卷二十七,三年闰八月乙酉。
④ 《宋会要辑稿》职官四三之二三;《建炎以来系年要录》卷八十五,绍兴五年二月乙酉;卷八十六,闰二月丙辰。
⑤ 《建炎以来系年要录》卷一百三十一,绍兴九年八月癸亥;卷一百三十二,九月庚寅。《宋会要辑稿》职官四五之二〇。
⑥ 《建炎以来系年要录》卷一百五十四,绍兴十五年八月己亥。

十一员。① 元丰元年（1078），因两浙路所管钱谷数巨，河东、永兴军路地分阔远，各增提举官一员。② 然而同年川峡四路及广西却不专置提举官，而由转运司官兼。③ 绍圣元年（1094）复置提举常平等事官，二十三路及开封府界各一员。崇宁二年（1103），两浙路添一员。④ 提举茶盐司及绍兴十五年（1145）以后有提举常平茶盐公事之路分，各置提举一员，京西、淮南等路则多令他司兼之，很少置专官。

提举常平司之区划。于熙宁二年（1069）始置时，除开封府界独置一司，全国分十八路置司。⑤ 元祐元年（1086）罢诸路提举官，绍圣元年复置，除府界外为二十三路。⑥ 其后又历经多次置罢，至绍兴十五年，建各路提举常平茶盐司，管理常平、茶盐事务。其分路大略同于提点刑狱司分路，唯两浙路于宣和末分为东、西路，较之提点刑狱司之分于建炎四年（1130）为早。⑦

茶盐司始置于崇宁三年，江淮荆浙七路共置一员，置司扬州，以分发运之职事。政和三年（1113），各路皆置茶盐司。⑧ 其分路依提刑司，如建炎四年，诏逐路提刑司、茶盐司尽依旧分东、西路。然而不久即罢各路茶盐司，后又于绍兴二年复置。⑨ 绍兴十五年茶盐常平职事合一，置各路提举常平茶盐司，路分之划分，与提点刑狱司路同。⑩

4．京畿的特殊机构

正如西汉始分置刺史部之时，京畿置有特殊的机构——司隶校尉，北

---

① 《宋会要辑稿》职官四三之二、三；《宋史》卷一百七十六《食货志上四》。
② 《续资治通鉴长编》卷二百八十八，元丰元年三月辛丑；卷二百八十九，四月丙辰。然则河东两员中，元丰元年前已省一员。
③ 《续资治通鉴长编》卷二百九十三，元丰元年十月庚申。
④ 《宋会要辑稿》职官四三之六、七、八。
⑤ 《宋会要辑稿》职官四三之二、三。
⑥ 《宋会要辑稿》职官四之六、七。
⑦ 《嘉泰会稽志》卷二、卷三。
⑧ 《宋史》卷一百六十七《职官志七》，卷一百八十二《食货志下四》。
⑨ 《建炎以来系年要录》卷五十五，绍兴二年六月癸丑，"左朝请郎李健提举江西茶盐公事，初复提举官也"。然按《宋史》卷一百八十三《食货志下五》，广西茶盐司复置于绍兴元年十二月。
⑩ 《宋会要辑稿》职官四三之二八、二九。

宋京城开封府及其周边，也有特殊的地方监察机构的设置以与其他地区的机构相对应。尤其是皇祐五年（1053）、崇宁三年（1104）两次置京畿路，作为路一级的单位，更是与其他路分有相似的建制。

北宋前期，开封作为一个府，在行政区划上并无特殊之处。皇祐五年（1053），始置京畿路，包括开封府及曹、许、陈、郑、滑州，至和二年（1054）罢。① 崇宁三年，改开封府界为京畿路，以颍昌府（原许州）、郑州、澶州，及析开封府襄邑、考城、太康县、应天府宁陵、楚丘县建拱州，为四辅，并开封府为所部。② 大观元年（1107）四月罢四辅，仍以开封府为京畿路。政和四年（1114）又复四辅，宣和二年（1120）再罢，而开封府依旧为京畿路。③ 崇宁三年至北宋亡，京畿路并未废罢，而两度罢辅郡，仅辖开封一府，此其特殊之处。

在未置京畿路之时，府界已于景德二年（1005）置提点府界诸县镇司，文、武臣提点府界诸县镇公事各一员。熙宁二年（1069），与诸路同置提举常平公事，④此后提举司之置、罢，亦与诸路同。皇祐五年至至和二年，及崇宁四年之后，设京畿路，改置"转运使、提点刑狱官"。⑤ "府界"时期的提点府界诸县镇司，及"京畿路时期"的转运、提刑司，其职责大体与诸路监司相同。

宋代开封府最为特殊的一个机构，当属纠察在京刑狱司。"京师刑狱多是［失］平允"是大中祥符二年（1009）设置此司之原因。⑥ 其纠察对象，范围甚广，统制"京师之狱，自开封府、御史台、大理寺、诸寺、监、开祥二县，并尉司、左右外厢马步等军司、三排岸，以至临时诏狱及昼监夜禁等，无虑二十余处"，既关涉京城内及开封、祥符二县刑狱，亦审覆刑部等中央

---

① 《宋史》卷十二《仁宗纪四》。
② 《宋史》卷八十五《地理纪一》言："崇宁四年，京畿路复置转运使及提点刑狱。先是，改开封府界为京畿路。是年，又于京畿四面置四辅郡。"则改开封府界为京畿路当在崇宁四年前。同书卷二十《徽宗纪二》载，京畿路改置转运使、提点刑狱在崇宁四年正月二十七日丙申。又《宋会要辑稿》方域五之一二载，崇宁三年七月二十二日，宰臣蔡京言："被旨：京畿四面可置辅郡。"则改置京畿路当在三年。
③ 《宋史》卷八十五《地理志一》。
④ 《宋会要辑稿》职官四三之二、三。
⑤ 《宋史》卷二十《徽宗纪二》。
⑥ 《宋会要辑稿》职官一五之四四。

机构狱事,其本身即处于中央机构和地方机构之间,"如诸路之有提刑,(府界)诸县之有提点也",与诸路提刑一样,"专意于决讼报囚之事,其访问则无宾客之禁,其巡省则无冬夏之限",元丰三年(1080)官制改革,仍罢其职,并入刑部。吕陶以为,纠察刑狱之罢,"在京诸处刑狱无复纠正而察检之,又况省部深远,细民容有不知者,岂能皆诣长贰求以自直?"①纠察在京刑狱司是置于京师的专业的司法监察机构,较之诸路提点刑狱司更为专门,同时,监察的内容较窄,不能与其他监司相比。

二、其他监察机构的短期设置

之所以称转运、提点刑狱等为监司,因其初置不久,即已受命监察一路。然则随着时间的推移,监司的工作重点逐渐向具体的行政任务转移。至于监察事务,固然仍在其职责范围之内,然监司职责之多样化,分散了他们的精力。另外,直接参与地方行政事务——而不仅仅是监察,必然会使监司与州县利害相关,有时甚至沆瀣一气,使得地方监察工作不能保持较高效率,这也是不可避免的。

随着政权维持的时间日长,官僚系统的工作效率不断下降,吏治也越来越成问题,这就使得地方监察工作仍有恢复和加强的必要。出于这一目的,北宋中期曾经改转运使为"转运按察使",以促使转运使的工作重点向监察倾斜,但这一建制只存在两年半便告废罢。在北宋后期,又曾两次设置新的官职,尝试加强地方监察工作。这两次建置分别发生在北宋熙宁四年(1071)及政和六年(1116)。

1. 察访司

始置察访使,在熙宁四年九月。当时任命李承之察访淮南两浙常平及农田水利差役、盐法等事。② 据同年十一月李承之言,其所受敕命之内,

---

① [宋]吕陶:《净德集》卷二,《奏为乞复置在京刑狱司并审刑院状》,文渊阁四库全书本;章如愚:《群书考索》后集卷八,文渊阁四库全书本。
② 《宋会要辑稿》职官四二之六二。

又有"体量官吏违慢"之任务。① 似乎未经过什么争论,也不见有什么准备工作,神宗就不动声色地推出了察访使制度。不过,在熙宁六年三月,改任李承之察访陕西路之后,才开始普遍派遣诸路察访使;至五月,"诏诸路察访官,河东、两浙路许奏选举人充京官、职官、县令十二人,余路十人"。②至此,察访使之置,应当已比较普遍,但并未各路皆遣,哲宗末曾布回顾道:"先帝在位二十年,所遣(察访)使亦有数,未尝诸路皆遣也。"③

元祐元年(1086)罢新法,察访使随废,至元符元年(1098)二月初重置。在元符二年九月,出现哲宗朝的最后一个察访使之后,④有很长时间一直未见有关该职的记载,然而大约北宋末年又有数例。政和间(1111—1118),"朝廷遣七路茶盐使,因命访察荆湖南北"。⑤ 约在重和元年(1118),"朝廷遣御史周武仲察访淮南,以公(章元任)治状闻,差充淮南西路察访司主管文字"。⑥ 张浚亦曾于宣和中(1119—1125)任"熙河路察访司干办公事"。⑦ 北宋最后一个"察访使",见于靖康元年(1126)九月,"河东路罢制置察访司"。⑧ 故察访司之存在,应当在熙宁四年(1071)至元祐元年(1086),以及元符元年(1098)至靖康元年(1126)。不过,其在徽宗时期的活动难以见到较具体的记载,或许,这是因廉访使者承袭了它的职能。

在长期处于"空白状态"之后,南宋后期,"察访使"一职再次出现。嘉熙元年(1237),董槐以荆湖北路提点刑狱"差充归峡岳察访使";又南宋末

---

① 《续资治通鉴长编》卷二百二十八,熙宁四年十一月戊子。
② 《续资治通鉴长编》卷二百四十三,熙宁六年三月己未;卷二百四十五,熙宁六年五月乙巳。
③ 《续资治通鉴长编》卷四百九十四,元符元年二月庚辰。
④ 《续资治通鉴长编》卷五百十六,元符二年九月戊寅。
⑤ [宋]刘一止:《苕溪集》卷五十《宋故左中奉大夫致仕文安县开国男食邑三百户王公墓志铭》,文渊阁四库全书本。
⑥ [宋]周紫芝:《太仓稊米集》卷七十《朝议大夫章公墓铭》。
⑦ [宋]朱熹:《晦庵先生朱文公集》卷九十五上《少师保信军节度使魏国公致仕赠太保张公行状上》,四部丛刊本。
⑧ [宋]汪藻撰、王智勇笺注:《靖康要录笺注》卷八,靖康元年九月二十七日条,四川大学出版社,2008年。

德祐元年(1275)，谢枋得为"沿江察访使"。① 南宋察访使职衔所带不再是"某某路分"，其任命次数更为寥寥，此其与北宋察访使之区别。另外，董槐至归峡岳之任务，史籍并未明载，但所察区域甚小，且未见同时有其他察访使之遣出，显与北宋之察访使相异。而谢枋得亦是以此职代表朝廷赴江州与叛将吕文焕谈判。以此推断，南宋之察访使似已不任责于地方行政事务之监察。

察访使辖区分划虽不见明文，但从诸多个案来看，似亦以转运使路为准，有兼察访两个以上转运使路者。

2. 走马承受与廉访司

廉访使者虽然置于北宋末，但其前身——走马承受公事，早在太祖、太宗朝已见记载。据《宋史·职官志》"走马承受"条载："诸路各一员，隶经略安抚、总管司，无事岁一入奏，有边警则不时驰驿上闻。"走马承受确以入奏边事为任，不过，此记载有两处语焉不详，易发生误导。首先，"诸路各一员"是北宋后期的情况。在宋初，见于记载者有"并代州走马承受"张永和者，以及"秦州缘边走马承受公事"等，可见宋初走马承受是依都部署司而置，故而"并代州"、"秦州缘边"与河北路及环庆、泾原等陕西的都部署路分的走马承受并见。其后亦只见河北、河东、陕西诸路有走马承受。另外，益州亦驻有川峡走马承受，大约与西川兵马都监相关。②

进入仁宗时期，走马承受仍是随都部署、钤辖、都巡检使辖区等大小军区而置，如鄜延、环庆、泾原、雄霸、高阳关、梓州路、夔州路等，康定元年(1040年)二月置陕西都部署，同时置"陕西都大管勾走马承受事"。③ 可见，因宋代前期各种大小军区变化纷繁，走马承受之置，亦随之而变动不居。故而所谓"路"，可认为是西北、西南诸军区，而未必是同层级、同种类的地方军事机构。东南诸路走马承受之置，则迟至徽宗朝，如福建路走马

---

① 《宋史》卷四百十四《董槐传》，卷四百二十五《谢枋得传》。
② 并代州走马承受，见《宋会要辑稿》兵三之二，天禧三年二月；益州驻走马承受，见《续资治通鉴长编》卷九十三，天禧三年正月，至道三年四月；河北路，见卷五十九，景德二年正月丁巳；环庆路，见卷八十，大中祥符六年三月戊午；秦州缘边，见卷八十六，大中祥符九年三月戊申；泾原路，见卷八十八，祥符九年九月庚戌。
③ 《续资治通鉴长编》卷一百二十六，康定元年二月丁亥。

承受公事,置于大观元年(1107),两浙等路虽不详始置走马承受之年,然崇宁四年(1105)臣僚有言:"东南诸路,近置走马承受公事",则其所置亦当在此前不久。此外,少数情况下亦有一路置两员者,如皇祐五年,知并州韩琦奏,本路走马承受廖浩然"望风诬逐一同职官"——"同承受"冯靖。① 因此,不论年份而言"诸路各一员",与事实不相符。其二,所谓"隶经略安抚、总管司",亦只能就河北、河东、陕西的情况而言,因宋代内地未尝置经略、总管司也。更重要的是,走马承受公事"隶经略安抚、总管司",只是上引"走马承受"条所云,而《宋史》同卷"经略安抚使"条所载属官名目,却并不包括走马承受。这是因为,走马承受隶于经略安抚司,只是表面的情况,只是挂于后者名下,事实上经略安抚司根本无法指挥它,相反,倒是要受到它的掣肘。走马承受负责直接、即时地向皇帝汇报沿边军情,仅此就足以使经略安抚司不敢以下属视之。更何况走马承受还有监视州府治状之职,如至道中(995—997)李应机知益州,得罪了走马承受,走马"怒甚,意欲积其骄横之状具奏于上"。它甚至还负责搜集地方官员之隐私,如仁宗景祐元年(1034),刘涣监并州仓,"既入为谏官,乃以书遗营妓,走马承受张承震得其书缴奏之",涣因此而遭谴。② 大观四年,又下诏强调,走马承受"可仍旧风闻言事",即可向皇帝进道听途说之言,若查无实据,却不用受责。③

事实上的独立地位,使走马承受产生了凌驾地方长官之上的企图,"居是职者,恶有所隶,乃潜去(使印上)'总管司'字,冀以擅权"。然而却被皇帝毫不犹豫地阻止了,"熙宁五年,帝命正其名,铸铜记给之,仍收还所用奉使印"。④ 走马承受虽受皇帝信任,但是皇帝认为,它的真正身份应当是皇帝的耳目,使皇帝得到一切他想了解的信息——这种信息往往是监司不愿访察及奏报的。元符元年(1098),哲宗就曾对曾布夸耀:"唯走

---

① 《续资治通鉴长编》卷一百七十四,皇祐五年正月壬戌。
② 《续资治通鉴长编》卷四十一,至道三年四月;卷一百十四,景祐元年三月癸未。
③ [宋]吴曾:《能改斋漫录》卷十二《记事·许风闻言事》,中华书局,1960年。
④ 《宋史》卷一百六十七《职官志七》。"正其名",是指明确指定某走马承受隶于何路帅司。

马多奏事。"①可见走马的这种"耳目"之功能深受皇帝欣赏,非其他官员可以代替,因此,皇帝本人并不需要它与监司有相同的职能,在北宋前、中期,它确实也不具备全面监察地方行政事务之责。

但是,在哲宗、徽宗时期,走马承受逐渐涉入地方行政事务,权限渐大。徽宗政和六年(1116)七月,走马承受改为"廉访使",②具备了一般地方监察机构的性质。靖康元年(1126),罢廉访使者仍为走马承受公事。建炎元年(1127),令走马承受公事使臣"依旧法隶帅司"。③ 其职任,恢复到神宗以前的状态,不再干预地方行政事务。

三、地方监察机构的监察内容

合转运、提点刑狱与提举常平茶盐,共同担负日常监察州县之职责,故同为"监司"之主要部分,在宋代的政治语境中,"监司"通常即指此三者。监督州县之行政事务,是它们最早具有的、最主要的任务。监督的内容,则几乎无所不包。其监督之具体内容,可用几个关键词概括:"检视簿书"、"按视仓库场务"、"审核刑狱"。

检视簿书之责,于转运使任职地方向中央之财赋转输之时,即已成为其必行之职责。该司成为高层行政长官之后,转输财赋之职仍在,点检之职也从未间断过。自太宗朝之后,"所至郡县,索簿书"检核,是转运使应尽之职,不过,常因事务繁忙,"不暇殚阅,往往委之吏胥,持以为货"。仁宗景祐二年(1035),段少连为两浙转运副使,"命郡县上簿书,悉缄识,遇事间指取一二自阅,摘其非者按之,余不及阅,全缄识以还,由是吏不能为奸,而州县簿书莫敢不治",④才是转运使执行财政监督任务之典范。或以为:"北宋中期以前的监审旧法,内自府库,外至州县,岁会月计,以上于三司。即监审之权全部集中在中央,地方各级官府虽有监审之名,而无监

---

① 《续资治通鉴长编》卷五百,元符元年七月乙卯。
② 《宋史》卷二十一《徽宗纪三》。
③ 《宋会要辑稿》职官四一之一三四;《建炎以来系年要录》卷十一,建炎元年十二月丁卯。
④ 《续资治通鉴长编》卷一百十六,景祐二年六月。

审之权。至宋神宗元丰元年(1078)……提点刑狱司有了监审地方财政的权利。"①此说所及,是北宋前期、中期的中央之审核权,但我们也应注意到地方财政需经过逐层审核。"地方各级官府"的监审之权,在熙、丰前后同样存在。区别只在于:元丰二年以前(1079)漕司巡历所至,点检账簿,并非所有帐簿皆须先经漕司之目;而在这一年以后"县镇仓场库务帐,本州勘勾,诸州帐,转运司勘勾",地方帐目即须经逐层审核,递到中央的,必须是"经司金帐"。② 提点刑狱公事于真宗天禧四年(1020)兼本路劝农使后,亦有"按部所至,索视帐目"——检察两税版籍之职。后恐扰民,改为"移牒索视",即令州县送至提刑司置司处。③ 提举常平司主管常平广惠仓,检视仓场账目,亦是其必行之职责。宋代对监司监督州县财政之职责三令五申,"诸路监司巡按,检视簿书,凡财用之出入,无簿书押者,必按以不接之罪"。"诸监司巡历所至,止据公案簿书点检。"④只有巡历不至之处,才允许"委官分诣,岁一周遍",点检诸州县夏秋税簿。⑤

按视仓库场务也是监司履行财政管理之责时,可以较为方便地兼领的事务,并且两者有互相促进之效。转运使之职,既需经度一路财赋,"察其登耗有无",那么,在"稽考帐籍"之外,"检察储积"也是非常便利的,理所当然成为其职责。⑥ 治平元年(1064)赵抃为河北都转运使,欲按视大名府库,知府贾昌朝以前相之资,颇自尊大,遣人告抃:"前此监司未有按视吾藏者,公虽欲举职,恐事有不应法者,奈何?"抃答云:"舍大名则列郡不服矣。"仍往视之,而无视昌朝之不悦。⑦ 此处之争执焦点,在于个别知府之特权与转运使之"举职",史家载此事,是以赵抃为举职之典范。则巡历所至,按视各府州之仓库是转运使必行之职。此外,场务等国家赢利机

---

① 郭东旭:《宋代法制研究》(宋史研究丛书),河北大学出版社,2000年,第362页。
② 《续资治通鉴长编》卷三百九,元丰三年闰九月庚子。
③ 《宋会要辑稿》职官四二之二。
④ 《建炎以来系年要录》卷一百四十九,绍兴十三年六月戊戌;《庆元条法事类》卷七《职制·监司巡历》,燕京大学图书馆,1948年刻本。
⑤ 《庆元条法事类》卷七《职制·监司巡历》。
⑥ 《宋史》卷一百六十七《职官志七》。
⑦ 《续资治通鉴长编》卷二百一,治平元年四月辛未。

构，明定为转运使所管，亦当巡行检视。尤其是每年征收夏秋税之时，州县置场受纳，小处由本州选委监官，受纳多处，则漕臣差部内官，由于受纳场之置罢有季节性，是"活动"的场，监官、吏人作弊事后踪迹难寻，故受纳场之督视显得更为重要。绍兴六年（1136），王缙指出受纳之吏人"愿差某官，则预先贿赂州县监司主行之吏，……开场之后，百端作弊，……与揽纳之人通同作过"，诏令提举常平茶盐、提刑、转运官即时前往纠察。① 如揽纳之弊，恐无时无处不在，而监司之监察工作，为必不可少之举。

同样需要强调的，是事关一路民瘼的常平仓之检视。正因政府对常平仓之重视，"法禁至重，干连猥多"，"主藏之吏不过指廪固扄，执虚券以相授受而已"，各路仓储"事久废弛，名存实亡，纵有见存，类多陈腐"，②使得常平仓之定期检视更为必要。故朝廷一再命常平司检察仓储，绍兴二十七年（1157）即令仓司"遍巡诸州，躬亲阅视，以知其实"，从上引绍兴二十九年之情况来看，似乎未得到有效执行。乾道四年（1168），再诏："诸路提举常平官，每岁春季躬亲巡历逐州，点检常平仓米，要见桩管实数，申尚书省。"或"委邻州官点检，……结罪申提举司"。③

复审刑狱，是置提点刑狱司初衷所在。但在监司的增置及相互之间分工合作的调整过程中，各监司都负起司法监督之责，只是提点刑狱司于其中所起作用更为重要。按照监司参与程度，复审刑狱有三种方式。第一种，监司坐镇治所，而由所部州县将决狱记录送来检核。如石景衡元丰中为两浙转运司管勾文字，"一路财赋出纳，乃至牒诉"，皆得"条目区别之"。④ 熙宁六年（1073）置提刑司检法官，亦是为了处理各州刑狱。按漕司勾当公事与宪司检法官，依法皆不得差出，当然只能在置司处检覆诸州狱讼。但是，坐待属部呈报，若各州因诸种原因不能及时递上，监司亦无可奈何。据嘉定六年（1213）户部言，仅两浙转运司，当年未结绝民讼达二

---

① 《宋会要辑稿》食货九之三、四。
② 《建炎以来系年要录》卷一百八十二，绍兴二十九年六月壬寅，浙西提举常平吕广问言。
③ 《宋会要辑稿》职官四三之三一、三二、三六、三八。
④ ［宋］慕容彦逢：《摛文堂集》卷十五《朝奉大夫致仕骁骑尉赐绯鱼袋石公墓志铭》，文渊阁四库全书本。

百四十余件,"致人户不住经部、经台催趣"。① 景定中(1260—1264)孙子秀为浙西提刑,面临的局面是:"狱讼之滞,皆由期限之不应。使者下车,或亲书戒州县勿违,而违如故,则怒之。怒之,改匣。又违,则又重怒之。至再三。"不得已遣"专卒"下州取索文案,"而风闻者反谓专卒凌州县,劾罢之"。② 怎么调整都不得当。为防止"本官于所勘狱情辄有干预",朝廷又严令,"监司按发公事,不得送置司处",③显然,需要更便利的方式,以免州县滞狱。这就是监司疏决刑狱之第二种方式,即巡历决狱。

自宋初以迄末年,关于监司巡历所部、疏决系囚之诏令不绝于史,不过,随着机构设置之完善、立法之详备,具体情况有所变化。在北宋前期,往往以灾歉之故,临时令监司疏理管内系囚,希望藉此感动上天,以召和气。④ 其后逐渐强调监司于巡历所至,疏决系囚,有常规化之趋势。明道二年(1033)十二月,规定转运使、副每年遍巡所辖州军,⑤当年复置提点刑狱,亦加入巡历按察之行列。从北宋后期开始,朝廷例于每岁夏热时诏令监司巡历决狱,南宋绍兴五年(1135)重讲此制,并"岁著为例"。⑥ 乾道九年(1173)确立为制度,编入《一司敕》,令诸监司每岁于五月下旬或六月初出发,七月十五日之前巡遍诸州军。⑦ 至南宋中期之开禧二年(1206),又令监司每岁十一月亦须按部理囚,如五月之制,⑧并载入《庆元条法事类》,⑨则一年需两巡矣。另外,自北宋初至南宋末,"催促结绝见禁罪人"的主体亦逐渐发生变化。北宋初临时遣朝使与监司疏决各路刑狱之诏书交互出现,仁宗以后,则以"监司"——作为整体为主,而自南宋绍兴二十八年之后,则"监司"出现之次数很少,大多数情况下,明令"提点刑狱司"

---

① 《宋会要辑稿》刑法三之四一。
② 《宋史》卷四百二十四《孙子秀传》。
③ 《晦庵先生朱文公集》卷十九《按唐仲友第六状·贴黄》。
④ 随举数例,如《续资治通鉴长编》卷六十一,景德二年九月庚戌,"以淮南旱歉,诏转运司疏理管内系囚"。又,同书卷七十四,大中祥符三年八月辛亥,江南旱,"诏转运、提点刑狱官疏理所部系囚"。
⑤ 《宋会要辑稿》食货四九之一二。
⑥ 《宋会要辑稿》刑法五之三四。
⑦ 《宋会要辑稿》职官四五之三〇。
⑧ 《宋史》卷三十八《宁宗纪二》。
⑨ 《庆元条法事类》卷七《职制·监司巡按》。

按部决囚,阅《宋会要辑稿》刑法五,此变化甚为了然。

监司所疏决之刑狱,皆为州县难以解决者。一是重案,如绍兴六年,"令诸鞫勘有情款异同而病死者,提刑司研究之"。二十九年,"令杀人无证、尸不经验之狱,具案奏裁,委提刑审问",如有疑,则再差本路官重勘,并由本路其他监司审定。① 二是滞狱,诏令中用得最多的一词,是"催促结绝",免致涉案人被超期羁押,"有冤抑,先疏放讫,具事因以闻"。② 诏令中不断强调监司"躬亲前去"、"亲虑",决遣之时,"须一一亲自引问,听其言,察其情,无罪者即出之",③"如提刑未亲自审问,则令帅、漕司纠举"。④

这种方式,虽是覆核,然而,却也正是上收州县部分审案权的一种表现。如果说这种方式不可避免,是历代皆然,那么,第三种方式——处理普通民讼,使监司干预州县民事之程度更深一步。只要经县、州判决而两造认为并不合理,或者州县拒绝受理,就可上诉监司。中央政府始终严禁"越诉",即不按县、州、路的次序上诉的现象,⑤但只要遵依这一次序,向监司上诉的事件之严重程度则不受限制。有些风力颇健的监司,巡部所至,大张旗鼓,"立大榜于前,云:'久负抑州县不理者,立其下。'于是积年无告之冤,咸得伸雪"。⑥

对于监司驻地所在的民众来说,就更为方便了。"龙图阁直学士郑向守杭,无治才,讼者不服,往往自州出,径趋(两浙转运副使段)少连,少连一言处决,莫不尽其理。"⑦由于向监司上诉是如此便捷,州县在诉讼上之权威自然下降,司法权之重心向监司转移,这种形势当然要求州县作出谨慎的判决。不过,州县亦往往用消极方式对待。比如,受诉,但长期不作判决,"有一事经涉岁月,而州县终无予决者",形成"瓶颈效应",狱讼就难

---

① 《宋史》卷二〇一《刑法志三》。
② 《庆元条法事类》卷七《职制·监司巡按》。
③ 《宋会要辑稿》刑法五之三三。
④ 《建炎以来系年要录》卷一百五十八,绍兴十八年八月辛卯。
⑤ 朝廷对于越诉之禁止,可见张晋藩、郭伟成主编《中国法制通史》第五卷(宋),法律出版社,1999年,第48—51页。
⑥ [宋]王庭珪:《卢溪集》卷四十七《故左奉直大夫直秘阁向公行状》,文渊阁四库全书本。
⑦ 《续资治通鉴长编》卷一百十六,景祐二年六月。

以流到监司处。中央乃以"立限"之法制止这种现象："词诉在州县半年以上不为结绝者,悉许监司受理。"①而为了消除监司拖延不决之弊端,朝廷亦许民于限外上诉刑部、御史台,并且以监司改正州县不适当的判决之数量,立殿最之法,以示惩劝。②

顺便提一下提点刑狱作为一路"终审"机构的问题。提刑与转运、常平司之间,于决狱一事上是有区别的。在仁宗复置提点刑狱之次年,即景祐元年,中书门下言:

> 检会条贯:诸色人诉论公事,称州军断遣不当,许于转运司理诉,转运司不理诉,于提点刑狱陈诉者,虑诸色人方欲转运披理,却值出巡地远难便披诉。自今如因提点刑狱巡到,诸般公事未经转运理断者,所诉事状显有枉屈,即提点刑狱收接牒送转运司,即不得收接常程公事。③

宝元元年(1038),又诏百姓未经转运司而诉冤于提刑者,提刑听词状并送转运司。④ 提刑以理狱讼为职,为何必须将事状牒送转运使呢? 可以肯定:只有在转运司处理此诉讼而两造仍不服,提刑方可重审此案。南宋隆兴二年(1164)三省言:"人户讼诉,在法,先经所属,次本州,次转运司,次提点刑狱司,……"不依此序,即为越诉。⑤ 从处理诉讼的角度看,提刑确是狱讼之地方终审机构。然而,由审囚一事来看,却非如此。州有疑狱,"若先申提刑审问讫具奏,窃虑或有失实,今后乞将诸路初奏到上件状,降断敕下日,委提刑亲行审问,如有可疑及翻异,即从本司选差清强官重别勘鞫,候案成,申本路不干碍监司(原注:先漕臣,次提举官)躬亲审问",⑥则遇有疑狱,提刑之后又须经漕司、仓司,在这种情况下,提刑司又

---

① 《宋会要辑稿》刑法三之三二。
② 《宋会要辑稿》刑法三之二二、二三、三一。
③ 《宋会要辑稿》刑法三之一八。
④ 《续资治通鉴长编》卷一百二十二,宝元元年八月癸酉。
⑤ 《宋会要辑稿》刑法三之三一。
⑥ 《宋会要辑稿》刑法三之八三。

不能算是真正的"终审"机构。然而,监司作为一个整体,深入干预州县之司法,这是无疑的。

检视簿书、按视仓库、疏决刑狱等事务,是监司通过覆核监督地方行政事务的主要方面,也正是监司之主要任务,如陈靖所言,在"挽粟飞刍"及"聚财积谷"之外,"每到州府,长索事分,按问刑狱之清滥,拘检钱谷之盈虚,降次小大之务场,稽考出纳之文簿,孜孜点算,一一看详",乃其履职之"常途"。①

上述各项为监司之主要监察内容,此外,尚有几项民生、治安方面的重要事务。如督捕盗贼、监督州县赈恤灾伤、存恤孤贫等慈善事业,亦属其监督内容,使得监司对州县的监察,几无遗漏之处。

不过,像任何地方化的监察机构一样,监司也会逐渐倾向于维持地方利益而对中央的指令不那么积极地去执行——至少中央政府认为,这种迹象是明显的。对于念念不忘集权的神宗来说,强化对监司的工作效果及监司本身的监察,须有更为贴近中央的机构,这便是察访司建置的因由。徽宗改走马承受为廉访使,也是出于同样的目的。

察访使自初置之时,即已成为一路最高监察官员。初遣李承之任此职,"令与转运判官以上序官",从官资来看,不一定有转运使高。然而,与宋代其他地方官员一样,其在地方的实际地位,并不是与官资完全相符的。其强势地位,首先表现在其威势与监察权超乎监司之上。熙宁五年(1072)二月,方当新置察访使不久,蔡天申任京东察访使,"转运使敬事之如上官"。八年六月,令两浙转运司与察访司互相按验兴修水利不当事,神宗云:"(察访使)沈括所差官,即运司管不得",可知察访使之实际地位在转运司之上。② 李承之察访淮南两浙后,受命"体量官吏违慢"之后,又乞得"采择能吏,随才荐举"之权。其他察访使亦得到"体量"或"荐举"部

---

① [明]杨士奇、黄淮等纂:《历代名臣奏议》卷二百五十五,大中祥符元年江南转运使陈靖言。
② 《宋史》卷三百三十六《司马光传》。《续资治通鉴长编》卷二百三十,熙宁五年二月壬子;卷二百五十七,熙宁八年八月戊午。

内官员之权力,在回朝之时,他们须"具所至知州、通判为治实状上中书,武臣上枢密院"。① 其次则表现在察访使有监察监司之权。如熙宁九年河北西路察访司弹劾本路转运判官李稷,河东察访使察验河东路转运使、提点刑狱互诋一案。至元符元年(1098),察访使仍有"按察监司职事"之责。② 政和中(1111—1118)遣七路茶盐使兼访察荆湖南北,甚至"欲尽削两路监司以立威"。③ 可见神宗以后,察访使对于监司以下官员之威权有增无减,它实际上是处于一路内部行政的最高处,一路众多官员之予夺皆在其口,其实际地位,与汉代刺史以六百石察二千石之情况,或有相似之处。

不过,决定察访使之实际地位的因素——也包括他们在本路的最高监察权之来源,归根到底,是神宗朝的用人习惯。神宗与王安石"喜引新进,号能集事",置提举常平事是引用新进,置察访使也同样是引用新进,以亲信分转运、提刑之权——甚至位居其上,以便于推行新法。对此作风,魏泰总结说:"出台阁新进,分按诸路,谓之察访。"熙宁九年(1076)周尹奏云:"将命之人,间或不称所选,烦苛掊刻,失于大体。"④至元祐元年(1086)罢新法,臣僚的上言就更不客气了:"小官新进,鲜顾事体,凭恃势要,妄自尊大,以邀郡邑之承迎,小有违忤,则吹毛求疵,动生疮痏,州县畏而奉之,过于监司。"⑤"凭恃势要",熙、丰中察访使这种不易明言的"优势",导致了"州县畏而奉之,过于监司"。

自熙宁中置察访司之后,朝廷虽然规定了每一个察访司的主职,但一直没有就该司的职责范围作出具体规定。就是说,察访司知道该做什么,但不知道不应该做什么。元祐元年罢新法,察访使随废,至元符元年二月

---

① 《续资治通鉴长编》卷二百五十九,熙宁八年正月乙卯;卷二百七十四,熙宁九年四月己丑。
② 《续资治通鉴长编》卷二百五十八,熙宁七年十二月丁卯;卷四百九十四,元符元年二月庚辰。
③ 《苕溪集》卷五十《宋故左中奉大夫致仕文安县开国男食邑三百户王公墓志铭》。
④ 《历代名臣奏议》卷一百三十七。
⑤ 《古今源流至论》前集卷七;[宋]魏泰:《东轩笔录》卷七《资格》,中华书局,1983年;《续资治通鉴长编》卷三百六十七,元祐元年二月戊子。

初重置,以察访陕西赈饥事,朝廷还就是否立法明确规定察访司之权力作过一番探讨。曾布曰:"朝廷遣使察访诸路,何须立法?先朝尝遣使诸路,或了当役书,或因干边事,或因灾伤,皆有为而遣,未尝三年一命使,……未尝诸路皆遣。"章惇亦云:"陛下以赈济为忧,当深责监司,却遣左右亲信中人往察视不妨。"最后定议,如布、惇之言。① 曾布与章惇之言,道出了置察访司之精要所在:首先,最重要的是遣"左右亲信之人";其次,不须定时计任以遣使,亦不必诸路皆遣,"有为而遣"足矣;第三,不必立法以限其权。虽然,至该月末,又参照元丰八年(1085)已经议定而未及行下之法,下诏遍置诸路察访使,以郎官、御史为之,②但"遣左右亲信之人",以及不"须立法",自然是不能改变的,不然,元符元年哲宗、章惇遣察访使凌逼、甚至"谋尽杀元祐党",岂不是失去了凭藉?③

自熙宁四年(1071)置察访使,此职就以监察官的名义,取得了许多地方行政权力,它不仅经常直接涉入外部行政事务,而且有时还承担了一些不可告人的使命。作为皇帝及新党越过正常的官僚系统操控地方各种事务的工具,用起来要得心应手,自然不能明确规定权限来束缚它。为什么在各监司设置之初,朝廷急于规定它们的权限,而置察访使数十年,却有意不限其权?以上原因足以解答这个问题。设置察访使这种监察官,主要目的是为了皇帝监察地方执行新法的状况,而不是为了中央监察地方官的行政效率与吏治,其行使监察权,也多在于新法的推行状况。它不是中央集权,而是皇帝专制的工具。

察访使尚非每路皆置,亦非常置。而走马承受的设置,以及其后改置为"廉访使",则使皇帝对于地方的监视与控制,处于"日常化"的状态。在神宗以前,走马承受因为能够直接向皇帝通报所有地方的大事小事而有很高的实际地位,不过他们直接插手地方行政事务,还是受到禁

---

① 《续资治通鉴长编》卷四百九十四,元符元年二月庚辰。
② 《续资治通鉴长编》四百九十四,元符元年二月辛丑。
③ 元符元年置察访司与谋杀元祐大臣之事,《续资治通鉴长编》多述及之,可见卷四百九十四元符元年二月丙申条、卷四百九十六三月癸酉条,尤其在卷四百九十五三月癸丑条及注文中有极详细之论述。

仅就窥伺地方官员过失而言,走马承受——尤其是内侍为走马者的成效是很受皇帝欣赏的。元符元年(1098),秦凤路配籴欺罔案发,哲宗曰:"唯走马多奏事,走马非内臣者亦不敢奏。"曾布附和道:"诚如此。邠州配籴事,众所共知,然士大夫来自关中者,无一人敢言,直至谢德方来,乃敢说。……惟中人或敢言尔。"①哲宗尚且如此,至于宠幸内侍的徽宗,就更变本加厉了。在徽宗朝政和以前,走马承受的权力迅速膨胀,其表现:一是言事的效力变得更为强大,如政和中,"中贵人为走马者,怙力挟私,以官吏散军衣给钱非是,举一路(江南西路)帅臣、监司、守贰而下,劾罢之"。该路提举常平张根上奏自辨,其中质问道:"帅臣、监司,朝廷与之分忧顾者也,政使有罪,犹当待报,直以体量(指走马承受)尺纸罢之,可乎?"②以走马承受之一纸劾状而空一路官府,则走马实际上的地位及对本路官员的控制力量,直可令人骇异。随着皇帝对走马承受信任感的增强,宋初走马承受一年一奏的制度,至崇宁年间(1102—1106),也改为一季一奏。③ 二是其权限的增大,崇宁四年(1105)诏书,不仅"官吏贪暴,民间屈抑,监司职事隳废",皆令走马承受"得其实状以闻",还命走马取索"诸路粮草并封桩钱物",并明令走马须亲行检查,以"使举察他司",禁止"止凭诸州攒造帐本所缴奏"。④ 这样,在徽宗时期,走马承受已经越出了原来搜集情报、入奏言事的权限范围,开始实行对地方外部事务的监察任务。大约在崇宁四年(1105),走马承受接受的行政任务,已使之有地方监察机构的性质了。

走马承受的实际权限,在徽宗朝政和以前已经超出入奏言事之范围,而政和六年七月,将其改为廉访使,就使得名随实变,使之成为正常的地方监察机构。在政和六年之后,廉访使的职权所发生的变化,明显就是顺着走马承受当初的变化趋势走下去的,但其变化迅速,很快就令人觉得两

---

① 《续资治通鉴长编》卷五百,元符元年七月乙卯。
② [宋]汪藻:《浮溪集》卷二十四《朝散大夫直龙图阁张公行状》,文渊阁四库全书本。
③ 《宋会要辑稿》职官四一之一二七。
④ 《宋会要辑稿》职官四一之一二七、一二八。

者似乎相差很多。

廉访使职权的迅速扩大,原来探听消息、窥伺诸官过失的任务,当然要继续执行,"监司、郡守全然失职,坐视赃污,并不举按州县,……可令廉访使者广布耳目觉察,具以闻"。① 不过,朝廷颁给廉访使的大部分任务,已经转到监察甚至指导具体的行政事务。比如宣和中(1119—1125)令廉访使检察东南九路头子等钱的拘催;重和(1118—1119)、宣和中,多次令廉访使"赈济东南诸路水灾",或同监司探察水灾去处,或恐监司不受民户诉灾,而令人户赴本路廉访所越诉;又令廉访使者与发运、转运等"参订经久利便",或者"往来措置"运河。这些监察及指导工作,原是属于监司的任务,至此不但分割了一部分给廉访使,而且有时甚至还令"监司、廉访互察"。② 这就意味着,徽宗时期的廉访使,已经拥有与监司分庭抗礼的地位,"其权与监司均敌"。③

同时,政和六年(1116)之后,朝廷还为廉访使者确定了其在地方的正式地位。初改走马为廉访,令其序位在通判之上。政和七年,枢密院以为"廉访使者之职,一路事无巨细,皆所按刺,朝廷耳目之任,寄委非轻",定其位近于通判,未免过轻,乃改为在转运使之下、提举坑冶之上,在序位方面,将其与监司并列。臣僚曾言廉访使者"廉访一路,全赖('赖'当作'类')监司",任此职者自己也认为"叙官述职,几厕监司之列"。④ 只是,皇帝"耳目"的身份,使其更凌驾于监司之上,它显然是一个连监司都在其监察范围之内的地方监察官。

朝廷给予廉访如此重要的监察使命,是廉访使"侵监司,凌州县,而预军旅、刑狱之事"⑤的权力背景。既侵监司之权,又胁迫州县监司,使廉访使成众怨所归。靖康元年(1126),廉访使复改为走马承受公事。建炎元

---

① 《宋会要辑稿》职官四一之一三〇、一三一,政和七年五月十四日德音。
② 《宋史》卷二十一《徽宗纪三》,卷九十六《河渠志六》;《宋会要辑稿》职官四二之二八、二九,食货五九之一六、二〇,兵一二之二二。
③ 《建炎以来系年要录》卷十一,建炎元年十二月丁卯。
④ 《宋会要辑稿》职官四一之一三一、一三二、一三三。
⑤ 《宋史》卷一百六十七《职官志七》。

年(1127),令走马承受公事使臣"依旧法隶帅司"。① 在南宋一朝,似不再有走马承受监察地方行政之例,大约专职于通报边情,甚至未见其拥有北宋初那样窥伺地方官行政阙失与隐私的功能。

察访使是一个全新的机构,而廉访使则始于对其他机构的改造,但是,两者都带有秘密机构的味道。故而,若将它们视作监察机构,它们是不成功的尝试,对具体行政事务的过多涉入,令它们无法超然事外,也就不能很好地起到监察的作用。它们体现的,是北宋——尤其是北宋后期皇帝借助近臣为"耳目"以加强对地方的控制。但当"耳目"变作"手足",与监司的功能趋同,那么便缺乏有力的存在理由了。监司之上再加上几个近乎监司的机构,其监察的成效不一定能抵消其所造成的混乱,故察访、廉访等,也就难免被取缔的命运了。

四、互　察

较之这些威势过大、职责不明确的"耳目",对于维持地方监察的稳定性以及中央对地方监察的控制更长久地起作用的,是监司之间的互察机制。通过互察,中央达到令监司相互牵制、监视的效果。在北宋前、中期,仅是诸监司并立,似乎便有足够好的效果:非法违敕之事,若想逃过几个监司分别进行的监察,相当不易;而对于同一对象、同一内容,诸监司却有不同的判断,也可使朝廷有发掘真相的动力,尽可能作出公允的处置。不过,神宗从事变革之后,中央对地方的要求有很大转变,已不仅限于正常行政工作的维持,更有大量新事务的推行——其中很大部分,可能违背地方官的意愿以及将资源由地方向中央集中。至徽宗朝,推行"新法"体现了更大随意性,向中央集中资源的倾向也远甚于神宗朝。在这种新的政治环境中,对地方行政官员进行严格的催督,显示出前所未有的必要性。除了察访使的继续遣出、廉访使的设置,在旧有机构的基础上强化控制,是一条更便捷的途径。正是在徽宗朝,颁布了监司及他们与"帅

---

① 《宋会要辑稿》职官四一之一三四;《建炎以来系年要录》卷十一,建炎元年十二月丁卯。

司"即安抚司的"互察"之令：即某一监司（帅司）的工作，由其他监司（帅司）进行监察及核验。这一法令较之新增机构，更富可行性，因而也为南宋所沿用。

崇宁五年（1106）及淳熙五年（1178），曾先后两次立"监司互察法"。①崇宁诏书云："诸路监司，所与共治而寄制举耳目之任，顾不重哉？苟非其人，不能检身律下，乃违法背理，贪赃违滥，全无忌惮，……见令诸路监司互相察举如法。"②揣摩其语境，在该年之前，应已存在互察法，故此处曰"互相察举如法"。按神宗元丰七年（1084），广南西路提举常平等事刘谊于桂州治廨宇，费官钱万缗，历任转运使、副使、判官张颉等七人，因失察各罚铜二十斤。③既因失察其他监司的非法行为而遭连坐，那么当时应已有互察之法。

这一条文似是就转运、提刑、提举的所有政务作出互相监察的总的规定，惜乎这两次立"互察法"，其具体条文则语焉不详。然而在这一条文中没有阐明的细节，却可用其他零碎的记录拼凑起来。中央就监司、帅司的某项具体事务，临时规定承担使命者受其他同级机构之监察、核验的例子，大量见于记载。有关财政方面的事务，如："诸路科买上供圆融抑配，委转运司、提点刑狱、提举司举劾，逐司互察"；④州、县收取役钱，"许监司互察"；⑤常平、义仓米是否收支有据，是否依法用于赈济，亦令"监司互察"。⑥刑狱之事，提点刑狱公事是否"亲行疏决"，亦由"帅、漕纠举以闻"。⑦有关人事任命之事务——主要是川峡四路、广南两路、荆湖南路与

---

① 监司互察见《庆元条法事类》卷七《职制·监司知通按举》："监司于职事违慢，逐司不互察者准此。"又《宋会要辑稿》职官四五之三九："庆元四年正月二十二日，右正言兼侍讲刘三杰言：'监司则令逐司互察。'从之。"监司、帅臣互察见《建炎以来系年要录》卷一八八，绍兴三十一年（1161）二月丙午，"军器监主簿杨民望言：'……乞命监司、帅臣互察。'从之。"崇宁、淳熙立监司互察法见《宋史》卷二〇《徽宗纪二》、卷三五《孝宗纪三》。
② 《宋会要辑稿》职官四五之四。
③ 《续资治通鉴长编》卷三四二，元丰七年正月癸丑。
④ 《续资治通鉴长编》卷三四八，元丰七年九月辛丑。
⑤ 《宋会要辑稿》食货六六之二七。
⑥ 《建炎以来系年要录》卷一七七，绍兴二十七年九月丙子。
⑦ 《建炎以来系年要录》卷一五八，绍兴十八年五月辛卯。

福建路的"八路定差"是否公正,亦"许他司觉察"。① 各监司差使行政人员、使用行政经费是否得当,也同样要互相察觉。② 它如监司考察属下是否出于公心,监司本人是否遵循巡历之制,以及健康状况是否适合于继续任职等,③立身正否,履职勤否,凡涉及路一级各机构长官政绩之前提与后果,无不在互察之列。其中帅司在军事上的责任较大,而较少参与行政事务之互察。

尽管路一级的各机构长官都需行使互察之职,但它们的重要性有所不同。在涉及互察的具体事项时,记载中最常见的是以提点刑狱公事监察其他监司。以有关灾后赈济的职责为例,绍兴九年(1139),规定"将本路检放展阁之事,则责之转运司;粜给借贷,则责之常平司;觉察妄滥,则责之提刑司;体量措置,则责之安抚司"。乾道七年(1171)重申此制,令安抚司全盘策划,转运司掌减、放税事宜,提举司掌粜、济,而由提刑司监察赈济过程中的违法现象,核验参与这一工作的所有官员——包括其他路一级官员的政绩。④ 在一路其他各种事务中,也大多由提点刑狱公事担任监察其他路一级机构长官的任务。可以说,提点刑狱公事是互察之职的主要承担者。

那么,提点刑狱于互察中扮演主要角色,是出于什么原因呢?最根本的原因,是宋代路一级的各个机构之间,存在着一定程度的分工。大致说来,经济方面的工作,如财政、工程建设、赈济等事务,多由转运司、提举常平司负责,而提点刑狱司的主要任务,在于司法与治安方面。各监司之间

---

① 《续资治通鉴长编》卷三二〇,元丰四年十一月丁未。
② 《宋会要辑稿》职官四五之一〇、一一,政和六年七月二日诏:"应诸路监司,不得抽取县、镇公人充本司吏职,……监司互按以闻。"《建炎以来系年要录》卷一八八,绍兴三十一年二月丙午:"军器监主簿杨民望言监司三弊:'……二曰巡按以察州县,而一县所费或至千缗。三曰公使互送,过于供给。蜀去朝廷远,吏尤自肆。乞命监司帅臣互察。'从之。"
③ 《建炎以来系年要录》卷一八八:绍兴三十一年二月丙午,军器监主簿杨民望言监司三弊,其一为监司按察属下"徇其好恶",乞令诸司互察。朝廷"从之"。《宋会要辑稿》刑法五之三一:政和七年二月二十五日,诏令诸路监司互察同级官员是否按分定州军巡按决狱。又同书职官四五之三九,庆元四年(1198)正月二十二日,右正言兼侍讲刘三杰言,令诸监司互察是否有因病而致废事者,朝廷从之。
④ 《宋会要辑稿》食货一之一三,食货五八之一〇。

存在分工与互补，正好为置身于特定任务之外的本路机构之存在提供了条件，使它们之间的相互交叉监察成为可能。司法工作成为转运、提举司的监察内容，而提刑的主要监察内容，则是由转运、提举司所承担的繁杂的经济工作。由于经济工作理所当然是所有地方行政事务中最主要、最大量、最常见于史籍者，提点刑狱在文献记载中成为互察的主要承担者，也就不难理解了。较之单一行政机构而言，同一高层政区中存在多个并列机构，在理论上存在的最明显的优势是：既能在执行行政任务时进行分工合作，减少各机构工作量，又可进行交叉监察与独立收集信息，帮助中央政府尽量准确地对地方事务、地方官员的政绩进行判断。事实上，宋代中央政府确实很好地利用了这些优势。

除了上述的某一高层行政长官对某项具体事务中相关的同级官员及州、县官员进行监察、核验之外，"互察"，还包括监司之间互相考核属官。在北宋末，中央政府推出了"监司互考"和"互批"的考核方式，规定监司之属官，要由其他监司来考核，这一措施有助于加强监司在地方所受到的考核。据《宋会要辑稿》载：

> 宣和三年四月十日，中书省、尚书省言："吏部状：本部勘会，掌行诸路互申到转运、提刑、提举学事管勾文字官考课，缘近降指挥，诸路提举学事管勾文字官并减罢，所有今后诸路提点刑狱司官考课文字，却令是何监司互申。缘条内即未有明文，合取自朝廷指挥。勘会提举学事并管勾文字官虽已省罢，其已历岁月未经考校赏罚者，自合考校施行。所有提刑司考课，合依未置提举学事官日前，委提举常平司互申。"诏："令吏部申明行下。"①

据此可知，"监司互考"是指监司以下的一司所有官员，皆由其他监司负责考课。同样，监司属官之印纸，也要由其他监司长官批书。《庆元条法事

---

① 《宋会要辑稿》职官五九之一七。由于提举学事司建置时间不长，而且其职责很少涉及行政与监察，故本文不赘述。

类》提到"诸监司印纸应批书,逐司互批"文下,有注云:"谓转运司官印纸,提点刑狱司批书之类。"①可知考核、批书的具体形式,也是有明确规定的。考核之司与被考之司一一对应,都由朝廷事先编排好,不能随意更改。引文提到,由提举学事司或提举常平司考核提刑司,大致可以推断:诸司之间存在一种"轮批"的关系,如由仓司官批书宪司官,宪司官批书漕司官,漕司官则负责为仓司官批书。又,据引文之意,置提举学事司之前,已开始实行"监司互批"之制度,提举学事司始置于崇宁三年(1104),后废。复置于大观元年(1107),"互考"、"互批"之制,至迟于大观元年得到推行。

从宋代执行地方监察任务的机构来看,监司处于核心地位,所有州、县官员都是其监察对象。加之监司需不断巡历,完全有可能真正掌握州县行政事务的真实状况,并反映到监察结果之中,影响官员的前程。不过,在地方职位上停留一段时间之后,监司也和其他地方官员一样,在本辖区内形成自己的关系网,与同僚、下属的联系往往牵涉到本人的利害,故而要做到完全公正,是不大可能了。"太察则怨,少宽则慢,使者多务姑息养誉,苟度岁月而去。"②如果所有有关地方官员政绩都来自本路、本州,中央政府并不能完全放心,因此需要再额外遣使——如察访、廉访之类。不过监察机构的层层叠加,未必是所有决策者的共识,在现有框架上建立起无所不包的监察网,才是宋代监察制度建设的重点。比如立"互察"之制,促成的并列机构之间的全面监督,而非新增许多机构令监察体系日益庞大、复杂,这样的政策才更有生命力。

第二节 "次生"的地方监察制度的建立——以金为例

相对于宋代的地方制度,金代制度具有明显的"次生"性质。自其建

---

① 《庆元条法事类》卷六《职制·批书》。
② [宋]黄裳:《演山集》卷二十三《中散大夫林公墓志铭》,文渊阁四库全书本。

国之后，便仿辽、宋之制，设置"路"为高层政区。经过初期二十余年的调整，成型以后的路制，更接近于宋之制度。多种路的划分互不重合，也学自宋制，甚至路一级某些机构之名，也直接沿用宋代机构名或略有改动，如路一级的监察机构提刑即是如此。① 然而金代的提刑司不仅建置时间很晚，且存在时间很短，即一变而为按察使。不久，又将按察使之职合并于转运使，并最终取消按察之职，监察机构遂不存于地方。

关于金的地方监察机构，《金史·百官志》记载芜杂混乱，整部《金史》对于这类机构和官员，也多是一笔带过，缺乏突出的记载。或是因为这些原因，研究者对它的关注很少，且其中不乏误解。徐松巍于1992年曾撰文述金代监察制度，略及地方监察机构提刑、按察司。② 然所述颇简，大致是对《金史·百官志》内容的梳理。程妮娜于2000年前后发表的对金代监察制度的研究，关于地方监察机构，内容要详瞻许多，然而，其研究成果的关注点在于提刑司的建置沿革和职责。③ 至于地方监察机构产生的政治形势、制度和机构改迁的背景、职责的变化、消亡的原因以及它和整个金代政局的互相影响等问题，未暇论及。关于监察机构基本的变迁过程，也鲜见有学者提及，以致有研究者误以为按察司与提刑司是一个机构的两个名称。④ 又有人将按察、转运两司之合并，误解为按察司分割了转运司的部分职权。⑤ 故而，很有必要对金代地方监察机构、相关制度进行系统的研究，并置之于整个金代政治大势的变迁中加以考察。

---

① 按宋制，"提刑司"全称为"提点刑狱司"，"提刑"（官）全称为"提点刑狱公事"。检金制，其机构似以"提刑司"为正名，长官名亦以"提刑使"占绝大多数，唯《金史》（中华书局，1975年）卷十一《章宗纪三》：承安四年三月乙卯，完颜襄等请罢诸路"提点刑狱"。此称呼略似宋提刑官名，然仍少"公事"二字。大约金代官方亦已惯用"提刑司"、"提刑使"之简称，作为机构与长官之正名，实为沿用宋代名称而简化之。金代后改提刑为按察，复影响元代与明初之制，元明两代的"提刑按察司"，显有金制痕迹。
② 徐松巍：《金代监察制度初论》，《民族研究》1992年第2期，第69—70页。
③ 程妮娜：《金代政治制度研究》，吉林大学出版社，1999年，第214—219页。
④ 李锡厚、白滨在《中国政治制度通史·辽金西夏卷》（人民出版社，1997年，第302页）中提到："金朝的按察司有时也依照宋朝的习惯称为提刑司。"事实上提刑司是按察司的前身，并非同一机构。
⑤ 徐松巍在《金代监察制度初论》（载于《民族研究》1992年第2期，第70页）一文中提到："泰和八年十一月起，按察司又分割了原属转运司所有的规划钱谷的一部分权力。"

一、世宗以前地方监察机构的缺位及监察困局

金初官制未定,杂用辽、宋及本族之制,直至天会十二年(1134)正月:"初改定制度,诏中外",①方始建立初步系统化的官僚体制。当时"外道(置)转运使,而不刺举,故官吏无所惮"。② 在宋代的高层政区中,转运司是最重要、职责最全面的机构,金沿用转运司的建置,并未注重其作为地方监察机构的一面。洪皓也提到:"谏官并以他官兼之,与台官皆备员,不弹击,鲜有论事者。外道虽有漕使,亦不刺举,故官吏赃秽,略无忌惮,其恃权势者,恣情公行,民不堪命。"③天会十二年的官制改革,很大程度上是停留在表面,至少就监察制度来看,从中央到地方,应当履行监察职责的机构,都没有起实际作用。

自金熙宗朝,金政权才开始重视地方监察事务。后世学者颇为关注熙宗对监察事务的重视,并多予以褒扬。《金史》载:"熙宗遣廉察之使循行四方。"④赵翼评价说:"熙宗始遣使廉察之,……熙宗时初设此制,上下皆以吏治为重,故举劾足以示劝惩也。"⑤事实上,当时虽已认识到监察的重要性,但在制度建设上的成就却极为有限,即非常偶然的遣使访察地方。熙宗在位时期,至今可见的有明确记载的遣使廉察仅有两次:一是天眷二年(1139),"以温都思忠诸路廉问"。⑥ 二是皇统八年(1148),遣参知政事秉德携乌林荅蒲卢虎等廉察郡县,⑦又"遣廉访使萧裕遍至诸路,询民

---

① 《金史》卷三《太宗纪》。
② [宋]宇文懋昭撰、崔文印校证:《大金国志校证》卷九《纪年·熙宗孝成皇帝一》,天会十三年五月,中华书局,1986年。
③ [宋]洪皓:《鄱阳集》卷四《又跋金国文具录札子》,文渊阁四库全书本。
④ 《金史》卷一百二十八《循吏传·序》。
⑤ [清]赵翼著、王树民校证:《廿二史札记校证》卷二十八《金考察官吏》,中华书局,1984年。
⑥ 《金史》卷四《熙宗纪》,天眷二年九月壬寅。
⑦ 《金史》卷一百三十二《逆臣·秉德传》。

间,自郡守以下,皆究其治状而升黜之"。① 秉德以副宰相之职出巡,显示了熙宗对于地方监察工作之重视,但此类未经制度化的行为,囿于朝廷核心事务的不断转换,在多事之秋,难以保持连续性。章宗即位之初,完颜匡奏云:"皇统、大定间每数岁一遣使廉察,郡县称治。"②"数岁"具指几岁,很难估测,据现今可见史料,熙宗时期遣使的频度是很低的。至于以一二人之力,是否真能"遍至诸路",对民间、官场之事能有多深了解,都值得质疑。而"郡县称治"之说,乃时人褒美之词,更需其他证据来支撑。

海陵王在位时期,仍延续了熙宗时期由中央不定期遣使的有限监察方式。③ 然而海陵王对于监察之重视,不会超过熙宗。《金史》述廉察之制,首引海陵王所颁"廉罢官复与差除之令",此制创于正隆二年(1157),④显是重新任用前此被廉访使者罢黜的官员。由这一诏令,可知遣使廉访之制仍在施行,但由海陵对于廉察结果的翻案,可知当时对地方监察支持实在有限。并且,在机构建置方面的缺失仍未改观。故而世宗登基之初,就有臣僚"请依旧制廉察官吏,革正隆守令之污",此建议为世宗接受。⑤既然指明廉察官吏的原因,是针对海陵末年的地方官员贪污之弊,则此语应当意味着海陵时遣使甚少,监察效果不著。有前朝之殷鉴,世宗时期在遣使廉察方面,至少在频度上,有了明显的提高。

上引"皇统、大定间,每数岁一遣使廉察"之说,给人"定期遣使"的印象,但此语即使就世宗朝而言,也是有问题的,事实上"定期"可能并非实情。没有记载可以证明,当时遣使巡察地方是一种制度化的、有规律的行为。反而有证据显示,世宗对于向地方遣使,是比较犹豫的。大定十年

---

① 《大金国志校证》卷十二《纪年·熙宗孝成皇帝四》,皇统八年九月。
② 《金史》卷九十八《完颜匡传》。
③ 如正隆二年夏,"遣使者观察风俗,赈恤困乏",虽未明言监察地方官吏之事,然亦唐观察使廉问之遗意也。见《大金国志校证》卷十四《纪年·海陵炀王中》。又,"天德初,以监察御史分司行台",见《金史》卷八十二《纥石烈胡刺传》。行台之御史台,或当以廉察行台下属地区官吏为其职责。
④ 《金史》卷五十四《选举志四》"廉察"条:"廉察之制,始见于海陵时,故正隆二年六月有廉罢官复与差除之令。"但笔者已于上文辨明,此制始于熙宗朝而非海陵时,此不赘。
⑤ 《金史》卷八十九《翟永固传》。事在大定二年。

(1170),"上谓宰臣曰:'今天下州县之职多阙员,朕欲不限资历用人。何以遍知其能?拟欲遣使廉问,又虑扰民而未得其真。若令行辟举之法,复恐久则生弊。不若选人暗察明廉,如其相同,然后升黜之。何如?'"①世宗既然否定了"遣使廉问",那么,他所赞同的"暗察明廉",又该是怎样的一种监察方式呢?下文云:"时陈言者有云'每三年委宰执一员廉问'者,上以大臣出则郡县动摇,谁复敢行事者。今默察明问之制,盖得其中矣。又谓宰臣曰:'朕以欲遍知天下官吏善恶,故每使采访,其被升黜者多矣,宜知劝也。……'左丞相良弼曰:'自今臣等尽心亲察之。'上曰:'宜加详,勿使名实淆混。'"②可见,世宗不赞成大臣出使巡察,而倾向于让他们主持较为静态的监察方式,比如舆论调查。这大约就是所谓的"暗察明廉"或"默察明问"制度中的主要工作,这一步骤很可能在首都即可完成。而运动的方式——遣使"采访",至地方考察官吏,则是次要的手段。

至于派遣至地方的监察官员,并未规定应有何种实职,往往是临时指定各种职务的"能员",暂充使者。如大定三年(1163),派出的是"户部侍郎魏子平、大兴少尹同知中都转运事李涤、礼部侍郎李愿、礼部郎中移剌道、户部员外郎完颜兀古出、监察御史夹谷阿里补及(曹)望之,分道劝农,廉问职官臧否"。③ 大定九年,被遣至"辽东渤海一带询访官吏治状,按举黜陟"的,是礼部侍郎完颜孛烈思。④ 而大定末年"选能吏八人按行天下",其中之一,是尚书省令史李完。⑤ 但到了世宗后期,在舆论调查与派出廉察两方面,监察御史都已成为主要的承担者。瑶里孛迭在世宗末年"历海滨令,迁徐王府掾,以称职再任,御史台察廉,升同知震武军节度使事"。⑥差相同时,董师中则因监察失职而受罚:"为监察(御史)时,漏察大名总管

---

① 《金史》卷五十四《选举志四》"廉察"条。
② 《金史》卷五十四《选举志四》"廉察"条。事在大定十一年。
③ 《金史》卷九十二《曹望之传》。
④ 《大金国志校证》卷十七《纪年·世宗圣明皇帝中》。
⑤ 《金史》卷九十七《李完传》。
⑥ 《金史》卷九十四《瑶里孛迭传》。中华本断作"历海滨令,迁徐王府掾,以称职,再任御史台,察廉,升同知震武军节度使事",误也,见第2095页。

忽剌不公事。及忽剌以罪诛，世宗怒曰：'监察出使郡县，职在弹纠。忽剌亲贵，尤当用意，乃徇不以闻！'削官一阶。"①因监察地方官为其重要职责，当察而不察，故受重责。此可见监察御史在世宗末年已凸显其在地方监察事务中的地位。

就太祖至世宗五朝的总体情况作一概括，可以说，在太祖、太宗二朝，金廷基本上没有监察地方行政事务的行为。在熙宗朝，中央已开始不定期遣使考察地方官员，但几乎没有相应制度。在海陵统治时期，开始较初级的制度建设，但从实际推行的举措——比如派遣监察官员的频度而言，熙宗、海陵时期对地方监察事务的重视，是很不够的。进入世宗朝，政治形势长期稳定，金廷对监察工作的重要性已有充分认识，制度建设也开始加速了。然而，作为监察事务"日常化"的最重要一步——机构的设置，却一直没有进行，要到章宗即位之初，才成为事实。

二、提刑司、按察司的变迁：大定二十九年—贞祐三年

世宗大定十七年（1177），已有人提议建置提刑司，不过，首要的理由并非行政监察的需要，而是"纠诸路刑狱之失"。虽然此前处理地方刑狱，已有覆核之制，不过，"每岁再遣审录官，本以为民伸冤滞也，而所遣多不尽心，但文具而已"，②在府、州与中央之间，缺乏一级有效的复审机构。而且，随意抽调有其他实职的官员，于这些官员的主职自然有妨，加上缺乏固定的任使区域，或区域划分不合理，其效果值得怀疑。如大定末同知亳州防御使事石抹元毅"被省檄，录陕右五路刑狱"，③很难想象，以一二人之力，在有限的时间内如何清理诸多滞狱，故难免有"文具"之讥。而其在亳州的职任，显然又要受到影响。同样，像王寂那样"贰漕辽东"，即担任同

---

① 《金史》卷九十五《董师中传》。
② 《金史》卷四十五《刑志》。
③ 《金史》卷一百二十一《忠义一·石抹元毅传》。

知辽东转运使,却被派往北京路懿州一带"按治冤狱",①必然有碍漕事。

在当时,行政监察、刑狱复审都是地方的重大难题,监察御史主职是出使地方,廉察官吏。若同时担负覆核刑狱的职责,此后将两种职能合一,建置固定的地方机构就顺理成章,应当出现类似提刑司的机构了——宋代的提刑司建置之初,正是以这两种事务为主要职责的。但世宗从一开始就截断了这种发展道路。一方面,宁可大费周折,"命距京师数千里外怀冤上诉者,集其事以待选官就问",而拒绝建置府、州以上的地方刑狱覆核机构。② 另一方面,严惩体察东北路官吏的监察御史,"笞之五十"。因为他越职行事,"辄受讼牒",③故而,要果断予以处罚,以警后者。

笔者认为提刑未在大定十七年(1177)建置,是由于世宗个人的原因,而并非像《金史·刑志》所说的,"尚书省议,以谓久恐滋弊"。这或许是担心固定的地方监察官员久任之后,与被监察者通同作弊。世宗曾对宰臣说过:"'朕以欲遍知天下官吏善恶,……若常设访察,恐任非其人,以之生弊。是以姑罢之。'皆曰:'是官不设,何以知官吏之善恶也。'左丞相良弼曰:'自今臣等尽心亲察之。'上曰:'宜加详,勿使名实淆混。'"④其中"姑罢之"一语,不知所罢何官,"是官不设",也不知所指,当是史臣截取材料时有阙漏。对照《金史·蒲带传》所载,可知其所以然:"或谓廉问使者颇以爱憎立殿最,以问宰相。宰相曰:'臣等复为陛下察之。'是以世宗尝欲立提刑司而未果。"⑤"是官"者,实指提刑也。可见,除了地方的刑狱之外,在监察方面,也有建制提刑司的需要,但因世宗执意反对而作罢。在大定十七年被强行阻断其生成过程的提刑司,在章宗即位之初立即建立,这更能说明,提刑司的产生条件早已成熟,就看当权者是否愿意接受了。

大定二十九年(1189)正月,章宗即位,当年六月,置提刑司:

---

① 贾敬颜:《王寂〈辽东行部志〉疏证稿》,见贾敬颜《五代宋金元人边疆行记十三种疏证稿》,中华书局,2004年,第277页。事在大定丁酉(十六年)。
② 《金史》卷四十五《刑志》。
③ 《金史》卷七《世宗纪中》,大定十七年八月。
④ 《金史》卷五十四《选举志四》"廉察"条。
⑤ 《金史》卷七十三《宗雄传附孙蒲带传》。

诏曰：朕初即位，忧劳万民，每念刑狱未平，农桑未勉，吏或不循法度，以戏吾治，朝廷遣使廉问，事难周悉。惟提刑劝农采访之官，自古有之。今分九路，专设是职。尔其尽心，往懋乃事。①

之所以置提刑司，除了审刑之外，尚有劝农、察吏等需要，故当时对提刑的职能设计是：提刑"并兼劝农、采访事"，此外，"屯田、镇防诸军皆属焉"。②审刑旧由中央"每岁再遣审录官"，但结果往往是，临时的使职成为"文具"，本职却受到影响。劝农之事，向来亦多由中央遣使，③但这种频度很低的行为，显然难以收到长期的效果。至于监察地方官，那更是世宗一直萦怀却无法有效解决之事。提刑司之设置，或是一并解决诸多问题的良途。

至此，金廷终于建立起较完整的监察体系，在中央是御史台，④在地方是提刑司。程妮娜认为：

> 提刑司（按察司）设立后，与中央御史台构成金代监察系统，从中央到地方自成体系，在各机构中具有一定独立性，主要对封建皇帝负责。⑤

---

① 《金史》卷七十三《宗雄传附孙蒲带传》。按九路者，为中都西京路、南京路、北京临潢路、东京咸平府路、上京曷懒路、河东南北路、河北东西大名府路、陕西东西等路、山东东西路。至承安三年，并上京曷懒、东京咸平府两路为一，为八路。见《金代路制考》，《长水集》下卷（人民出版社，1987年），第298页。
② 《金史》卷九《章宗纪一》，大定二十九年六月乙未。
③ 《金史》卷三《太宗纪》，天会九年五月丙午，"分遣使者诸路劝农"。同书卷六《世宗纪上》，大定三年三月壬寅，"诏户部侍郎魏子平等九人，分诣诸路猛安谋克，劝农及廉问"。卷八《世宗纪下》，大定二十五年五月癸卯，"遣使临潢、泰州劝农"。
④ 前引洪皓《又跋金国文具录札子》云："谏官并以他官兼之，与台官皆备员，不弹击，鲜有论者者。"从史料所反映的整体情况来看，台、谏对国家重事、中央官员"言事"、"弹击"极少，《金史》虽记载了数例台谏弹劾大臣之事，但多一笔带过，全无宋代台谏强项辈出、议论纵横之风。"备员"之讥，并不为过。不过需要注意的是，御史台受命监察地方，却是其实际的职责，在世宗、章宗二朝尤其如此。可以说，金的御史台所起的作用不能与宋相比，它很少起到监察中央政府与官员的作用，与提刑一样，它是为监察地方而设，只是由中央临时遣出而已。
⑤ 《金代政治制度研究》，第219页。

这种描述是准确的。但是,因提刑司"与中央御史台构成金代监察系统",并且在"当时号为外台",①就认为"提刑司是御史台的下属机构",②此说尚可商榷。从职责上说,提刑司在审刑方面要对大理寺负责,在廉问方面对吏部负责,而在劝农方面,或要对中央劝农司负责,其自身又要受御史台的监察。但与其他地方机构一样,它最终是尚书省的下属机构,总体上是对尚书省和皇帝负责。由于提刑司在廉问方面,承接了昔日中央特遣的"使者"的职能,皇帝也像以前对"使者"一样,要指示提刑履职的重点,并对提刑的工作有及时的了解,因此在设置之初就规定,"提刑官除后于便殿听旨,每十月,使、副内一员入见议事。如止一员,则令判官入见"。③

其建制,正常情况下应设提刑使一员,正三品;副使一员,正四品;判官二员,从六品;知事,正八品,不知员数;知法三员,女直、契丹、汉儿各一;另有令史,明昌三年(1192)更名书史,不知员数。④ 使、副使、判官为机构的主要官员。明昌三年章宗云:"诸路提刑司官止三十余员",⑤即就此三类官员而言也。

章宗对提刑司的工作,起初还是满意的。明昌三年(1191),章宗与宰相提及考课法之事,尚书右丞刘玮认为:"考课之法,本于总核名实。今提刑司体察廉能赃滥,以行赏罚,亦其意也。若别议设法,恐涉太繁。"⑥章宗遂打消了立考课法的念头。可见,他认为提刑司履行职责,还是适度的、比较有效果的,可不必再以考课法约束之。同年,宰相提出罢提刑司,章宗予以否决。⑦ 然而,他的立场并没有坚持多久。到了明昌四年,皇帝本人似乎也有所不满,认为诸提刑司自建置以来,"于今五年,效犹未著。盖

---

① 《金史》卷九十八《完颜匡传》。
② 《金代政治制度研究》,第214页。
③ 《金史》卷九《章宗纪一》,大定二十九年六月丁巳。按明昌四年,提刑司入见之期为三月,见《金史》卷十《章宗纪二》,明昌四年三月戊辰朔。提刑司入见之日期,似未始终一贯,或中有更改。
④ 按《金史·百官志》杂安抚、提刑、按察等司事于同一条目下,叙各司始终极为混乱,此处引自[清]施国祁《金史详校》卷四(台北新文丰出版公司,1984年),第524页;《金史》卷九《章宗纪一》,大定二十九年八月壬寅,明昌三年十一月甲申。
⑤ 《金史》卷九《章宗纪一》,明昌三年六月癸卯。
⑥ 《金史》卷九十五《刘玮传》。
⑦ 《金史》卷九《章宗纪一》,明昌三年六月癸卯。

多不识本职之体,而徒事细碎,以致州县例皆畏缩而不敢行事"。① 承安四年(1199),在宰相的一再要求下,章宗作了让步——提刑司这一机构虽未撤销,但却改为按察司。②

明昌三年宰相请罢提刑司,史籍未详述其理由,然据章宗的回答来看,宰相可能提出了因为提刑司官员难以挑选到合适人选,任职者在地方妄自尊大,高下由己,严重影响了州县行政效率,弊大于利,不如索性废罢机构。③ 承安四年,宰臣提出的理由仍然相近:其一,比起"数岁一遣"之廉察使者,作为地方机构的提刑司,与皇帝之间交流不易,故而"是非混淆,徒烦圣听",对下,则"徒乱有司事",影响地方行政效果,所以,这个机构纯属多余;其二,权力不宜过于集中,提刑首要的职责是审核地方刑狱,若不废罢提刑司,则审刑之职可以保留,至于"采访廉能"之职,却不宜由提刑兼。④ 此次,章宗采纳了宰臣的大部分意见,于当年四月改提刑司为按察司,⑤其分路,则仍沿用原提刑司路的八路之区划。⑥

关于按察司与其前身提刑司的最大区别,史籍中只是间接提到。如《金史·完颜匡传》载:

> 章宗立提刑司,专纠察黜陟,当时号为外台,(尚书左丞完颜)匡与司空(完颜)襄、参政(仆散)揆奏:"……自古无提点刑狱专荐举之权者,……不宜使兼采访廉能之任。岁遣监察(御史)体究,仍不时选使廉访。"上从其议。于是监察、体访之使出矣。⑦

此次机构的改置,核心在于"黜陟",故赵翼总结说:"言者谓提刑司黜陟非

---

① 《金史》卷十《章宗纪二》,明昌四年三月戊辰朔。
② 《金史》卷十一《章宗纪三》,承安四年三月乙卯、四月癸亥。
③ 《金史》卷九《章宗纪一》:明昌三年"六月癸卯,宰臣请罢提刑司。上曰:'诸路提刑司官止三十余员,犹患不得其人,州郡三百余处,其能尽得人乎?'弗许"。章宗此语,显是针对宰臣对提刑官人选的质疑。
④ 《金史》卷九十四《内族襄传》,卷九十八《完颜匡传》。
⑤ 《金史》卷十一《章宗纪三》,承安四年四月癸亥。
⑥ 《金代路制考》,见《长水集》下卷,第298页。
⑦ 《金史》卷九十八《完颜匡传》。

便,改设按察司。"①而"黜陟"者,其实只是提刑司的一种相对权力,并且重点在"陟",即所谓"采访"之权。

采访之权事实上可分为两种:一是推荐拟职之权,二是覆核之权。章宗于大定二十九年初置提刑司之时,"以选举十事,命奉御合鲁谕尚书省定拟",其中四条,与提刑司直接相关,即"采访可用之才,减资考而用之";"提刑所访廉能之官,就令定其堪任职事,从宜迁注";"亲军出职,内有尤长武艺、勇敢过人者,其令内外官举、提刑司察";"内外官所荐人材,即依所举试之,委提刑司采访虚实"。②其中前两条,确定了提刑司有"采访"之后予以拟职之权,定职之事,主动权在提刑司,吏部只是考核阙次,按例授官补阙。而后两条重在覆核。具体过程是:考察辖区之内某官廉能或其才可用,遂上报其名,进行荐举,并且还可拟定受荐者应当升陟之职位。而对于中央机构而言,考虑到提刑司对本辖区的情况较为了解,一般也会采纳其意见。于是,相对的权力,在某种程度上绝对化了,地方官员的升陟,其具体事宜转到提刑司之手,中央相关官员倒相对显得"备位"了。这正是最令宰臣不满之处,故宰臣之进言,重点在于让提刑司"不兼采访",③失去推荐廉能官、"可用之才"并决定其职事之权。

在提刑司的存在时期,颇有实例可证明其履行"采访"、"廉问"之职的有效性。如明昌中耀州刺史马百禄"以提刑司复举廉,升孟州防御使";④长葛主簿王晦"有能声,察廉除辽东路转运司都勾判官,提刑司举其能,转北京转运户籍判官"。⑤ 而对于大定二十九年(1189)所定的两条覆核之权,明昌中也进行了相关的制度建设,从细节上增进荐举覆核之准确性:

---

① 《廿二史札记》卷二十八《金考察官吏》。
② 《金史》卷五十四《选举志四》"举荐"条。又按同书卷九《章宗纪一》,明昌三年十月丙午,"敕御史台、提刑司:'自今保申廉能官,勿复有乞升品语。'"只是稍予限制而已,升迁品级之权虽被剥夺,但拟定职事之权仍在提刑。
③ 《金史》卷五十四《选举志四》"廉察"条。
④ 《金史》卷九十七《马百禄传》。
⑤ 《金史》卷一百二十一《忠义一·王晦传》。

（明昌）四年，上曰："凡被举者，或先察者不同，其后为人再举而察者同。或先察者同，而后察者不同。当何以处之？其议可久通行无窒之术以闻。"省臣奏曰："保举与体察不一者，可除不相摄提刑司境内职事，再令体察。如果同，则依格用。不同，则还本资历。"①

即提刑司担负了对被荐举人的多次体察之责，但为了避免误察或徇私，被荐举人要被调到其他路任职，由该管提刑司来重新体察。这种制度称作"平倒别路除授之制"。但在提刑司改为按察司之后，"以按察司不兼采访，遂罢平倒别路除授之制"。② 就是说，承安四年（1199）罢"采访"权，并非仅限于罢其直接推荐拟职之权，中央还乘改提刑为按察的同时，收归覆核之权，由临时遣出的"监察、体访之使"来履行。

隐藏在承安四年机构改替背后的，是削权的实质。自此，按察司对官吏的监察，仅限于作出评价，这种评价汇总到吏部之后，后者据以对地方官员进行黜陟。黜陟权上收吏部，就出现了各路按察司评价属下的不同标准问题，于是，中央需给出统一的标准。

前已提及，明昌三年，章宗尝向宰相问及考课法是否当行。当时尚书右丞刘玮认为，考课法格法太繁，既有提刑司"总核名实"，已有考课之实，条法本身就不必要了。但按察司既无"总核名实"之权，考课法就成为必需。泰和四年（1204），终于定"县令以下考课法"，③"准唐令，作四善十七最之制"。④ 其考核对象，所谓"县令以下者"，其实包括了除府、州主要官员（知府、州或节度、防御使，刺史以及同知，通判）之外的所有官员。至于以前的"采访"之事，并非完全不实行，而是由监察御史和其他朝廷派出的特使承担了，即《完颜匡传》所谓"岁遣监察体察，仍不时选使廉访"。并且，对于按察使已经完成的监察和评价工作，中央派出的监察、体访之使，

---

① 《金史》卷五十四《选举志四》"廉察"条。
② 《金史》卷五十四《选举志四》"廉察"条。
③ 《金史》卷十二《章宗纪四》，泰和四年四月丙申。
④ 《金史》卷五十五《百官志一》"六部"条。

仍要进行两重覆核。以致当时有人提出:"提刑司改按察司,差官覆察,权削望轻。"①

按察司的职官设置与提刑司大致相同,使一员,正三品;副使,正四品,兼劝农事;签按察司事一员,正五品;知事、知法若干员。②

金廷对地方监察机构的改替,在改提刑司为按察司之后仍未停止。至章宗末期的泰和八年(1208),又以"诸路按察使并兼转运使"③的形式,将按察司与转运司合并为按察转运司。此次合并的缘由,大致不关按察司的事,而是与金初所谓"外道虽有漕使,亦不刺举"④的现象有关。因金之转运使在此之前一直不掌握对州县官员的监察权,故而"转运司权轻,州县不畏,不能规措钱谷,遂诏中都都转运依旧专管钱谷事,自余诸路,按察使并兼转运使,副使兼同知,签按察并兼转运副,添按察判官一员,为从六品"。⑤

"按察兼转运,本欲假纠劾之权以检括钱谷。"⑥合并的目的在于加强转运司的工作效果,即以按察司的监察权加重转运司的威势,以消弭州县官在规措钱谷方面的拖沓推搪之弊。从这一点来看,两司合并应当有利于上下级之间的令行禁止。不过,对于监察工作来说,这次合并毫无疑问地导致了新的困难。《乌台笔补》云:

> 按察兼转运使,其意以为按察中间一切欺隐不公事,则不敢犯,早辰先与司史判按察司事,午后乃与同知、副使判转运司事。⑦

这样的工作方式,自然令按察转运使负担过重,精力分散。更大的困难

---

① 《金史》卷一百《孟铸传》,泰和六年事。
② 《金史详校》卷四,第544页。按此处未载按察司内置知事、知法,但从同书所载其提刑司、按察转运司都有知事、知法,知按察司亦当有此两职。
③ 《金史》卷十二《章宗纪四》,泰和八年十一月丁酉朔。
④ 《鄱阳集》卷四《又跋金国文具录札子》。
⑤ 《金史》卷五十七《百官志三》"按察司"条。
⑥ 《金史》卷一百四《王扩传》。
⑦ 《金史详校》卷四,第544页引。按此处所谓"早辰先与司史判按察司事",司史似与同知(转运使事)、(转运)副使有别,可能是知事、知法等本司低级官员。

是,金之按察司与转运司,都不能端坐本司,而要在辖区内巡历。按察司承接提刑司的工作,要在巡历中察访吏治、疏决滞狱。转运司则要依据财税征收事务而巡历。二者工作方式相近而工作重点完全不一样,合并之后,自然顾此失彼,而按照卫绍王以后兵事忽起、财政紧张的局面来看,转运司的工作是重中之重。① 甚至辖区的划分,经过不断调整,也由泰和八年(1208)合并之初沿用按察司之八路,逐渐细分至贞祐三年(1215)废按察司之前的十二路,接近原有的转运使区划。② 这种重转运而轻按察的情形,使得这个机构对地方官的监察,几乎已无存在之价值。这就导致了按察司的彻底消失。

贞祐二年是按察司命运交关的一年。这一年,签河东北路按察事王扩,上书要求将转运司的征饷供军工作,交由军事长官负责,以达成军事、后勤一体化,又可将按察司从"检括钱谷"的不相干的重负中解脱出来,专心于按察之职。③ 而兵部尚书乌林荅与,则上书主张撤销按察司建置:

> 按察转运使拘榷钱谷、纠弹非违,此平时之治法。今四方兵动,民心未定,军士动见刻削,乞权罢按察及劝农使。④

---

① 尚在泰和八年九月,即按察兼转运之前两月,遣贾益谦等十三人,"分路同本路按察司一员",推排诸路物力,见《金史》卷一百六《贾益谦传》。按察司在监察方面权力的减弱和经济、社会事务方面职责的增多,致其工作与转运司的关系日近,其分路方式也渐与转运司趋同。
② 十二路为:中都西京路、南京路、北京路、上京东京等路、河东南路、河东北路、河北东路、河北西路、陕西东路、陕西西路、山东东路、山东西路,见《金代路制考》,见《长水集》下卷,第298页。与两种路分合并之前十四转运司路相较,泰和八年以后按察转运司之中都西京路,相当于此前转运司之中都、西京两路;按察转运司之上京东京等路,相当于原转运司之会宁府、东京两路。然而,泰和八年以后,中都另置都转运司,于按察之职,中都西京按察转运司只管西京一路。上京东京等路,则置上京、东京两个分司。见《金史》卷五十七《百官志三》"按察司"条。若计入中都路都转运司,新的按察转运司仍是十四个区划,几与原转运司路全同。
③ 《金史》卷一百四《王扩传》:"贞祐二年上书……曰:'按察兼转运,本欲假纠劾之权以检括钱谷。迩来军兴,粮道军府得而制之。今太原、代、岚三军,皆其州府长官。如令通掌资储,则弊立革,按察之职举矣。'"
④ 《金史》卷一百四《乌林荅与传》。

此奏疏将按察司之"纠弹非违"与军士之受"刻削"强行牵扯在一起,故而受到右丞相徒单镒的反驳:"今郡县多残毁,正须按察司抚集,不可罢。"①其议遂止。

对于宣宗来说,在当年,两种建议都未被接受,并不说明他没有倾向性。次年(贞祐三年),遂罢按察司,转运司复独立存在。②

自卫绍王大安中(1209—1211),铁木真崛起于蒙古草原,迅速攻入金之内地,政局突然转危。之后卫绍王被弑,宣宗得国未久,内部局势也并不稳定。刑狱、吏治,这些按察司的基本工作,即使不说是与军务和统治集团的内部稳定相冲突的,至少,也是无用的。那么,舍弃按察司及它所负责的"不急之务",专注于聚敛、用兵,怕是当时仅有的选择。而贞祐年间的政治危局,延至金亡,迄未改善,则按察司或类似机构的复置,也就不太可能了。而与按察司的监察工作相关的"四善十七最"的考课法,也在撤销机构之前一年废去。③

可以说,贞祐三年(1215)是金代地方监察制度崩溃的一年。主要机构废罢,条法弃而不用。危机日重的政局,更不可能使金廷的关注点从军事行动转回到内治。尽管形式上恢复了监察御史之巡察制度,后来又分区设置四个司农司,尽管司农司被看作是接替按察司执行地方监察任务的机构,④但从可见的史料中,却看不到这一机构的监察效果,很难真正将它当作按察司的后续机构。金祚一百十余年,其有地方监察机构存在的

---

① 《金史》卷九十九《徒单镒传》。
② 关于罢按察司的年份,都兴智认为在贞祐二年,见《辽金史研究》(人民出版社,2004年),第141页。此说出于《金史》卷十四《宣宗纪上》所载:贞祐二年二月丙辰,"罢按察司"。然而,同卷《百官志》、各列传中与此记载相悖之处,不胜枚举,如《宣宗纪上》:贞祐二年六月甲午朔,"以按察转运使高汝砺为参知政事";卷一百七《张行信传》:二年四月,"迁山东东路按察使";卷九十二《卢庸传》:三年,"诏诸道按察使讲究防秋,……未几,改定海军节度使。山东乱,不能赴。按察司劾之";卷一百四《郭俣传》,"贞祐三年,罢按察司,仍充本路转运使,行六部尚书";卷一百四《移剌福僧传》,"贞祐三年,迁山东西路按察转运使,是岁,按察司罢,仍充转运使"。根据《志》、《传》中多项记载来否定本纪中的一条孤证,当无问题。谭其骧先生在《金代路制考》一文中已提及这一问题,见《长水集》下卷,第290—308页。
③ 《金史》卷五十四《选举志四》"部选"条。
④ 《金代监察制度初论》,《民族研究》1992年第2期,第70页。

时间,只有二十五年。而在这二十五年中,还数次改置机构,其在监察方面的权力也是每况愈下。

三、中央官员的地方监察工作:
监察御史与其他特使

以监察御史为主的中央特使,在金代地方监察工作中的作用其实远远超过提刑司、按察司。这不仅是因为它们在大定二十九年(1189)置提刑司之前完全承担了监察地方的工作,在贞祐三年废按察司之后亦是如此。而且,在提刑、按察司存在的时期,地方监察事务的最后覆核工作,也要这些特使前去查实核定。提刑司之设置,并不能完全替代特使,因为它作为地方机构,缺乏特使那种即时与皇帝联系、将考察结果转化为信息并迅速传输给皇帝的能力。相对于提刑、按察司二十五年的存在期,特使尤其是监察御史,在金中、后期在地方监察事务中从未中断的作用,使我们无法不重视它——尽管这些特使来自中央御史台及其他不同机构,完全不构成稳定的地方机构。

监察御史在世宗朝地位已日益重要,在章宗设置提刑司之后,他们继续被遣往地方,其新的职责是廉察提刑司官员。张万公于提刑司始创之年,被任命为河南提刑使,"不期年,御史台奏课为九路之最,擢拜御史中丞,时明昌元年也"。[①] 李愈也在明昌四年(1193)前后受宪台廉察,为九路提刑司之最。[②] 廉察的方式,最重要的自然是遣监察御史至提刑司辖区内察访。故明昌五年,贾益谦才会提出,不须遣监察体访,只须在提刑司任满之后考核,因"提刑官若不称职,众所共知,且其职与监察等",当时章宗"嘉纳焉"。[③] 也就是说,在此之后,对提刑司的考核,可能由监察御史常年下访的方式进行实质上的"常考",改为"任考"。任考仍需特使至提刑辖区调查,但这特使却不一定是监察御史,如承安中,兵部郎中徒单铭"与大

---

① 《元好问全集》卷十六《平章政事寿国张文贞公神道碑》,山西古籍出版社,2004年。
② 《金史》卷九十六《李愈传》。
③ 《金史》卷一百六《贾益谦传》。

理评事孙人鉴为采访使,覆按提刑司事"。①

但提刑司这次增加的自由度,并未维持多久,至承安四年(1199)宰相完颜襄、完颜匡等提议削夺提刑司"采访"之权,遂改提刑司为按察司;同时,也采纳了"监察御史岁终体究,仍不时选官廉访"的意见,"于是监察、体访之使出矣"。② 此次变革不仅把原来提刑司"采访"部内官员之权转予监察御史等特使,而且重新赋予监察御史每年考核按察司的权力,其权尤甚于明昌五年之前。

不过,章宗到底是采纳了完颜襄的意见,让监察御史"岁终体究"按察司,还是保留承安四年以前制度,只是任满考察,仍值得讨论。据泰和元年(1201)御史台奏:

"在制,按察司官比任终,遣官考核,然后尚书省命官覆察之。今监察御史添设员多,宜分路巡行,每路女直、汉人各一人同往。"从之。仍敕分四路。③

则御史台奏状反映的仍是"任考"而非岁考,只不过原来当是随机遣监察御史去按察司官员任满之处,自泰和元年,乃专有八员监察御史分全国为四辖区而按治之。也未有其他资料表明此后监察御史考察与差官复察,是年年进行的。只是明确提到,考核分为两步:即监察御史先出"体访",再遣官复察。

至泰和三年,有诏,监察御史分按诸路之时,"所遣者女直人,即以汉人朝臣偕,所遣者汉人,即以女直朝臣偕",④似已合并中央监察之二步骤

---

① 《金史》卷一百二十《徒单铭传》。
② 《金史》卷九十四《内族襄传》,卷九十八《完颜匡传》。
③ 《金史》卷十一《章宗纪三》,泰和元年十月壬辰。监察御史员数,据《金史》卷五十五《百官志一》,《御史台》条,共十二员,然此数乃贞祐以后员数(见卷十四《宣宗纪上》贞祐元年闰九月甲午),该条注云:"大定二年八员,承安四年十员,承安五年两司各添十二员。"则共有三十四员也。"两司各添十二员"一语殊难解,然承安五年员数之增当无疑,故可专拨出八员以察地方。
④ 《金史》卷十一《章宗纪三》,泰和三年十二月癸丑。

为一。然而，泰和三年之诏，看来只是临时之制。因为，到泰和六年，因御史中丞孟铸、参知政事贾铉之言再定制"差监察（御史）时，即别遣（复察）官与俱，更不覆察"，①合二步为一，至此方成定制。

自大定末置提刑司，直至按察司之撤废，监察御史从未失去监察地方的作用，按察司的工作，仍需监察御史覆核。而章宗时期监察御史员数不断增加，这与金廷对地方机构的不信任显然有直接的关系。犹恐监察御史监察不力，尚书省又遣人再察，则中央特使之重要性，仍极受朝廷肯定，并不因提刑之新置而改变。这一点，显示了章宗对地方监察事务的重视，同时也显示了他对地方监察机构的不信任。

宣宗于贞祐三年（1215）断然撤销按察司，自此，包括监察御史在内的中央特使就重新承担起地方监察的任务。因为每年一次的监察御史巡行效果不太好，"遂令每岁两遣监察御史巡察。仍别选官巡访，以行黜陟之政，哀宗正大元年，设司农司，自卿而下，迭出巡察吏治臧否，以升黜之"。②但奇怪的是，在罢按察司之前的贞祐元年，他已"减定监察御史为十二员"，③至兴定四年（1220），再"减监察御史四员"，④很难想象如此有限的人员，如何执行如此繁重的任务。因此，"每岁两遣"的事实及其效果，都很值得怀疑。根据罢按察司之前"今四方兵动民心未定，军士动见刻削，乞权罢按察及劝农使"⑤的进言，宣宗次年废按察司的事实，以及监察御史与此前按察司工作性质之相近，可以推测，处于战争威胁之下的宣宗，对和平时期发展起来的监察制度，或许不太关心。再者，贞祐以后，地方遍置行省、行部、行院、行元帅府，中央将地方各种大权都交付予这些机构。在这种情况下，再加强中央派特使的巡察工作，可能对行省（部、院、元帅府）的自主一方、军务至上有所干碍，这与撤销按察司的初衷是相悖的。行省亦置有监察御史之事实，⑥看来是不再需要中央特使频繁下顾的一种

---

① 《金史》卷一百《孟铸传》；卷十二《章宗纪四》，泰和六年二月甲戌。
② 《金史》卷五十四《选举志四》"廉察"条。
③ 《金史》卷十四《宣宗纪上》，贞祐元年闰九月甲午事。
④ 《金史》卷十六《宣宗纪下》，兴定四年六月丁卯事。
⑤ 《金史》卷一百四《乌林荅与传》。
⑥ 《金史》卷十六《宣宗纪下》，元光二年六月丁亥，"罢行省所置监察御史兼弹压之职"。

表现。故而,特使虽仍在各地奔走,还颇有执法甚严者,[①]但不能由此否定中央在监察工作方面的退缩的必要,并且,这一点至少在建制的变化上有所体现。

四、金地方监察制度的效果及影响

从表面上看,金代的地方监察制度,明显受到宋制的影响,提刑、按察司,与其他地方机构如安抚、转运、宣抚司一样,官名皆来自宋,而泰和末合按察与转运为一,也是宋代一度采用过的制度。[②] 但是从较深层次来看,金对宋制的学习,是相当有限的,从包括地方监察制度在内的整个管理体系来看,宋、金之间有本质的不同。

仅仅考察地方监察机构的建置稳定性,即可知地方监察制度的严密和稳固程度,在宋、金之间不可同日而语。金之提刑司、按察司存在时间,即使加上卫绍王和宣宗贞祐初的动荡时期(在此期间按察司的工作效果值得怀疑)也不过二十五年。而在这么短的时间内,居然又两次变更机构的名称、职权。如上所述,承安四年(1199)第一次变更,削去提刑司名为"采访"而实为"黜陟"之权。泰和八年(1208)第二次变更,则使按察司沉溺于财务、民事而很难有效完成监察之职责。而从泰和八年之后,考察提刑司、按察司路分区方式的变迁,可发现分区的变迁其实与提刑司、按察司的功能变迁一致,逐渐向转运司靠近。这就是说,按察司在监察事务上的实际权力,还在不断下降。

连个别地方监察机构也是甫创置而夭折,金代当然不可能建立起像宋代那般完整的监察网络。在宋代,路作为府州之上的高层政区,其平行

---

① 《金史》卷一百十《冯璧传》:"(贞祐三年)六月改大理丞,与台官行关中,劾秦奸赃之尤者商州防御使宗室重福等十数人,自是权贵侧目。"卷一百《完颜伯嘉传》:"(兴定)四年秋,河南大水,充宣慰副使,按行京东。……伯嘉行至蕲县,闻前有红袄贼,不敢至泗州。监察御史乌古孙奴申劾伯嘉违诏不遍按视。"卷一百十《雷渊传》:"兴定末,……拜监察御史,……出巡郡邑,所至有威誉,奸豪不法者,立棰杀之。至蔡州,杖杀五百人,时号曰'雷半千'。坐此为人所讼,罢去。"

② 《续资治通鉴长编》卷一百四十一,庆历三年五月戊寅。

机构是不断增加的，到制度成熟之后，转运司、提刑司、提举司之间互相监察的体制也宣告完成，制定了具体的监司互察法。而细节方面，仍在不断改进，如各司相互考核僚属的制度等。至于上、下级之间，诸监司之监察州、县官员，自然不在话下，这正是诸司被称作"监司"之缘由。更值一提的是，作为补充，宋代还制定下级监察上级的制度。① 于是，平行机构之间、上下机构之间，各种维度和方向的监察线路，织成一张无所不包的立体网络。至于金代，在设置提刑司之后，府州之上虽有总管府、转运司、提刑（按察）司三个机构，却未能定互察之制。提刑（按察）司的监察对象，仅限于普通的府州县官员，对于地位比它更重要的总管府自是无权监督，至于转运司也在它的视线之外，按察、转运司合并之后，"互察"就更没有发生的由头了。在府州一级，"旧制：……州府长、贰、幕职，许互相举申"，但一经"伤礼让之风，亦恐同官因之不睦"②的警告，立告作罢。至于以下察上，岂非愈加有伤风化？更毋庸论。

　　由提刑、按察司的命运，还可区别宋、金之间在实行中央集权的方式和集权稳定性等方面的差异。宋之提刑司，初置时也只承担监察、审刑之权，并且同样只监察府州官员。但它的职权越来越重，渐与转运司比肩。较晚创设的提举司，也经历了同样的发展路线。因此，宋代"监司"的发展过程，事实上经历了由机构并立到权力等重的趋势。再加上"互察"之制的完善，宋之众建诸司，实有三种效果：即部门分工造就的地方行政工作的专门化，互察导致的行使职权的审慎、从而促使行政效果的最佳化，以及通过地方机构内部的分权和互相牵制强化中央集权。而金偶一创设提刑司，便即削其权，迅即合并按察与转运司，军事机构以外的地方机构，仅剩一个，事实上地方民事方面已几乎不存在分权。不久又撤废之，回到唐代和宋初采用的中央特使定期不定期出巡的制度。这样，监察的效果很难保证，而地方机构之间的分权体制又很难形成，金廷于是通过这种陈旧

---

① 《宋会要辑稿》食货四九之七，淳化三年二月诏："诸路转运使、副，如规画得本处场务课利增盈，或更改公私不便之事，及除去民间弊病，或躬亲按问，雪活冤狱，或边上就水陆利便，般运粮草，不扰于民者，宜令诸道州、府、军、监候年终件析以闻。"
② 《金史》卷九十七《移剌益传》。

僵硬的行政和监察制度,强行保证了中央集权。然而,这种体制对于保证地方行政的效果,自然无能为力,更有甚者,就是中央集权,也保证不了。只考虑中央——地方之间单一线索的集权,是很难在外力的冲击下保持平衡的。金一遇蒙古攻击,即通过尚书省、枢密院的派出机构以免宗社倾覆之祸,于是在中期达成的极度集权的体制消散殆尽。这种命运,与宋代也形成强烈对比。

洪皓《文具录》载:金初定制,"皆出宇文虚中,参用国朝及唐法制而增损之"。然参用唐宋之制,又不止于金初,但凡金代之制,总归难脱唐宋制度——尤其是宋制的框架,但百余年之中,各种制度却颠倒杂乱,面目全非,学而不得其法,令人颇感费解。

金初对于辽宋政治文化的继承,本来就是相当薄弱的,只是在杂用胜国与本族的各种制度之后,予以表面的合理化。如,京、府、州的制度很快就全国一致了。可是,较深层次的制度如监察体制,却被认为无用之物而予以抛弃,像转运使无监察权、导致地方监察工作无人承担的现象,正是其表现之一。初期政治文明的程度较为原始,使得以后的制度建设步履维艰。

"因时制宜"、"因势利导"的实用主义,是导致监察制度混乱的原因之一。金代百余年,政治局势数有转折。倏忽而兴,战争未毕,自熙宗朝始又陷入激烈的内争。忽忽之间,世宗、章宗朝又是数十年的相对和平。至卫绍王朝,又突遇亡国灭族的威胁。时局变化的速度,与宋代相比,确乎令人目不暇接。每经大变,必然进行一次制度改革,针对最近发生的冲突,作出一些颠覆性的变更。这一现象,很大程度上是由金之皇位继替关系造成的。金前后九帝,被弑者三(熙宗、海陵、卫王),此外,卫王继章宗而立,也并非没有争议。因此,对前朝制度的认同和延续发展,往往不宜宣之于口。而否定前朝的某些制度,却是毫无心理负担。

但笔者认为,女真上层的态度,也大大影响了监察制度的建设。金代历朝君主对于宋制的态度,有明显的反差,熙宗、海陵与章宗,对宋制似乎只有倾慕而未表现出明显的反感。但是,在他们之间,是统治时间最长、期间政局也最稳定的"小尧舜"世宗。世宗对宋制即使不说是抵触,至少可认为是相当有戒心的。金之百年,确乎只有世宗至章宗五十年,才算是比较安定的时期,允许将较大的注意力集中于文官体系的建设。然而世宗一朝近三十年,制度方面,却是整饬的多,创设、提升的少。其所调整者,是他个人所认为的"合理化"的工作,而未能在海陵和章宗之间起到承接的作用。具体到地方监察,不过是有了一个"数年一遣使",算是监察制度的发展没有虚度大定的前二十八年。从这项制度的性质来看,与北宋前期太祖、太宗时期类似。但无论从遣使的频度、数量,还是遣使的分类细致程度,都远不能与宋太祖、太宗朝相比。正式建立机构对州县实行不间断的监察,只有章宗继位以后短短的二十五年。但即使是在章宗朝,由于某些女真大臣强有力的掣肘作用,也使皇帝不得展其手足。如在《金史》中以尽职持重面目出现的完颜襄即此中翘楚,他既反对置提刑司,又反对设宫观使,其理由又颇为牵强,显然有很强的反对宋制的倾向。章宗本人在下诏置提刑司之时,以"提刑,劝农,采访之官,自古有之"来证明其合理性,可却不提"古"在何时——明明只是在宋代。

当然,并不是说,金非学宋制不可,但一个力求统治稳定的王朝必当建立一种一以贯之的核心理念,并且,前后相继的统治者在政治理念上应当较为一致。如宋代在英宗之前百年,在地方行政制度上就有一个地方分治而制衡、中央藉之以集权的理念。神宗以后,对此理念的坚执程度虽有不同,但显然一直重视。故而宋代监察制度的发达,除了拥有一个长期稳定、内治占据绝对核心地位的政治环境之外,统治思维的连贯,也是关键的原因。而金代时局动荡,又绝不像宋代那样,有"祖宗之法"之意念在起强烈作用,于是政治制度——具体到此处,是地方监察制度——也显示出一种"无恒志"的倾向。

但是,最关键的原因,或在于金代与宋代地方行政体制的最大不同之处,即宋代的政府结构中,始终是文官体系占据了主要的位置。即使是战争频繁的南宋,武将也从未能全面控制政局。经过北宋长期建设而形成的文官制度,基本上延续下来,监察制度正是此体系中明显超越前代的一个方面。而金代自始至终是军事机构、军事行动吸引了统治者的大半精力。这与金统治者以异族身份入主中原有密切关系。于是,在宋代,占据了路级机构中最重要地位的转运司,在金,主职只是赋敛与供军。而在宋代的地方监察事务中处于关键地位、成为公正的象征的提刑司、按察司,在金固然也曾起到类似作用,但一旦军事上有需要,可以一举手间,就完全取缔它,连一个象征性的兼职(以转运司兼)都不让它存在。因为它所经管的事务,与军事行动第一、速度高于一切的环境是背离的,而在这种时刻,虽已建置了监察机构、但却还缺乏这种习惯的金政权,是没有耐心让它在恶劣的政治环境中"兼容"下去的。吏治的问题因此而根本得不到解决,这又引发了官民之间、统治与被统治民族之间的冲突。在章宗朝,制度建设或许刚让底层的契丹、汉等人数众多的被统治民族体会到被政权关怀的一点迹象,这迹象却转瞬即逝。而普通的女真人与汉人之间的鸿沟,也同样无法弥合。为什么金政权对蒙古军队的抵抗很激烈,但金、蒙冲突一起,金统治区内立即分崩离析?为什么汉人没有像他们在靖康、建炎间对宋政权表现的那样,在动荡时对金政权表现出多少忠诚?为什么金亡之时,内地的汉人对女真人发起全面的攻击?或许,这里可用陶晋生先生的一个判断作解答:"异族统治者不易了解繁复的中国官僚制度的运作,而只求简化行政程序和组织。……取消了制衡的作用,在治术上着重制压(coercion),因而发生了政治过程的残暴化。……政权下的大多数百姓经常对它发生疑惧和不满的情结,政治冲突特别频繁",并且,其"令中国政治过程残暴化的措施,在中国历史上留下了很大的影响"。[1] 毫无疑问,不惜虚置、消灭地方监察网络,正是"取消制衡"的一个至关重要的表现。

第三节　历代地方监察制度因革之主线

秦以后的历代监察制度,必然有相沿的部分,这在中央监察制度中,

---

[1] 陶晋生:《金代的政治结构》,《"中研院"史语所集刊》第四十一本第四分册,1969年,第573—574、593页。

表现尤为明显。如秦以御史大夫长监察,其后御史台的形成及其作为主要中央监察部门的历史,持续了1500年,至明初方始结束。但旋即所置的都察院,[①]与御史台未必有实质性的区别。这种明显的延续性,使中央监察机构更清晰地体现历代一以贯之的重监察之理念以及监察工作具备一定独立性的传统。至于地方监察机构,因历代中央—地方关系、政区层级及上下统辖关系的差异较大,其连续性则不那么明显。由上文宋金两朝的制度建立过程和具体情况来看,前、后两朝,甚至同时存在的朝代,在地方监察制度上也会有很大的差异,或者看似有某些近似之处,而实际上却"貌合神离"。较之中央,地方之制度,更为曲折多变,更有必要作细致的梳理。

从历朝地方监察制度实施的主要内容和承担监察之职的主要机构来看,两千余年来大致可分为三个阶段:刺史为主的时期,监司为主的时期,以及御史—按察使时期。

一、刺史作为主要监察官的时期

秦以监御史监郡,自然是最早出现的有固定、明晰结构的地方监察制度,不过秦亡以后,旋即中断,西汉前期一度借用,效果亦似不著。至汉置刺史,方始产生了有良好效果且影响深远的制度。

秦置监郡御史,"监察区与行政区合二而一,很容易使中央监察官变成地方官员",由是而使监察的效果下降。汉初省监郡御史,大体即出于这种考虑。[②] 但没有地方监察,吏治便会出现种种问题。至惠帝三年(前192),"遣御史监三辅郡,察词讼",而后,监御史之置遂及于各郡,完全套用了秦代制度。而监御史地方化之后,其效果很快就背离了中央原有的设想,"不奉法,下失其职"。大约是习于侵夺郡官之权,而使郡之行政陷

---

① 按《明史》(中华书局,1974年)卷二《太祖纪二》,洪武十三年四月,"罢御史台";卷三《太祖纪三》,十五年十月丙子,"置都察院"。由此完成中央监察主管机构的更替。
② 周振鹤:《地方行政制度志》,第148页。

于混乱。文帝十三年(前167),立"丞相史出刺并督监察御史"之制。①"丞相史"虽是"御史",却属于丞相系统,而非属御史大夫所辖,当然会尽量负责地去纠核御史大夫系统的监御史的过错。然而,让行政体系的首脑,再承担对专职监察机构的监察之职,岂不是有些错乱?当隶属于监察体系的监御史与隶属于行政体系的郡官发生冲突时,同属行政体系的丞相史,是否能保证公允无偏?另外,"丞相遣史分刺州,不常置",②其监察工作又非"日常化"的,更难保证监察效果。丞相史出刺之制,是在监御史监郡制度发生问题之后,临时创置并覆盖于原有制度,难免有缺陷。武帝元封元年(前110)御史止不复监,③便是对原有监御史—丞相史体系的监察效果的否定。

经过四年的观察,武帝发现,若无专职的地方监察官,地方行政终究难以有序地运行。元封五年,刺史制度被推出。此制度之大略为:

除首都附近,分全国为十三部,每部刺史一人,秩六百石。

刺史以"六条"察州。六条内容为:"一条,强宗豪右田宅逾制,以强凌弱,以暴凌寡;二条,二千石不奉诏书,遵承典制,背公向私,旁诏守利,侵渔百姓,聚敛为奸;三条,二千石不恤疑狱,风厉杀人,怒则任刑,喜则任赏,烦扰刻暴,剥截黎元,为百姓所疾,山崩石裂,妖祥讹言;四条,二千石选署不平,苟阿所爱,蔽贤宠顽;五条,二千石子弟恃怙荣势,请托所监;六条,二千石违公下比,阿附豪强,通行货赂,割损正令。"

刺史无治所,以八月作为一年出巡的开始时间,且每岁终,需赴京奏事,在京师会停留一段时间。④

征和四年(前89),又置司隶校尉,"察三辅、三河、弘农"。⑤ 仿照诸刺史部之例,将京师及附近六郡也置于同类机构的监察之下。这样,便出现了与秦制全然不同的地方监察制度。上述的重点,每一条都与秦制截然

---

① 《通典》卷三十二《职官典十四》"州郡上·州牧刺史",中华书局,1988年。
② 《汉书》卷十九上《百官公卿表上》,中华书局,1962年。
③ 《通典》卷三十二《职官典十四》"州郡上·州牧刺史"。
④ 《汉书》卷十九上《百官公卿表上》,《通典》卷三十二《职官典十四》"州郡上·州牧刺史"。
⑤ 《通典》卷三十二《职官典十四》"州郡上·司隶校尉"。

不同。比起秦代监察区与郡合一,重新分部、每部统多个郡,可以避免监察官对行政事务的过多干涉。而"六条"更是严格限定了监察对象和内容。监察对象主要是"二千石"即郡守,凡及郡守施政及用人不公、以权谋私,则为刺史所应纠核者,若及日常行政工作的具体实施,则非刺史所应干涉。即便日常工作有失误,刺史也只能事后干预,而不能当场介入。刺史制度的设计者,对于监察官与行政官的"远离"原则,有较清晰的认识;对于划清两者的权限,也有深刻的思考。

另一个重要的不同,是刺史不像监御史那样"坐镇"各郡,而是处于不断的运动中。由于刺史需要监察多个郡,这是他受命不断巡行的原因之一,但不是全部原因。令其巡行且不设治所,不但促使其对所监各郡施以同样的监察力度,并且可杜绝其借助其他渠道间接地了解郡政,而须亲自探视,以更真切地起到监察作用。武帝推行刺史制度之初,考虑较全面,设计相当完善,应当是充分吸取了秦代以及汉初制度的教训。

看起来与秦制有极大差别的汉代刺史制度,随着时间的推移,由渐次发生的微调,竟然步步向秦制靠近甚至最终尤有进之,这当然是武帝始料未及的。其变化趋势,大体可以两点概括:地方化、行政化。二者互相促成,使刺史渐成为地方行政长官,而监察区刺史部,也相应转变为郡以上的行政区划。

首先发生的变化,是治所的产生,遂由"周行郡国,无适所治"转变为"治有定所"。东汉刺史有治所,此无争议,但关于西汉刺史是否有治所,若有,当在何时产生?对于这一问题,史载不一,历来研究者亦素有争议。今较可取的说法,"定治"之时是在西汉元帝朝。[1] 成帝时朱博谕所部吏民:"欲言二千石墨绶长吏者,使者行部还,诣治所",[2]应可说明,西汉末年刺史已有治所。而差相同时,两度改"刺史"为"牧",已略近于行政官,有

---

[1] 关于刺史定治所之时间,相关研究可见万孝行之相关梳理与辨析,见《"异体"监察与西汉刺史制度》,载《史学月刊》2003年第11期,第117—119页。另据刘运玺研究,定治时间,各部有先后,而非通过朝廷一道命令全体发生同步的变化,亦可备一说,见《关于两汉刺史制度的几个问题》,载《学术论坛》2007年第9期,第164—167页。
[2] 《汉书》卷八十三《朱博传》。

定治,自有其必要,至东汉初虽仍改置刺史,但却不再废除"定治"之制。"地方化"的第一步,即完成于两汉之交。

与"定治"同时发生的是置属吏。初置刺史,无属吏,"得择所部二千石卒史与从事"。① 西汉元帝时,"丞相于定国条州大小,为设吏员,治中、别驾、诸部从事,秩皆百石"。② 自治中以下,属吏数十,自此,刺史之下遂有庞大机构,而携带全体数十人出行,又无可能。③ 因此,有一个治所用以安顿大部分属吏,便成必要。属吏的出现与定治,应在同时,它促进了"地方化"倾向的发展。

刺史大体能奋力举职,纠劾无所畏避,不负朝廷的期望。这似乎说明以六百石监二千石的制度,有其优越性,但同时也表现出不利的一面。至哀帝初,"二千石长吏"受制过甚,"司隶、部刺史察过悉劾,发扬阴私,吏或居官数月而退,……二千石益轻贱,吏民慢易之。或持其微过,增加成罪,言于刺史、司隶,……守相威权素夺"。④ 随着"地方化"趋势的发展,刺史之威权与郡守之弱势也愈来愈甚。刺史属下所置"部郡国从事",每人对应一郡,"督促文书,察举非法",则郡国之政,无不在刺史掌握之中。至东汉初,刺史甚至拥有黜退二千石之权,⑤其权力,已不仅限于监察,而是获得了本当属行政体系的人事权。这是其"行政化"的重要表现之一。

推进刺史转型的最有力的举措,当然是由朝廷颁命,确定其为郡守的

---

① 《汉书》卷七十六《王尊传》如淳注引《汉仪》注。
② 《太平御览》卷二百六十三《职官部六十一》"别驾"条。按于定国自宣帝末年为相,至元帝永光元年(前43)罢,则刺史置属吏,即在永光元年之前。
③ 据司马彪《续汉志》(收入《后汉书》,中华书局,1965年)卷二十七《百官四》关于司隶校尉、卷二十八《百官五》关于刺史的记载,刺史属吏,有治中从事、别驾从事、簿曹从事,"其有军事,则置兵曹从事,主兵事",另有"部郡国从事,每郡国一人,主督促文书,察举非法",此外,更有假佐二十五人。每州监郡、国之数,少则五六,多则十余,则"部郡国从事"与"假佐"共有三十人以上,构成属吏的主要部分。所有属吏中,除别驾从事"从刺史行部,别乘一乘传车"(《通典》卷三十二《职官典十四》"州郡上·别驾"),其他诸员,包括"部郡国从事",未见有从刺史行部的记录,其中大部分应留在治所。
④ 《汉书》卷八十六《王嘉传》,奏上于哀帝之初,即建平元年(前6)左右。
⑤ 《通典》卷三十二《职官典十四》"州郡上·州牧刺史":"旧制,州牧奏二千石长吏不任位者,事皆先下三公,三公遣掾史按验,然后黜退。光武即位,用法明察,不复委三府,故权归举刺之吏。"

上级。早在西汉成帝绥和元年(前8),即曾改部刺史为州牧,秩二千石。①改制出于丞相翟方进与大司空何武的建议,其理由是:"今部刺史居牧伯之位,秉一州之统,选第大吏,所荐位高至九卿,所恶立退,任重职大。《春秋》之义,用贵治贱,不以卑临尊。刺史位下大夫,而临二千石,轻重不相准,失位次之序。"翟方进等似乎已习见刺史"秉一州之统,选第大吏,所荐位高至九卿,所恶立退",视以州"统"郡为既成事实,故而将属于同一体系的以尊临卑原则,套用于本属不同体系的刺史与郡守的关系。但是,州"统"郡在西汉末尚未成为共识,仅仅三年之后,御史大夫朱博提出:"部刺史奉使典州,督察郡国,吏民安宁……前丞相方进奏罢刺史,更置州牧,……其中材则苟自守而已,恐功效陵夷,奸轨不禁。"②刺史只是"奉使"而"督察"郡国而已,这种情况下,上下尊卑的秩序并不适用。于是废州牧而重置刺史。

刺史跃跃欲试凌驾郡守之上的趋势,似难阻止。复置刺史之后仅四年(元寿二年,前1),再改为州牧。③至东汉建武十八年(42)方又改回刺史。④是后,百余年不改此制,但刺史的威势却不断积累。尤其是东汉历朝地方有兵事,多以刺史统兵,这对于提升刺史的权威,效果卓著。中平元年(184)黄巾起事之后,更需借助刺史于其所部的威望,灵活调度诸郡兵征讨。刺史成为郡守的行政上级,其势已是积重难返。中平五年,正因军事行动的需要,中央期望进一步加强刺史对各郡的掌控,遂从刘焉之议,再次改刺史为州牧。据刘焉称,改置州牧且重其任,便足以"镇压万里"。如此则改置之时,定当下敕强调州牧对郡守的统制之权,从而最终使监察官刺史完成了向行政官州牧的转变,并确立了州牧与郡守的行政上下级关系。在特殊时代发生这一转变,无异于饮鸩止渴,固然有利于镇压叛乱,但改置之初,远比郡守权大难制的州牧,割据之意图和形势立即

---

① 《汉书》卷十《成帝纪》,绥和元年十二月。
② 《汉书》卷八十三《朱博传》。按同书卷十一《哀帝纪》,改州牧为刺史,事在建平二年四月。
③ 《汉书》卷十九上《百官公卿表上》:刺史,"元寿二年复为牧"。
④ 《续汉志》卷二十八《百官五》。因建武十一年朔方部已并入州部,该年为十二刺史部,仍置司隶校尉。

出现了。梁人刘昭总结东汉之亡，或将此次改置视作首要原因："刘焉徼伪，自为身谋，非有忧国之心，专怀狼据之策……盛称宜重牧伯，谓足镇压万里……大建尊州之规，竟无一日之治。故焉牧益土，造帝服于岷、峨；袁绍取冀，下制书于燕、朔；刘表荆南，郊天祀地；魏祖据兖，遂构皇业：汉之殄灭，祸源乎此。"①

虽然魏晋复改州牧为刺史，然而州再未由行政区转回监察区，州的长官刺史，亦不再如两汉那样，作为监察官而存在。他对于部内郡县官，无疑一直具有足够的权威，但那是因为他在民事、兵事、财政各方面，都是他们的上级管理机构。至于以朝廷代理人的身份督视、纠弹郡政，这种作用大体在汉末已终止。

说是"大体"，是因为后世间或有恢复刺史为监察的计划及事实。形成计划是在西晋武帝朝。武帝于太康（280—289）初下诏：

> 上古及中代，或置州牧，或置刺史，置监御史，皆总纲纪，而不赋政，治民之事，任之诸侯郡守。昔汉末四海分崩，因以吴、蜀自擅，自是刺史内亲民事，外领兵马，此一时之宜尔。今赖宗庙之灵，士大夫之力，江表平定，天下合之为一，当韬戢干戈，与天下休息。诸州无事者罢其兵，刺史分职，皆如汉氏故事，出颁诏条，入奏事京城。二千石专治民之重，监司清峻于上，此经久之体也。其便省州牧。②

这道诏书实行的结果，是三国时期诸州或以州牧、或以刺史为长，到此后则专以刺史为一州之长。但是，所谓"刺史分职，皆如汉氏故事"，却未能实现。晋武帝所许可的"总纲纪，而不赋政，治民之事，任之诸侯郡守"的体制，只是画饼而已。刘昭乃慨叹道："晋武帝又见其弊矣，虽有其言，不卒其事，后嗣缵继，牧镇愈重，据地分争，竟覆天下。"③与汉末牧伯割据一样，在刘昭看来，刺史专州政，也是晋末大乱的缘由。

---

① 《续汉志》卷二十八《百官五》引刘昭注。
② 《续汉志》卷二十八《百官五》。
③ 《续汉志》卷二十八《百官五》引刘昭注。

真正将"汉氏故事"付诸实施的是隋炀帝。炀帝大业三年(607),改州为郡,又置谒者、司隶台,与御史台并列为三。① 其中司隶台"掌诸巡察",置别驾二人,分掌东都、京师之监察;置刺史十四人,分察畿外诸郡,并以从事四十人为刺史之副。此次改革,使地方行政重回汉代的郡—县体制,而新置的"司隶刺史",也重新成为监察官,禁其干涉行政。"所掌六条",内容亦近于两汉刺史,每年二月出巡,十月回京述职,每岁大半在外,亦如两汉刺史。② 炀帝的复古倾向,使他几乎完全重新建构起汉代地方行政与监察体制。可惜的是,实施仅及十年,司隶台便于大业十二年被废去,司隶刺史亦罢。司隶台既罢,御史台却增置御史百余人,或可作如此猜测:新置的大量御史,执行的是原先司隶刺史的职责。据载,御史大夫裴蕴"欲重己权势",遂策划废除司隶台,那么将司隶之职移于御史台,才真正得以达成其目的。是后,裴蕴遂"引致奸黠(入御史台),共为朋党,郡县有不附者,阴中之",③这也是新增御史监察州县之旁证。不过,无论是否废罢司隶刺史、无论御史台是否接续了司隶台的旧有职能,大业十二年,早已天下大乱,新体制顺利实施是大成问题的。而汉之刺史制度即便成为事实,实行时间也非常短,终未能扳回刺史已成行政官的大势。

最后,应该对刺史之外的另一个置于汉代的地方监察机构——督邮的去向作一考察。在地方高层,随着刺史性质之转变,监察之责便无人履行,但在基层,督邮在此后仍起作用。东晋陶潜为彭泽令,便因督邮的威

---

① 《隋书》卷二十八《百官志下》:"炀帝即位,多所改革。三年定令……增置谒者、司隶二台,并御史为三台。"中华书局,1973年。
② 《隋书》卷二十九《地理志上》:"既而并省诸州,寻即改州为郡,乃置司隶刺史,分部巡察。"此说将并省诸州、改州为郡、置司隶刺史巡察诸郡三事视作一体,很有启发性。同书卷二十八《百官志下》:"司隶台大夫一人,掌诸巡察。别驾二人,分察畿内,一人案东都,一人案京师。刺史十四人,巡察畿外诸郡。从事四十人,副刺史巡察。其所掌六条:一察品官以上理政能不。二察官人贪残害政。三察豪强奸猾,侵害下人,及田宅逾制,官司不能禁止者。四察水旱虫灾,不以实言,枉征赋役,及无灾妄蠲免者。五察部内贼盗,不能穷逐,隐而不申者。六察德行孝悌,茂才异行,隐不贡者。每年二月,乘轺巡郡县,十月入奏。"按"刺史十四人巡察畿外诸郡从事四十人"中华本断作"刺史十四人,巡察畿外,诸郡从事四十人",此处径改。
③ 《隋书》卷六十七《裴蕴传》。据该传记载,司隶台之废,在大臣苏威受炀帝之责除名之后,而威受责之事,据同书卷四十一本传,在大业十二年随从炀帝赴江都宫稍后。故大略可知司隶台之废亦在此年。

势而发"不能为五斗米折腰"之叹,于义熙二年(406)解印而去。① 此职在东晋南朝可能一直存在,至迟在梁,尚有记载。② 至于北方各政权,十六国中仅后凉可确知仍有督邮之置。③ 李小树先生据此推测,十六国应普遍有督邮之置。④ 这很有可能——甚至在北魏,督邮也极可能仍然存在。我们在《隋书》中,尚可见到北齐有督邮之置,⑤应是由十六国(尤其是曾经占据中原的几个政权)到北魏一路袭用下来。

直至南北朝末,督邮都应存在。不过,正如我们考察刺史制度之时,不仅看刺史在某个年代存在与否,尚需关注它性质是否发生变化。对待督邮也应如此。南朝与十六国北朝,何以关于督邮的记载突然减少?史籍记载过简,或者不是全部原因。此外,至少有两个因素,使督邮的建置、功能和影响力发生变化,并由此减少了它被载入史籍的可能性。首先,当然是监察的理念趋于淡薄,在离乱动荡、军务为先、且多是异族统治的十六国北朝,对日常行政的监察,尤其难以讲求。其次,在南北朝时期,州郡的建置增多、境域缩窄的现象日趋严重。南朝在 6 世纪前期的梁朝、北朝在 6 世纪中期的北魏末年至北周北齐对峙之际,州的数量扩大最为迅速。西晋太康二年(281)统一之初仅 19 州、181 郡国,至周大象二年(580)北周灭北齐统一北方之初,南北合计有 260 余州、600 余郡。⑥ 郡数大幅增长,直接后果便是每郡领有的面积和县的数量直线下降,郡遣官分巡的必要性也在下降。而州的数目大幅上升,每州所统面积也迅速下降,又导致州官向下侵蚀郡的权力,使郡政出现虚化的迹象,作为郡的属吏,督邮发挥作用的空间也在缩小。在这些因素的共同作用下,督邮或已不再是各郡遍置,且其职能也可能发生了相应的变化,变为郡守的普通属员,担负文书处理、覆核属县刑狱之类的职责。当《隋书》提到北齐的督邮之时,它仅仅出现于首都邺都所在的清都郡,可见督邮建置之收缩。而早在刘宋,谢

---

① 《晋书》卷九十四《陶潜传》。
② 《梁书》卷十一《吕僧珍传》。
③ 《晋书》卷一百二十二《吕光载记》,有"张掖督邮傅曜考核属县"之记载。
④ 《秦汉魏晋南北朝监察史纲》,社会科学文献出版社,2000 年,第 98—99 页。
⑤ 《隋书》卷二十七《百官志中》。
⑥ 见周振鹤上揭专著,第 95、100、101 页。

庄曾上书言："旧官长竟因毕,郡遣督邮案验,仍就施刑。督邮贱吏,非能异于官长,有案验之名,而无研究之实,愚谓此制宜革。"①则可见督邮职能之转型。据胡三省考证："汉郡有主簿,又有督邮……而录事参军亦以举弹善恶为职,愬尤善恶,以簿书之。隋之录事参军,始并领汉郡主簿、督邮之职。"②或可解释其职责变迁、地位下降,最终与其他机构合并的过程。

因此,督邮在十六国的中原政权及北朝,可能很早已不再起到巡县监察之作用。而在南方,或迟至东晋、刘宋之交,才出现职能的转型,比起刺史转型,要晚200年左右。结合督邮的沿革史与职能变迁过程,或者可以认为:汉亡之后的200余年,监察事务在地方高层虽然缺失,但在基层,还通过督邮,维系着旧时的理念与制度。再往后,督邮也失去了监察功能,那么对地方的监察,主要就是通过非日常的监察活动得以体现了。

二、监司并立的时期

除了隋代曾短期恢复刺史监察之制,刺史作为监察机构,在东汉中平五年(188)之后,基本退出了历史舞台。在此后近八百年之中——包括魏晋南北朝隋唐,监察的理念和行动固然仍得到延续,又不断建置新的监察机构。不过,频繁地以新机构来取代旧机构,这正说明制度不稳定。确实,这八百年中,缺乏可与汉代刺史比拟的长时间起作用的地方监察机构。入宋以后,始复有一类新的地方监察体制发展成熟。

汉代刺史制度作为此前唯一曾长久存在过的地方监察制度,给宋制提供了不少经验。故而我们看到,宋代监司制度的某些重要方面,表现出与刺史制度相近之处。

宋代监司所部,是经过宋初重新分"路"而来。其始,是太宗至道三年(997)转运司十五路,其后便在这十五路基础上历经分割。后置的提刑司路、提举司路,又是在转运司路的基础上略有调整。宋代将监察区置于政

---

① 《宋书》卷八十五《谢庄传》。
② [宋]胡三省:《通鉴释文辨误》卷三,《通鉴》卷六十一兴平二年"董承杨定胁弘农督邮"条辨误。

区之上的方式,既是对汉代刺史制度的学习,也可看出唐代十五道、诸观察使道的影响。

与汉制的另一个重要相似之处,是宋代监司巡历所部。监司固然从建置之初即有治所,然而制度规定,他需要在本路不断巡历,不能在治所停留太长时间,所部各州送到治所的公文,平日由属官处置。虽未规定每年巡历的开始时间,但促使其亲赴各州临视的精神,却与汉代无异,且不断调整政策及推出细化的规定,以期巡历之制能够始终得到贯彻。与唐代"观察使"相比,"转运司"或者"提举常平司"的名称,"监察"的意味要少许多,但实际上,四出按行的宋代监司,其所起的监察作用,当然不是端坐治所的观察使可以企及的。

此外,汉、宋之制都同样存在以卑临尊的现象。宋代官制较复杂,官品已经虚化,在选取实职官(差遣)之时,常考虑其阶官与此前所历差遣,进行"资序"的排列,此所谓"序官"。知州、监司皆有资序的要求。按宋代逐渐形成的制度来看,由高到低的次序大致是:转运使、转运副使、提点刑狱、知州与转运判官及提举常平、通判。① 亦即知州的资序与监司之中资历最浅者相同。但是,实际情况要复杂得多,主要是因为宋代知州等级相去甚远,造成监司与知州地位的上下关系,极为多样。上述所谓知州的资序,实际上是正任知州的最低标准。若资序低于正任标准一级而任一州长官,则称"权知";低二级则称"权发遣"。② 这两类与知州名异实同的州

---

① 按《宋会要辑稿》职官四二之十八:"自熙宁初厘正监司所治之职,……置提举司,位叙资级视转运判官,遂与提点刑狱、转运发运副使及使定为迁格。"最简要地表明了监司之间由高到低的序列:转运使、转运副使、提点刑狱、提举常平与转运判官。同书职官三九之三:绍兴二年五月九日,"诏都督府参谋、参议官并依两省官奉使法,机宜与转运使副、提刑序官,干办官与转运判官、知州、朝请大夫序官"。是知提刑虽低于转运使副,但较去不远,而转运判官则与知州资序相同。

② 自宋初以来,未到应有资序而任知州者,就很普遍。《宋会要辑稿》职官四七之三九—四〇,载有孝宗淳熙二年关于知州资序与称法的规定:"武臣横行、正任或大小使臣差充知州,从来未有称呼定制。自今正任观察使以上差充知州、府,并为知某州、府。通侍大夫至右武大夫差充知州,为充某州;若系合差待制以上人去处,为权知。武功至武翼大夫带遥郡差充知州,为权知某州;若系合差待制以上人去处,即为权发遣。武功大夫至小使臣差充知州府,并为权发遣。"虽是关于武臣知州的规定,然不同资序的官员出任州、府长吏之时,"知"、"充"、"权知"、"权发遣"的序列,却是文武一致的。

官,其资序更较监司低不少。反过来,正任知州的资序标准却没有上限,侍从官出知某州极为正常,高者甚至以前宰执之资而"判"某州,其资序自然远非转运使以下诸监司可比。故而在宋代体制下,监司"卑"而知州"尊"是普遍现象,但也像汉代一样,如此"以卑临尊",似也未发生严重问题。

有关监察区与行政区的关系、监察官是否巡历,以及他与行政官的官位高下,当然可以有不止一种选择。但从前代多种尝试中,宋人经过充分比较,认同了汉代制度的优越性。作为地方机构,同时又要保持其中央代理人的身份,汉代的相关制度,是较为适用的。监察官之分部与行政区完全不同,便不至事事插手越俎代庖。令其不断巡历,不仅保证监察的效果,且可阻止其以治所为中心,最终形成完全的高层政区。南渡之后,以监司暂兼知州的现象渐多,似有汉末刺史那样的"地方化"倾向。好在巡历的压力始终没有减轻,"转型"终未成功。而以卑临尊,可收路—州之间互相牵制之效,不至于让监司有具有对知州的全面优势。汉末以九卿出任州牧,与群雄割据有何关系,宋人是很清楚的。

正因有这许多的近似之处,宋人常以汉代刺史比拟监司,司马光如此总结北宋的地方制度:

> 分天下为十余路,各置转运使,以察州县百吏之臧否,复汉部刺史之职……将相大臣在朝廷之时,则转运使名位固相远矣,及在外为知州,则转运使统诸州职也,乌得以一身之贵,庇一州之事,转运使不得问哉?汉刺史以六百石吏督察二千石,岂以名位之贵贱哉![①]

北宋后期的华镇认为,"两京之时,宪台、漕府之事则在部刺史",[②]将宋的宪(提点刑狱司)、漕(转运司)对应于两汉的部刺史。两宋之交的张纲也说:"今之监司,乃古部刺史,朝廷付之一路,所以督察守令,其权不为不

---

① 司马光:《温国文正司马公文集》卷二十二《谨习疏》。
② 华镇:《云溪居士集》卷二十二《上温守刘大夫书》,文渊阁四库全书本。

重。"①反过来,监司之名,在宋以前又曾用来指称刺史。晋武帝欲复刺史为监察官,诏云:"二千石专治民之重,监司清峻于上,此经久之体也。"②由名至实,监司与部刺史皆有许多相似、互通之处,可以建立起直接的联系。

但汉宋之间,多方面的政治环境大为不同,毕竟无法全盘套用。故宋制又有其明显的新意。比较显著的是,宋代监司监察的内容,较之汉代刺史有大幅扩展。南宋中期的法令汇编《庆元条法事类》对监司职责所在,有详细的记载:

> 转运、提点刑狱、提举常平依下项:
> 一奉行手诏有无违戾;
> 一兴利除害;
> 一有无朝省行下本路过失已上簿及责罚不了过犯;
> 一受理词讼及指挥州县与夺公事有无稽滞不当;
> 一有无因(应)受理词讼改正州郡结断不当事;
> 一应干职事有无废弛、措置施行有无不当;
> 一奏请及报应朝省文字有无卤莽乖谬;……
> 一按察并失按察所部官犯赃流以上罪及按察不当;
> 一荐举所部官有无不当;……
> 一劝农桑;……
> 一招流亡、增户口;
> 一分定巡历是何州县、自甚月日起离至某处、自何月日至本司、有无分巡不遍去处,如有,开具缘由;
> 一逐年合上供钱物有无出限违欠;
> 一所部刑狱有无平反及驳正冤滥并淹延稽滞;
> 一机察贼盗已获未获各若干。③

---

① 张纲:《华阳集》卷十五《乞重监司札子》,文渊阁四库全书本。
② 《续汉志》卷二十八《百官五》。
③ 《庆元条法事类》卷五《职制·考课》。

其中过失上簿、改正州郡结断不当、按察、分定巡历、平反冤滥等项,关涉监察职责,其规定较之汉"六条"要宽泛、模糊,但汉"六条"主要针对的问题——施政不公、治狱不当、以权谋私,也都在宋代监司的监察内容中。汉刺史实际拥有而未在"六条"中载明的荐举权,宋监司同样拥有,并且荐举成为他们日常履行的最重要职权之一。所举类别复杂,有举改官、举职官、举县令等三种形式。荐举名额众多,仅最重要的举改官一项,转运使掌有每岁高达十余名的额度,提举常平亦有三至五名。监司的荐举权直接关系到被荐举人的职位升迁,实已成为一种人事权,较之汉代刺史之荐举权更进一层。而监司受理词讼、平反冤滥等职责,属于覆核性质的职权,我们或可视作是一种近似于监察的权力,这也在汉代刺史的职权范围之外。

至于此外的多条,若劝农桑、招户口、上供钱物之属,皆属财政、行政职责——其中部分,实际上在转运使成为监司之前,是他的本职;而另一部分则在他发展为监司的过程中,也陆续具备了。这一考课内容的大纲,完全能体现监司兼负行政、监察之责的特点。自转运司转化为监察机构,到提刑、提举司先后建置,这些监司,自始便有部分地方化、部分行政化的表现,但一直真正起到了监察官的作用,终未完全行政化,这是宋代地方监察制度的成功之处。

监司恒定地起作用,要部分归功于多个监司并置的制度。而这也是汉、宋地方监察制度最大的不同之处。如本章第一节所述,自宋仁宗明道二年始,即已稳定地形成了两个以上职能相近的监察机构在一路之内并存的体制。尽管监司对州、县的强势始终未尝削弱,但多个监司并存,对其他监司的监察和牵制的需要一直存在,使得其中任何一个都无法确立起在一路之内的完全的权威性。宋代新创的地方监察体制,最大的新意便在于监察机构之间的分权与制衡。

在北宋后期实行新法的时期,中央对于已有的监司仍未完全信任——主要是高度怀疑他们推行新法的积极性,故而跃跃欲试地试图再创建新的监察机构,将包括监司在内的地方机构置于更全面、更能代表中央利益的机构的监察之下。但最终这些新的机构,比如察访司、廉访司等,都被撤销。或者,在当时很多人的理念中,层层覆盖,永无休止,这又是什么好办法?宋哲宗复行新法之后,曾于绍圣四年(1097)欲遣使察访陕西、河北、淮南等路,按察监司。宰相章惇、执政曾布极力反对,在哲宗面前争辩许久。

> 上曰:"如此,是不得遣使。昨来何以立法?"盖三省曾立法云:三年一遣郎官、御史,察访监司等不职也。布曰:"立法亦非。朝廷遣使察访诸路,何须立法?先朝尝遣使诸路,或了当役书,或因干边事,或因灾伤,皆有为而遣,未尝三年一命使。兼先帝在位二十年,所遣使亦有数,未尝诸路皆遣也。"上又曰:"监司不职,如何却不得遣使按察?"布曰:"非不得遣,但适与边事相妨尔!若他路欲遣使,无不可也。"惇又曰:"陛下以赈济为忧,当深责监司,却遣左右亲信中人往察视不妨。"①

其中比较关键的对立意见,于哲宗是要定期遣使按察监司,于章惇、曾布则是定期按察之制妨碍监司履职。而宰、执最核心的看法,就是坚持不令监察监司的行为成为定制。尽管章、曾二人作为强干的新法派的代表人物,对于增强对地方的控制颇有心得,但在哲宗这样追求过分控制权的君主面前,他们倒显得较有分寸。最终,往陕西的察访使未能遣出,而"三年一遣郎官御史察访监司",也未付诸实施。

不过,入元之后,这一步终于跨出去了。一层覆盖一层的监察体制,自此建立,从而形成与宋制颇为不同的新制度。

三、监察(巡按)御史—肃政廉访(提刑按察)司时期

宋代的经验,较少在元代留下痕迹。比如就监察机构而言,元代在地

---

① 《续资治通鉴长编》卷四百九十四,绍圣四年二月庚辰朔。

方起到重要作用的提刑按察使——至元二十八年(1291)以后改肃政廉访使,是重新启用金代短期建置的同名机构,并将其固定化。而这意味着,对宋制来说,它只是间接的沿用。但我们也能看到两个时代的制度略有近似之处。廉访司官员与宋代监司同样需要每年出巡,并且,宋代监司"路"与元代廉访司"道",两种区划面积接近,划分方式也有许多相近处(尤其是淮河以南原南宋之地)。这一点,当我们将宋之"路"与元之"行省"相比较时,是无从发现的。

始置于隋代的监察御史,及其前身——晋代始有的检校御史,其监察的主要对象,向来是中央及京城之事。甚至自秦以御史为主要监察官员以来,御史台派官员每年例行出巡,也是极少有的。御史扮演地方监察的主角,五代以前唯一值得一提的一次,是在武后朝初置肃政台之后的五年中。在监司起到主要作用的宋代,监察御史在地方监察中更没有重要地位。因此,元代以监察御史全力投入到地方监察,也是很有新意的举措。尤其是,在已有廉访司官员在不断出巡的情况下,复以工作方式接近的监察御史相叠加,这种体制就更无先例了。

这种非常严密的多重监察体制,应视作是元代地方监察制度的最大特色。监察御史与肃政廉访司双置,这是当时多重监察制的基干。然多重制的表现又不止于此。元代监察御史上属之机构御史台,与此前历朝大为不同的一点是,它有两个派出机构"行御史台":"江南诸道行御史台"驻东南的建康路,"陕西诸道行御史台"驻西北的奉元路。设置行御史台目的是代替御史台管理部分监察御史和廉访司。二十二道廉访司,大都的御史台下辖八道,仅占总数的三分之一强。行御史台与隶属于他们的监察御史关系极为密切,监察御史以行台之名系衔,受行台大夫和中丞之"综领";行台是监察御史出巡的起点或终点,若未该出巡,则于行台驻地"守台";若有对行政官员的奏劾,先要申呈行台,由行台转呈御史台。① 行御史台确然是监察御史的统辖机构,由是,它构成不完全的一级,使元代

---

① 李治安:《元代政治制度研究》,人民出版社,2003年,第249—252、259—260页。

在监察机构的统属系统,呈现一种特别的"二级制与三级制并存的混合体制"。①

在地方监察机构的职责方面,金代提刑司"照刷案牍,纠察滥官污吏豪滑之人"等职责,②在元代得到强调。"纠察"——纠举察视是所有时代监察官的共同职责,元代的监察官纠察内容很全面,③然而较之宋代有什么突破?并未有明显的迹象,因为宋代监司的监察内容,几乎已是无所不包了。不过,"照刷"却是一个很特别的方式。照刷是指对文案的检核根究,其称法源自金,而其意,则与宋代监司对簿书的"检视""勘勾""点检"等称法相同。金代"照刷"的情形如何,我们无法看到具体的情节,由元代的情况来看,对地方行政机构的各种文书作全面的审核,已成为近乎强制的职责,较之宋更进一步。在监察御史与廉访司的职责中,照刷的泛化与日常化是最值得注意的新现象。执行不力、官样文章是切实存在的问题,但照刷制度的推行,明确要求监察工作全面覆盖行政事务。由汉而宋,可以发现地方监察官的监察内容有极大的扩展,而发展到元代,监察官终于变得无处不在了。

宋元之间,地方监察体制在结构和权力上有较明显的变化,而在元明之间,则更多的是沿用。肃政廉访司事实上被保留下来,但改称为"提刑按察司"——这正是元代肃政廉访司前身。提刑按察司与承宣布政司、都指挥使司并为"三司"。明代仍有监察御史,而其中又有一类较为特殊、专职巡行地方的"巡按御史",后者与其他监察御史的区别,近似于元代"出巡"的监察御史与其"守台"的同事的关系。提刑按察使的职权,与元肃政廉访使无明显差异,简单地说,是"纠官邪,戢官暴,平狱讼,雪冤抑,以振风纪,而澄清其吏治"。④其具体的对象、职掌、工作方式,在正统年间所定

---

① 洪金富:《元代监察制度的特色》,《成功大学历史学系历史学报》第2期,第228页。
② 《金史》卷五十七《百官志三》"按察司"条。
③ 详见《元典章》(陈高华等点校,中华书局、天津古籍出版社,2011年)卷六《台纲二·体察(体覆附)》"察司体察等例",此不赘举。
④ 《明史》卷七十五《职官志四》。

的《风宪总例》中有较完整的表述。① 明之巡按御史,其职事为:"主察纠内外百司之官邪,……巡按则代天子巡狩,所按藩服大臣、府州县官诸考察,举劾尤专,大事奏裁,小事立断。按临所至,必先审录罪囚,吊刷案卷,有故出入者理辩之。……"②通过元、明两代留下的关于监察官工作规范的较详细的规定,我们得以了解地方监察官在两个时代的相似性与继承关系。除一般的广泛的监察权之外,明代监察官"照刷文卷"之权也受到特别强调。监察御史与按察使分别照刷所有地方官的相关文书,照刷所及内容之全面,一如元代。而对于细节,则有更多的规定。③

元、明体制之间,自然也有变化之处。其一是"行御史台"之撤销。"由于行省被相互牵制的三司所取代,元帝国旧有的对征服区域控制的政治军事课题也不复存在,行御史台大区监察体制自然也就失去其继续保留的必要性了。"④朱元璋本人的集权倾向,以及明初定都于较靠近中部的应天府(今南京),应当也是撤销行御史台的重要原因。其二是新的"道"的区划的形成。元代的"道",是廉访司的监察区划,入明之后,提刑按察司所监察的范围与承宣布政使司的辖区相重合,"道"转而指称布政、按察司下属的分司的辖区。按察司下属有"提督学道"、"清军道"、"驿传道"等,其中主要的是"分巡道"。分巡道有驻地,按察司派出的副使、佥事常年在其驻地和分巡区内各府、州活动,分巡道遂有了自成一个监察区的基础。行御史台的废除及分巡道的生成,监察机构的层级同是三级,但却向下延伸,这是元、明之间地方监察体制的最明显变化。

随着顺治十八年(1661)巡按御史的废除,以及分巡道与分守道职能趋近,实际上转变为府、州的上级行政机构,元、明体制在清代留下的影响并不大。按察司尽管仍在履行着明代的原有职能,不过自明中期以来巡抚逐渐成为一省的最高行政机构,三司并立制衡的机制被打破之后,按察

---

① [明]申时行等修、赵用贤等纂:《大明会典》卷二〇九《都察院一》"风宪总例"条,续修四库全书第792册。另,同卷"纠劾官邪"、"考核百司"等条目,有更为具体的内容。
② 《明史》卷七十三《职官志二》。
③ 详可见《大明会典》卷二一〇《都察院二》"照刷文卷"。
④ 上揭李治安著作,第281页。

司作为独立监察机构的地位越来越勉强。而这个趋势,在清代督、抚进一步上升的强势之下,更形严重。因此,清惟一剩下的正式的地方监察机构,其独立性大大值得质疑。可以说,清代不仅不存在元明那样的多层级地方监察体制,并且,甚至不存在汉、宋那样能对地方行政机构负起完全监察职责的单一层级的机构。

小　　结

　　监察理念的长期存在,使得中国历代不断尝试建立、调整、重建地方监察体制。但历代出发点不同、目标相异、态度和决心差异也很大,因此呈现的手段、效果大相径庭。我们就历代的监察机构建置状况作一总体观察,至少可发现以下几个特征,它们有步步递进的关系:

　　因监察官员的"功能退化"而使机构建置呈现一种虚假的连续性。最典型的,即是刺史的功能嬗变。其初置之时,显然是完全意义上的监察官;但在两汉,它就数次显示出"行政化"的倾向。在汉皇朝的统治摇摇欲坠之时,刺史终于转型为完全的行政官。但因其转型而留出的地方监察之阙如,在整个魏晋南北朝,几乎未见应有的关注。晋武帝是鲜见的例外,他的诏书体现了他对于刺史失去原有监察功能的焦虑,并表达了恢复旧制的意愿。然而恢复终究未能实现,或者他的焦虑并非当时的共识。在他之前、之后的时代,刺史长期在地方扮演着重要角色,但这种连续性,是官名的连续性,其原先的职能却未能保持。与刺史相似,宋代最重要的监司——转运司被金、元所继承,然而它们仅仅保留了财政职能。分巡道也是在不经意之中逐渐转变了性质。

　　旧有监察官员已经转变性质,但因这一现象未被统治者充分意识到,待新的监察官员建置之时,其间有大段的时间,监察体制是不完善的,甚至无所谓监察体制。若我们观察地方监察机构的设置,可发现这并非连续的过程。汉末刺史的转型,使得固定的地方监察机构在此后四百年中缺失。隋、唐两代,有过几次重建的努力,但始终未能再次产生固定的地方监察机构。其中的原因,不那么一目了然。政局的混乱是原因之一,比如隋炀帝所置的司隶台仅存在十年,置之于大业末失常的政治环境中,便可以理解。给地方官以一定的自由度,或者也是一种重要的考虑。唐政权曾多次尝试建置新的监察机构,但或者只是以中央官员不定期出巡的方式经营此事,或者令地方行政官兼任监察官。为什么不能像汉代那样,建立专门的地方监察机构?很可能,正是汉代刺史的转型在唐代被视作一种教训,使之不愿以专门的机构来持续介入行政事务。

在几个有较完善的监察体制的时代,地方监察官的职能,亦即他们受权监察的对象和内容,愈往后愈是扩大。刺史的"六条"监察内容,相当简练。我们能发现刺史执行"六条"之外的其他职责的迹象,譬如隽不疑、张敞动用吏、兵,对诸侯王的直接"冒犯"。[1] 这种对于突发危机的处理,固然未在六条之内,但确乎是所在地方的其他官员——包括王国相所难以承担,也只有刺史最适合担当。至于平时介入郡守施政,则为朝廷所不容。西汉后期,鲍宣因"所察过诏条"而受惩处,[2]反映朝廷对刺史的职责范围,还是颇为坚守的。而当完善的地方监察体制在宋以后重建,监察官所涉的事务,较之汉代便有了较明显的扩张。到了明代,可以说类似"所察过诏条"几乎不可能存在。因为但凡地方事务,大体都在监察官"所察"的范围之内——甚至超越了"察"。越俎代庖,直接涉入行政事务,也未必受到遏制,巡按御史的权力扩张,便得益于中央对他的"纵容"。

对历代监察制度作粗浅的梳理之后,我们对其继承和变革的大致路径已有以上认识。不过,以某些朝代为典型,并对地方监察官之建置作了初步的分期之后,笔者期望由机构类型的区分、"体系"构成方式的研究入手,对历代监察制度的总体变化趋势作更进一步的探索。

---

[1] 《汉书》卷七十一《隽不疑传》,卷七十六《张敞传》。
[2] 《汉书》卷七十二《鲍宣传》。

第二章　地方监察官的体系化

何汝泉先生曾概括了先秦时期天子监察地方的几种方式：天子巡狩、诸侯述职、大夫监临、行人顺省。他认为："这些都可不同程度地起到监察地方的作用，但还不成为地方监察制度。"①即便不论"制度"，仅仅是这些"方式"，究竟起到多大作用，也不易判断。它可能仅仅停留在纸面上而未得实施，或曾短期实施而非长期贯彻。要之，在天子与诸侯之间尚未出现明确的中央—地方行政关系的先秦时代，地方监察一事，从可能性和必要性来看，都不易成为普遍施行的、恒定的政治行为。至秦统一，何以地方监察制度忽然得到全面推行？始皇帝个人的因素，固然不可忽视，但中央集权制度确立，地方监察制度遂有所依凭，这是最根本的原因。

秦始皇二十六年（221），"分天下以为三十六郡，郡置守、尉、监"。②监，即监御史，"掌监郡"。③尽管监御史与郡守是否平行而互不相属、他们的监察对象和监察的事务范围、在监察事务之外通常还承担什么职责——并无太多的条文和案例可以明辨，④不过，他们一般仍被认为是我国古代最早的普遍建置于地方的监察官。

监御史之建置，意味着对地方事务的监察，在第一个皇朝建立之初，即已受到深切关注。置之于废封建、置郡县的大背景之下，不难看出始皇帝对于如何强固地控制地方，有全盘的考虑。秦末大乱，"有叛民而无叛

---

① 何汝泉：《唐代前期的地方监察制度》，《中国史研究》1989年第2期，第20页。
② 《史记》卷六《秦始皇本纪》，中华书局，1959年。
③ 《汉书》卷十九上《百官公卿表上》，中华书局，1962年。
④ 除了《史记》、《汉书》、《通典》等概括地指出秦代监御史职任监察，各处案例中，监御史常以辅助性军事行动的领导者，甚至直接以军官的身份出现。被视作其本职的监察地方行政之职，反而不显。参李小树《秦汉魏晋南北朝监察史纲》，第6—8页。

吏",应当说监御史功不可没。汉初草创,一度废止监御史之制。然自惠帝时,又重新考虑地方监察机构的复置。是后直至清末,对地方之监察,其覆盖面、力度颇有曲折,也直接影响到地方的稳定程度,并折射出中央—地方关系中双方的地位。

逾两千年的地方监察官的发展史,最易引起关注的自然是官员和机构的种类。事实上,相关研究也长期以监察官或监察机构为讨论的主要对象。作为执行监察职责的主体,它们成为长期的核心议题,极有合理性。只是,对这些个体的细致关注之外,考察它们的相互差异与关联,以及不同时代由个体构成的群组,体现怎样的整体特质,这或是理解地方监察事务在历代政治中重要性的必然层面。

当然,对整体性的考察,其基础是准确把握个体。本章拟先梳理历代负有监察职责的官员是否应一体视为"监察官"。而后呈现各时期的监察官构成的群组的特点,并作相互比较以观历代监察体系的发展趋势。

第一节　地方监察官之类型

所谓"地方监察",其中"地方"一词何所指,应作限定,以期被采择比较的不同时代的样本具有相近的范畴。存在两种可能性:意指机构驻于"地方",或是仅仅指监察对象为"地方"。若用前一种范畴,则会发生一定困扰:某些极重要的监察主体,其工作对象为地方官,而所属部门在中央。实际上他们的职能与驻于地方的监察官并无多少不同,但却被排除在外,譬如金元明清的监察御史。在多数时代,仅是常驻地方的监察官,其监察对象与职责范围无法完全覆盖地方职能部门及其事务,若研究的目标是"体系",那么缺陷会非常明显。故而,历来的研究所习用者,大体是后一种。而"地方监察官"的含义,便须定为"对地方进行监察的官员",而非"行监察之职的地方官员"。

如此一来,论及地方监察,"机构"一词的使用便须谨慎。某些常驻地方的监察官,确有以他为首的相应机构,如,宋有"转运使",相应地,也有

"转运司";元有肃政廉访使者,同时也存在"肃政廉访司"。这种情况下,官员、机构,在多数语境下可通用。但同样是地方监察官,金、元监察御史所隶之御史台(或都察院),自然不能视作地方监察机构。隋代的司隶台、武周时期的右肃政台,虽主管地方监察,却仍是中央机构。此外,明清巡按御史则处于模糊地带,虽直接隶于都察院管辖,但以其为主体,已出现"巡按衙门"的称法。要之,以官员而非机构为讨论核心,更为精确。

又有一类处于中央与地方之间的监察官,因其驻于首都,监察对象越出一般的地方官。若汉、晋之司隶校尉,职责同于诸州刺史,然所纠察者,不止于京城之郡县官,亦及于中央官员。又如宋代置于开封府的"纠察在京刑狱",其所察者,包括御史台、大理寺等中央机构之狱讼;监察对象之广,亦非外路提点刑狱可比。此类在京监察官,介乎中央、地方官之间,或与其他地区的监察官并列(如东汉十三州包括司隶校尉所部);或者朝廷诏告其他地区的监察官之时,亦会将其列入。故而它们可算是地方监察官之中较处边缘的一类。

但"地方"一词,毕竟还需有"在地"的意味,这便需要对"地方监察官"的范畴作严格的限定。其驻地或可不在地方,但常置、常巡,且有固定区划,是应有之义。若朝廷每每因事特旨遣出中央官员巡察地方,且遣出者多有其他本职,事已而复归原职,下次遣出使者,区划及巡察之内容又复变化,此岂得称有"地方监察官"之存在? 唐前期(包括武周)便是一种相当典型的"无常"状态。

自唐太宗贞观元年(627)区划十道,[①]此后百余年,区划的变迁极繁复,贞观十道、开元十五道之外,尚有贞观十八年(644)十七道、武周光宅元年(684)八道[②]、武周垂拱元年(685)九道[③],又有反复重置的十道。这些区划的产生,说明唐代为地方监察作了空间上的准备。但频繁地调整,

---

① 《新唐书》卷三十七《地理志》,中华书局,1975年。
② 此区划未见他处,唯据《玉海》卷一百二十一《官制》"台省·唐御史台":"两台岁再发使八人,春曰风俗,秋曰廉察。"江苏古籍出版社、上海书店出版社,1987年。
③ 《唐会要》卷七十七《诸使上》"巡察按察巡抚等使",中华书局重印《国学基本丛书》本,1955年。

恰能说明这一准备始终是不充分的。

更大的问题在于,每次区划完成之后,并不付诸实施,至少未有充分力度的连续实施——或无使者遣出,或俟使者返命,监察工作旋复处于废止状态。譬如贞观十道区划之后,便未见遣出使者分巡;武周垂拱初,遣"九道大使巡察天下诸州,兼申黜陟",而后便不见再举;天授二年(691)复曾"发十道存抚使",①亦是偶一为之而已。偶有将遣使巡察当作每年例行的事务,也不能长久。例如武后光宅元年(684)"每年春秋发使",②然仅五年,回复到"奉旨乃遣"的无序状态。③ 睿宗至玄宗前期的"十道巡(按)察使"之多次置、废,最能表现唐前期地方监察事务之多变:睿宗景云二年(711)五月,正式"分为十道按察使,以廉按州郡,二周年一替",但仅及"一替"而已;玄宗开元元年(713)九月"复置右御史台督察诸州,罢诸道按察使";二年闰二月"复置十道按察使";四年闰十二月,复罢;八年五月,再置;十二年五月,复停;开元十七年五月,"复置十道及京都两畿按察使"。④虽说其间或有主管地方监察事务的右御史台的置、废之影响,按察使废罢之时,地方监察事务亦未必完全停顿。但十八年间四置三废,其建置不恒,对于监察效果的影响,无法忽视。

除了置废不常,按察使缺乏"在地性"的另一方面的表现是:他们与地方的联系松弛,巡行频度很低且非常匆遽。使车"数年一出",每出,辄"往复如飞","车不停轨",⑤根本不具备汉代刺史或宋代监司那样与地方紧密接触的条件,当然也就无从保证监察的质量。而这种工作方式,也使得他们很难被视为"地方"监察官——大部分时候,他们是在中央。

---

① 垂拱、天授遣使事,见《唐会要》卷七十七《诸使上》"巡察按察巡抚等使"。
② 《唐会要》卷六十《御史台上》"御史台"条。
③ 《通典》卷二十四《职官六》"御史台"条。
④ 《资治通鉴》(中华书局,1958年)卷二百《唐纪二十六·睿宗玄真大圣大兴孝皇帝下》,景云二年五月;同卷《玄宗至道大圣大明孝皇帝上之上》,开元元年九月丙戌;卷二百十一《唐纪二十七·玄宗至道大圣大明孝皇帝上之中》,开元二年闰二月丁卯;同卷,四年闰十二月辛丑;卷二百十二《唐纪二十八·玄宗道大圣大明孝皇帝上之下》,八年五月辛酉;同卷十二年五月丁亥;卷二百十三《唐纪二十九·玄宗道大圣大明孝皇帝中之上》,十七年五月壬辰。
⑤ 《唐会要》卷六十八《都督府》。

使职置废不常,甚至使职名称屡变,也正表明每次新立制度不久,就发现效果不显,遂欲变革。而变革之后仍无显效,乃再作进一步变革,却始终未有值得长期实行的合理制度。开元二十一年(733)之前,朝廷遣出的使者,名目甚繁,有巡察、按察、巡抚、风俗、廉察、存抚、黜陟等多种使名。临时遣出的各类使者,来自中央各个部门。由御史台、大理寺选拔的或者会占到很大一部分,然而也不乏从其他行政机构如尚书省抽调的。①返命之后,便仍归原职,与监察无关了——同时这个监察的职位可能也暂时不存在了。在这些令人眼花缭乱的使职背后,是唐代地方监察制度一以贯之的"即兴而作",在理念、制度建设与实际操作诸方面,都未见明显的连续性。对于这类情况,我们应视之为地方监察官的建置虽在不断尝试之中,但始终未能完成。

唐前期遣使监察地方的不规律状态,至开元二十一年(733)发生转折。在宰相张九龄的建议下,玄宗于该年分天下为十五道,各置采访处置使,"考课官人善绩,三年一奏",②建制固定下来,且"以六条检察非法"。③毫无疑问,出现了建制恒定的迹象,且履职的周期已明确,较之以往的临时遣使,似不可同日而语。可以说,稳定的地方监察官,终于出现。

但即使有常置、常巡的监察机构,是否就意味着监察效果能得到保证? 也未必然。同样属于地方监察官,因参与监察事务的深度与专业程度不一样,效果也大不相同。故而,对于监察亦须有所鉴别,其标准是:在其职责中,监察占多重要的位置。据此标准,历代的地方监察官,大体可分为三类。

一、兼具监察之职的行政官

这一类官员,监察在其所有职责中,并不占有突出的重要地位,朝廷建置这一类监察官之时,诏敕中郑重其事所强调的重大责任、殷切期望,

---

① 可参《唐会要》卷七十七《诸使上》,卷七十八《诸使中》。
② 《唐会要》卷七十八《诸使中》"采访处置使"条。
③ 《资治通鉴》卷二百十三《唐纪二十九·玄宗道大圣大明孝皇帝中之上》,开元二十一年。

大体是得不到落实的。唐代的采访使即属此类。唐前期经历了地方监察制度的长期混乱后，采访使终于被隆重推出，但因为缺乏专业性，只能算是很边缘的一类地方监察官。

采访使分为"十五道"，近似于汉武帝所置的"十三部"，且其"六条"也近于汉代刺史之监察权限，但更近的模仿对象是隋大业三年（607）所置的司隶台二别驾（察东、西两都）、十四刺史（察全国各郡）之制，"六条"内容也更近于司隶刺史之"六条"。① 开元采访使很大程度上正是套用了隋制。然而与汉、隋制度最大的差异是，开元采访使是一种兼职，初置之时，即以"华州刺史李尚隐等"兼任。其他诸道采访使，无不有地方重职在身，如天宝元年前后汴州刺史齐澣兼河南采访使，天宝十三载河东太守韦陟"兼本道采访使"。② 更有节度使兼采访之例，如开元二十二年"朔方节度使信安王（李）祎兼关内道采访处置使"，天宝九载安禄山以范阳、平卢节度使"兼河北道采访处置使"，③这都是当时采访使的一般情况。更为极端的例子，如天宝十一载五月，杨国忠以"京兆尹加御史大夫、京畿关内采访等使"，至其同年十一月升任宰相之前，"衔云：御史大夫、判度支、权知太府卿事、兼蜀郡长史、剑南节度、支度营田等副大使、本道兼山南西道采访处置使、两京太府出纳监仓、祠祭、木炭、宫市、长春九成宫等使、关内道及京畿采访处置使……"④权倾朝野、"领四十余使"尤其是以"判度支"掌天下财权的杨国忠，如何能专注于他的"采访"之职？

所以，"十五道"、"三年一奏"等时、空方面的规律性，或者是不可靠的，建制恒定的表象之下，存在一个根本的问题：所有这些采访使，能否正

---

① 《隋书》卷二十八《百官志下》。
② 《资治通鉴》卷二百一十五《唐纪三十一·玄宗至道大圣大明孝皇帝中之下》，天宝元年四月壬寅；卷二百一十七《唐纪三十三·玄宗至道大圣大明孝皇帝下之下》，天宝十三载闰十一月壬寅。
③ 《资治通鉴》卷二百一十四《唐纪三十·玄宗至道大圣大明孝皇帝中之中》，开元二十二年四月壬辰；卷二百一十六《唐纪三十二·玄宗至道大圣大明孝皇帝下之上》，天宝九载八月丁巳。按李祎在开元中以军功得玄宗宠信，历任朔方节度副大使、河东河北行军副大总管，以朔方节度使兼关内采访使后，又兼河东节度使，皆于北边实任军政重职，非遥领也。
④ 《资治通鉴》卷二百一十六《唐纪三十二·玄宗至道大圣大明孝皇帝下之上》，天宝七载六月甲辰条胡注引杨国忠拜相《制》；天宝十一载五月丙辰。

常地履行监察功能？以会府之太守（刺史）兼采访，治理本郡与采访本道，孰轻孰重？时间与精力如何分配？若州郡簿书有期会，而本道采访之事无时限，则所谓采访使，其工作重心何在，不言而喻。天宝十二载（753）二月，河东、河南两道采访使（各兼河东郡、陈留郡太守）奏，"请依旧通前置两员交使，望以周载"，即每道置两员采访使，一年之内，交叉出巡，庶几郡政、采访得以兼顾。"敕：诸道依此，黔中道各一人宜依旧定。"①两人分担，采访事务自可分担，然"按部"至何等深度，仍是疑问。采访使之下所置采访判官、采访支使等幕官，可能分担了大部分"按部"之事。② 若然，则有助于加强"采访"的效果。但监察官不应是以"总其成"的方式间接地起作用。

是以，笔者对于采访使能够真正起到何等的监察效果，抱深切怀疑的态度。其"专停刺史务"③之权固然极有震慑力，但以何种手段来保证监察工作"日常"地展开，如何保证其公正有效？内地采访使很难同时顾及刺史之本职与采访使之兼职，边地以节度兼采访，恐怕连亲自"出巡"都无法办到。"采访"之职很难得到体现，倒是以考绩之权加于已有的军政、民政的统辖权之上，强固了节度使对支郡之控制。至乾元元年（758）废采访处置使而一律以节度使兼观察使，对边地各道而言，并无实质上的变化，④只是使内地也完成了向边地模式的转化。中晚唐的观察使，更是以行政为主职，不断强调其监察权，实质上是把行政官员对下属官员人事权的一部

---

① 《唐会要》卷七十八《诸使中》"采访处置使"条。
② 据《通典》卷三十二《职官十四》"总论州佐"条，采访使有"判官二人，支使二人，推官一人"为其幕官。
③ 《唐会要》卷七十八《诸使中》"采访处置使"条。
④ 关于观察使与此前其他类型的使者的关系，《唐会要》卷七十八《诸使中》"采访处置使"条谓："其采访使置来日久，并诸道黜陟使便宜且停，待后当有处分（原注：其年改为观察处置使）。"意即由采访处置使改为观察处置使。《通典》卷三二《职官一四》"州牧刺史"条注亦同此见："至德之后，改采访使为观察。"而《资治通鉴》卷二百二十《唐纪三十六·肃宗文明武德大圣大宣孝皇帝中之下》，乾元元年五月壬午条则称："制停采访使，改黜陟使为观察使。"陈志坚驳《唐会要》之非，认同《通鉴》的说法，即观察使是直接继承黜陟使而非延续采访使（见上揭著作，第224—225页）。采访使存在二十余年，至天宝末普遍兼黜陟使，即于考绩之外，复予直接赏罚之权，而后两种使职所负的两种权力，皆为观察使所继承。陈志坚欲重新将它们分开，亦无不可厚非，非关根本之争。然笔者为免于行文更加芜杂，暂时不涉及黜陟使的问题。

分以特殊的形式作了强调,强化其对属下官员的震慑力,而不应认为是朝廷通过新置一种监察官而加强了对地方的控制。简言之,无论是"采访使",还是"观察使"加诸"节度使"之上,最终结果并非为朝廷澄清吏治,更无助于强化中央的地位,反使节度使更全面地成为支郡与县的支配者。也正因观察使无法起到朝廷期望的监察效果,朝廷才寄希望于主管地方财政的巡院。但巡院地位低,在唐代藩镇割据背景之下,更无法与节度使抗衡、为朝廷争取对地方官员的监控权。故而,巡院始终无力振作,无法承载朝廷寄予的厚望。①

作为开元以前建置时间最长、最为稳定的地方监察官采访使,其监察之效果堪疑,故笔者称其为"边缘"的监察官。而乾元之后的观察使,较采访使更乏监察之效。② 与它们相近的,尚有南北朝的典签,及宋代的通判。

典签在北朝是刺史的僚佐,主职监仓,同时通过与刺史连署公文的方式,③对刺史起到一定的牵制作用。在南朝,其牵制之功能尤为显著。南齐高祖建元中,皇子晃为豫州刺史,"欲亲政事,辄为典签所裁";齐武帝时,皇弟晔任江州刺史,"至镇百余日,典签赵渥之启晔得失,于是征还"。④典签以刺史属僚之身份,兼负为皇帝监视诸王之责,不遗余力,然而于一般的刺史所起的监察作用,似不宜高估。

宋代通判置于监察官之列,其理由不外乎其具有"巡县"和"按劾"两种职责。不过,根据通判职权的相关记载,它主要是行政官员。宋初置通

---

① 陈志坚强调了中晚唐将监察机构固定化与常年化的希望寄托于巡院(前揭专著第237—239页)。但以藩镇为首的地方政府的强势,显然使这一希望落空。对于前人将制度的本意当作制度实施的结果、过分夸大巡院的作用,胡宝华有非常精辟的批评。从巡院的构成、巡院相关官员递交中央的文书内容所反映的履职情况来看,巡院自始至终未能有效发挥监察功能(见前揭胡宝华著作,第141—144页)。当然,因巡院的存在而使"新的地方监察体制也应运而生"(贾玉英:《中国古代监察制度发展史》,人民出版社,2004年,第252页),就更谈不上了。
② 据何汝泉先生之见,观察使之"主要职责,已转向管理地方的生产、刑狱、赋税等行政事务",其监察职能更不如采访使,见上引何文,《中国史研究》1989年第2期,第30页。
③ 高敏:《北朝典签制度试探》,载《中国史研究》2003年第1期,第47—52页。
④ 《南齐书》卷三十五《高祖十二王传》。

判以监视知州,①但同时它始终是"佐郡守之治"的"贰政"之官。通判巡县,大致可视作是作为佐贰官代主官巡行,故谓通判"入则贰政,出则按县"。② 如若可行,朝廷倒是更愿意让知州去巡县,但因知州"任专城之责",不可轻易离开坐镇之处,故"行县则委之参佐"。③ 这是行政机构内部的分工,通判的监察职能自然不必因此被强调。至于按劾之权,知州、通判作为"按察官",也是共同拥有的。④ 在实际执行中,一州之内以知州为主要按察官。据南宋徐谓礼留下的任官之文书,其在知信州任上年考,皆有"荐举过"、"按劾过"两条,只是荐举过许多下属,而未按劾过任何人。"按劾"一事进入他的印纸,自然说明这是知州的重要职责之一,只是它已被行政体系所忽略(当然也为朝廷所默认),徒然在印纸上留白,成为文具。但是,通判的按劾权丧失得更为彻底,在南宋后期甚至连这种形式上的职责,都从印纸上消失了。⑤ 通判只是在行政体系内,作为知州之佐贰,分担知州的监察之职,且在监察事务上地位明显不如知州,故而,视其为监察体系内的重要一员,甚至构成宋代"完备的二级监察体制"中的一级,⑥此说之成立,比较勉强。

明代巡抚则甚至不能视作监察官。明代巡抚制度产生的标志,或以永乐十九年(1421)蹇义等二十六人"巡行天下",或以宣德元年(1426)熊概等巡抚江浙当之。⑦ 然而,蹇义等"问军民疾苦,黜文武长吏扰民者数人,条兴革数十事奏行之","安抚军民,事竣还朝,不为经制",⑧其职责与

---

① 《宋史》卷一百六十一《职官志一》:"外官,则惩五代藩镇专恣,颇用文臣知州,复设通判以贰之。"
② 《宋会要辑稿》职官四七之十一引《神宗正史·职官志》:"知州掌郡国之政令,通判为之贰。"职官四七之六十七:"州郡置倅,所以佐郡守之治,入则贰政,出则按县。"
③ 《宋会要辑稿》职官四七之二十一。
④ 《庆元条法事类》卷七《职制·监司巡按》:按察官"谓诸司通判以上之官及知州、通判各于本部职事相统摄者"。
⑤ 谓礼之考课内容,见《武义南宋徐谓礼文书》,中华书局,2012年。其知州任上考课内容,见第166—168、170—171页(录白印纸第十卷图一〇—十一卷图二、第十一卷图四—图五),通判任上考课,见第112页(录白印纸第六卷图八)。
⑥ 贾玉英上揭专著,第255页。
⑦ 刘双舟上揭专著,第11、12页。
⑧ 《明史》卷一百四十九《蹇义传》,卷一百五十九《熊概等传赞》。

临时遣下的性质与唐代的"巡抚使"毫无区别,与其后的巡抚也没有衔接的关系。至于熊概,在南畿与浙江所为,见于记载者有二:一是捕诛暴民平康等八百余人,二是"以便宜发诸府赎罪米四万二千余石赡军,乃闻于朝"。① 即便以明代巡按御史的巨大威势衡之,这个"便宜"之权也过于强大,也只有朝廷因特殊情况(当时是"有司多不得人,土豪肆恶")遣下特使,才足以承载如此威权。这与一般的监察官毕竟有很大区别。《明史》又载:"(熊概出抚之后)越数年,而江西、河南诸省以次专设巡抚官。天顺初,暂罢复设,诸边亦稍用廷臣出镇或参赞军务。盖以地大物众,法令滋章,三司谨奉教条,修其常职;而兴利除弊,均赋税,击贪浊,安善良,惟巡抚得以便宜从事。"②"廷臣出镇"、"参赞军务",点明了英宗以后巡抚的身份,他与监察关系不大;"得以便宜从事"申明其权势之煊赫,此为巡按御史在内的监察官、行政官望尘莫及;至于在地方"均赋税,击贪浊,安善良",其实也涵括了行政官和监察官的职责和工作效果。

再看巡抚制度推广之后的万历年间的规定:

凡徭役、里甲、钱粮、驿传、仓廪、城池、堡隘、兵马、军饷,及审编大户粮长,民壮快手等项,地方之事,俱听巡抚处置。都布按三司,将处置缘由,备呈巡按知会。巡按御史出巡,据其已行之事,查考得失,纠正奸弊,不必另出己见,多立法例。其文科武举、处决重辟、审录冤刑、参拨吏农、纪验功赏,系御史独专者,巡抚亦不得干预。凡抚按遇有地方大事,皆会同而行,如常行事务与委署印信,止以文书先到者为主。奉行官吏不必观望两请。③

关于抚、按的分工,设定了明确的界限。其中巡抚所主的"徭役、里甲、钱粮、驿传、仓廪、城池、堡隘、兵马、军饷,及审编大户粮长,民壮快手等项,地方之事",几乎完全就是行政官的职责范围,与巡按分得的职责适成鲜明对比。当然,我们可以在《明会典》或《明史》等文献中,看到大量事

---

① 《明史》卷一百五十九《熊概传》。
② 《明史》卷一百五十九《熊概等传赞》。
③ [明]申时行等修、赵用贤等纂:《大明会典》卷二百十一《都察院三》"抚按通例",续修四库全书第792册。

实,说明两者之间并不能完全分清各自职权,以致常有侵权、争执之例。不过,相对的界限,还是明白的。难以想象,在原有的巡按御史、提刑按察使两层监察之下,还需要再建起一套与巡按辖区相近的监察官系统,建起来之后,却又受到巡按的监察。其实,从巡抚设置的动机、他所拥有的权力范围和实际操作的事项来看,无一不能证明他是重新集中了一省各种行政——甚至军事权力的最高地方官员,即是我们较易理解的"封疆大吏"。他是一省之内三司分立的体制内部掣肘过甚、无法顺畅运作的背景下,朝廷重新集中一省权力的产物。从其权、责来看,我们无法将它与宋代的宣抚使、制置使,以及元代的行省官员相区别。巡抚出镇,或因其常涉军务,不宜让巡按御史干涉,故而以更高宪衔免得巡按动辄以"监临"的名义插手其事务。这正如唐代节度、观察使普遍"奏请以郎官、御史为判官",但实质上这"不过是一种借助中央官僚的威望来提高地方藩镇的声誉的行为而已……中央郎官、御史是唐后期藩镇使府普遍兼任的一种职务,它不具有任何实质性的意义"。[①] 此说也适用于明代的巡抚。故而笔者以为,把巡抚与巡按御史相提并论,是不适宜的。它完全以行政职能为重心,所谓的监察之责,其实是它作为行政官所自然具备的职能。

二、兼职的监察官

同样是兼负监察之责与其他职能,宋代的监司所起的作用,就非采访使之属可比。"宋朝各路的监察机构则比较多,有帅、漕、仓、宪、走马承受所等。帅司有安抚使,漕司有转运使、转运副使和转运判官,宪司有提点刑狱、同提点刑狱,仓司有提举常平、提举茶盐……"[②]其中大部分,被称为"监司",被寄予监察一路的重任;但同时,每个机构又另有行政或财政方面的职事——正如这些官衔所显示的。

同属兼职,宋代监司如何在其他实务的挤压下,保证他们的监察职

[①] 胡宝华上揭专著,第169—170页。
[②] 朱瑞熙:《中国政治制度通史·宋代》,人民出版社,1996年,第539页。

责仍得以切实履行？最有力的保证，其一是制度所赋予他们的权责不再空泛，而是为他们规定了广泛、切实的监察事务，如州、府之簿书——两税版籍、账簿等财赋出纳的纪录，须经监司检视；仓库场务运行情况，须监司按视；州县疑难重案，须监司亲决；若有灾情，检核、赈济之事，亦须监司负责。州、府最主要之事务，皆须经监司之手。这自非"数年一出"、与地方事务缺乏正常接触的唐代按察使可比。其二是，对所有这些政务的监临督责，大多需要监司到现场直接处理，"移牒索视"即发文索取档案，至监司治所检查，反是一种不太常用的方式。这样，监司就须时时奔走于各州、府之间。为切合这一需要，宋廷为监司设计了严格的巡历制度，自宋初端拱二年(989)起，即命监司"不住巡案所部州、府、军、监"，不许"端坐本司"。① 此后又定下监司一至二年巡遍本路之制，尽职之监司，"巡历所部，访民疾苦，未尝休息，迄冬奔驰道路，居鄱阳公廨止数十日而已"。② 唐代采访使、观察使端坐待治的监察方式，自无法与此相比。

宋代的监司为金代所仿效。金于章宗大定二十九年(1189)，置提刑使，定其职责为审刑，"并兼劝农、采访事"，③且像宋的监司那样有巡历之任务。然旋即连作数次调整。先于承安四年(1199)，改提刑使为按察使，就其原有的"采访"所含的意义而言，原提刑司"黜陟"之权实际上被剥夺了，而考察与评价地方官的权力则得到保留。继之以泰和八年(1208)令"诸路按察使并兼转运使"，④从此使按察使沉溺于征敛转输之务，监察不再成其主要职责。至宣宗贞祐三年(1215)，终废按察使，⑤其存在时间不过二十六年，而真正作为监察官起作用的，不到二十年。不过其理念，为元代肃政廉访司以及元、明两代的提刑按察司所继承。

---

① 《宋会要辑稿》食货四九之六、七。
② ［宋］洪鶱：《张公(纲)行状》(作于乾道四年)，见张纲：《华阳集》卷四十"附录"，文渊阁四库全书本。
③ 《金史》卷七十三《宗雄传附孙蒲带传》。
④ 《金史》卷十二《章宗纪四》，泰和八年十一月丁酉朔，第285页。
⑤ 见《金史》卷九十二《卢庸传》，卷一百四《郭侯传》，卷一百四《移剌福僧传》。

三、专职的监察官

较之宋代监司更为正式的地方监察官,当然是以监察为全职者。其中又可分为两类。第一类是中央监察机构定期派出的使者,以历代御史台的监察御史为主。隋代的司隶台、武周时期的右肃政台也属其列。不过,二者真正起作用的时间不长,司隶台置于隋大业三年(607),至大业末复罢,并司隶刺史不置,①其制仅存在十年。武后光宅元年(684),曾改御史台,分置左、右肃政台,右台主察州县,"每年春秋发使,春曰风俗,秋曰廉察"。② 然而为时不长,至载初(689—690)以后,"奉旨乃巡,不每年出使也"。③ 其他时代的监察御史,由于同时负有中央、地方的全面监察之责,能用于地方监察的时间、精力极为有限。仍以唐代为例,监察御史"分察百寮,巡按州县,纠视刑狱,肃整朝仪",在京,其主要职事是"分察尚书六司,纠其过失,及知太府、司农出纳",这已足以占去其大部分精力。凡有战事,监察御史需"审其功赏、辨其真伪"。屯田、铸钱、决狱,无不在其职责之内。开元中,监察御史员数增至十人的最高额,但面对如此繁重事务,很难应付裕如。这足以解释唐代监察御史巡按地方的情况何以缺乏记载——他们出巡的机会并不多,即便出巡,也很可能是作为"巡察使"、"按察使"之类专使的一部分:"十道巡按,则选判官二人,以为之佐。"④武周光宅元年之后的五年,每岁发使,可能是唐代监察御史出巡频率的最高纪录。若这类的监察御史,固然是专职的监察官,但中央监察事务占用了其主要精力,专就地方监察之事而言,近乎兼职。

将中央机构监察地方的职责贯彻得最严格、从而真正在中央机构出现专职的"地方监察"官员,是元、明两代。元代的监察御史定期出巡之

---

① 《隋书》卷六十七《裴蕴传》。
② 《唐会要》卷六十《御史台上》"御史台"条。
③ 《通典》卷二十四《职官六》"御史台"条。
④ 以上皆见李林甫撰、陈仲夫点校:《唐六典》卷十三《御史台》,中华书局,1992年。

制,源自金代。金自泰和元年(1201)始,已令监察御史八员,分四路巡行,①提刑司建制变动导致的监察力量弱化,得到部分弥补。金末战乱时期,监察御史的巡行已处于无序状态,不过元代袭用了金制,令监察御史定期巡历州县,而非前代的偶尔衔命一出。而明代都察院监察御史之分省监察,且其中更有完全针对地方事务的巡按御史,较之此前历代的专职监察地方的中央官员,更体现监察制度之完善、对地方控制之严密。

第二类则是中央遣驻地方的专职监察官,以秦代监郡御史最为典型。其虽称为"御史",为主管中央监察的御史大夫之下属,但却长驻地方,以便严密地审视郡政。汉代刺史初置之时,则不那么"在地化",每岁八月出巡所部郡国,岁尽则还京奏事。至西汉末期,刺史已有固定治所。② 至东汉初,更"不复自诣京师",③完成了"地方化"的过程。是后,刺史监察地方固然更为便利,但却有另一种始料未及的影响,即刺史与所察各郡的政务,联系日益紧密,中央对刺史的控制,却逐渐松弛。刺史部(州)最终发展为郡以上的一级地方行政机构,正肇端于其地方化。后世则由刺史性质的转变吸取了教训。

另一种则是地方行政机构内部存在的监察官,如汉之督邮、魏晋之部从事与循行小史。它们是最正式的"地方监察官",既置于地方,又是地方官的下属,且其专职又是监察地方官员。而唐代地方政府通过录事参军事与主簿系统,④也被当作州、县的监察官员,但实际上应是掌握一定考核权的行政辅助官,与监察官有一定区别。

上述从兼职到专职的三大类监察官之中,第一类官员,即兼具监察之职的行政官,所起的作用是很有限的。相应的制度往往只能使这些官员强化对下属的控制。而第二、第三类官员,则有相当好的实效。若选择第三类,行政、监察的分别相对明显,官僚体系的架构就比较清晰,故而大部

---

① 《金史》卷十一《章宗纪三》,泰和元年十月壬辰。
② 此可见万孝行《"异体"监察与西汉刺史制度》,载《史学月刊》2003年第11期,第117页。
③ 《通典》卷三十二《职官十四·州郡上》"州郡上·州牧刺史"。
④ 上揭胡宝华专著,第123页。

分具有完善的地方监察制度的朝代,都选择此类。但像宋代的统治者,大约认为兼职的监察官更能保证监察效果:地方政事之重者,不外乎财谷刑狱,恰好是转运、提刑、提举诸司主管的实务,让他们实行监管,岂非驾轻就熟?因此宋代尽管一再增置监司,却始终未将监察事务分离出来作为某一监司的全职,而是令新的监司同时分担监察事务和财谷刑狱等实务。但这种架构的操作难度较大——仅仅是多名监司之间的分工,如何能做到既互相合作、又互相监视,但又不至于互相掣肘到各自工作难以开展的地步,就相当不易。故而前、后历朝,都不用此制。即便明代仍有诸司并立于地方的现象,但已是按职事分工,监察权被独立出来,仅由按察司承担。

第二节 地方监察"体系":
机构之间的关系

秦以后,两千多年来监察理念的持续存在是不争的事实,上述各类负有监察之职的官员——且不论是否专职监察,都是这一理念的反映。不过,有理念并不意味着能建成监察体系。我们考虑"体系"这个词,重在由"整体"即各个层级来作全面观察。在这整体之中,重点应是在高层,在于中央怎样对郡或州府以上的行政机构进行监察。只有在这个层次上构建起完整的监察机构和制度,那才算有了"体系"。因为,获取信息的主要障碍在于空间,不同层级的行政官员,因其区划的空间广狭差异巨大,上级部门专门建立机构对其进行监察的必要性,程度大不相同。对于高层政区和统县政区的监察是最有必要的。而基层,则未必都需要有专门的监察机构,因为行政体系内部的考核机制,也能较好地起到监控的作用。当然,若同时具备多个层次的监察机构,那么,这个体系就更为完整,更可供我们观察,寻找其与其他时代的体系的相异之处。

各别机构的设置,固然是我们考察制度的基础,但在个体的基础上,观察它们的组合方式,有助于我们了解历代对于地方监察制度的总体构想。其中地方监察机构的层次，是考量"体系"特点的重要因素，若有多个层级，那么层级之间的关系很值得关注。但此外，尚有同样重要的因素：一是在最高一级地方监察官之间，存在怎样的关系；二是各层级监察机构与各层级行政机构之间是怎样的关系。各个时代监察体系的特点，便由这多种结构上的个性构成。

这种考察当然只能置于同时有多种相关机构稳定存在的时代。有此条件的，仅有汉、宋、元、明等朝代。

汉以刺史分部监察，每部面积在数十万平方公里之谱，其地之广，愈于今日东部诸省。因此，初时规定刺史只监察二千石（郡国守相），是比较适当的。因所巡面积既广，深度便难以顾及，将郡、县官吏都纳入监察范围，显非力所能及。至西汉末，虽然一县之长——县令也已成为其监察对象，但一部之内有近百甚至上百县，刺史对县的监察，必难周全。郡内的政事，尤其是各县的行政，便由各郡自行负责。即使只是一郡之政，监察亦非易事。汉代的郡，面积既大、属县又多，每郡平均统县略超过十五。① 西汉统县（及侯国）最多者，如汝南郡(37)、南阳郡(36)、沛郡(37)、东海郡(38)，②都在当时经济最发达的河、淮之间，各郡口数皆在 150 万以上，属政事繁剧之地。而偏远之处，地域广袤，如会稽郡当今浙、闽二省之地，豫章郡大体即今江西省的范围，又有另一种难治之处。汉代郡守虽亦有巡视之责，③但郡之地广、县多、人众，郡守不易独力完成监察任务。因此，与全国范围内刺史分部监察相配合，又有一郡范围内"督邮"分部监察之制。督邮为全职的监察官，为郡守巡视属县，察其治状，归禀郡守，并据县官之治行，作出处置的建议。但最终处置之权，则在郡守。每郡至少分为二部同，④多者至五

---

① 而唐、宋、元的统县政区——府、州、郡、军、监等，平均统县数皆在 5 以下。见周振鹤：《地方行政制度志》，第 207—208 页。
② 《汉书》卷二十八《地理志》，所用县数、口数，皆平帝元始二年数。
③ 《汉书》卷七十六《韩延寿传》："岁余，不肯出行县。丞掾数白：'宜循行郡中，览观民俗，考长吏治迹。'"
④ 《汉书》卷七十六《尹翁归传》："(河东郡守田)延年大重之，自以能不及翁归，徙署督邮。河东二十八县，分为两部，闳孺部汾北，翁归部汾南。"

部。① 由履职方式、权限、分区情况来看,督邮之于郡,恰似刺史之于中央。县令、长以下,复有"五官掾"一职,负责"监乡之五部";而乡之下,复置"亭部"以监"里"。由是,在中央、郡、县、乡、里这一行政序列之外,尚有刺史部、督邮部、乡部、亭部这一"部"的序列,各处行政序列的前后两者之间,由前者遣出监视后者。② "乡部"、"亭部"数见记载,但由于层级太低而难为史家所重视,它们究竟如何起作用,尚难明瞭。故汉代地方监察的层级,可能有四级之多,可以确定的则有两级。

汉代地方监察机构的多层级之制,建立在特殊的官制之上。行政管理并非及县而止,而是下及乡、亭——"亭有长";"乡有三老、有秩、啬夫、游徼。三老掌教化;啬夫职听讼,收赋税;游徼徼循禁贼盗"。③ 乡、亭之长,虽非正式官员,却可算是半官方的人员,监察官的设置亦随之下延,至于四级。而后世乡以下依靠自治,不再存留于行政序列,监察遂止于县。

再次出现两级监察,已是入元之后。宋代尝有数种监司,经过金代的"筛选",入蒙之后只剩提刑按察使(后改肃政廉访司)略得宋之遗意。另一方面,历来主要在中央发挥作用、仅偶尔用于巡察地方的御史台官员——监察御史,金代曾在短时期内每年下顾地方;而在元代,则正式成为监察地方的首要力量。相比宋制,金代的监察体系对元代的影响要大得多。

迫于战乱,金末监察御史的巡行已处于无序状态,更何况金代提刑、按察司存在时间不长,即已早早废弃,故而,元代地方监察官之置,在时间上并不与金代相应机构相连续。然而,制度上的相似性揭示了元制在理念与用意上对金制的沿袭。至元六年(1269)初置提刑按察司,其官名,即直接由金代之提刑、按察合成,此其一。由监察御史定期巡历州县,而非前代的偶尔衔命一出,亦袭用金制,此其二。金代在置提刑司至废按察司

---

① 《续汉志》卷二十八《百官志五》:"其监属县,有五部督邮曹,掾一人。"《通典》卷三十三《职官十五·州郡下》:"掌监属县,有东、西、南、北、中部,谓之五部督邮也。"
② 各地方行政组织之外尚存在"部"的体系,与郡县乡里平行,各有监察地域,此为周振鹤先生的重要发现。这揭示了汉代行政—监察的严谨秩序。见《地方行政制度志》,第145页。
③ 《汉书》卷十九上《百官公卿表上》。

之间,一直纠结于给予这个地方机构的权力是否太大、监控是否太少,在提刑巡视地方、臧否黜陟之外,再加一重监察御史之巡行,并体察考核提刑之工作成效。元代仍于肃政廉访司之上,普遍覆以监察御史一层,同样是出于上收监察权的思路,此其三。金、元两代的基本制度,前后呼应。总之,金代在短期之内再三变更的体制,在元代终于被抽取出精髓,使元代继汉代以后,再一次建立起专职的地方监察官的体系。① 并且,此次专职官员是双重的地方监察官,其所建立的,是一个特别强固的体系。这种监察御史与省、道一级的监察官并存的体系,成为元明清一贯的结构。

不过,元制远比金制复杂,如御史台之外,又置行御史台;廉访司又有分司。监察御史作为中央派出的官员,每年巡历结束,即须回御史台述职。但元代疆域广袤,确定实施地方监察的地区,包括原宋、金、夏、大理等境,纵横皆逾五千里,将大都作为御史唯一的基地,将令他们劳瘁于奔波。为便于管理,元廷于至元十四年(1277)置江南诸道行御史台,二十七年置云南诸路行御史台;大德元年(1297)移云南行台于京兆,改置陕西诸道行御史台。至此,元的地方监察制度定型,即中央的御史台、行御史台二、肃政廉访司二十二道的体制。② 三台之制确立后,御史台领八道,江南

---

① 李治安强调了金代提刑—按察司制度对元制的影响,并指出了一个饶有趣味的现象:世祖朝,权臣卢世荣曾"利用官府省并和金代转运使兼按察使的旧例,……(于至元)二十二年二月……将其改为提刑转运司"。见上揭李治安专著,第285—286页。前此按察司亦尝遭逢危机:"江南既下……朝议汰冗官,权近私以按察司不便,欲并省之。(王)磐奏疏曰:'各路州郡,去京师遥远,贪官污吏,侵害小民,无所控告,惟赖按察司为之申理。……若欲并入运司,运司专以营利增课为职,与管民官常分彼此,岂暇顾细民之冤抑哉?'由是按察司得不罢。朝廷录平宋功,迁至宰相执政者二十余人……""平江南"在至元十三年,按录平宋功迁多人为宰相执政,事在至元十三、十四年,省按察司之议,或即在十三、十四年之间。则袭用金之先例,将按察司与转运司合并的建议,被反复提出,在至元二十二年终于成为现实。

② 据《元史》(中华书局,1976年)卷八十六《百官志二》,各监察机构之大略建置沿革,依时间次序为:御史台置于至元五年;六年,置四道提刑按察司;灭宋后,于至元十四年,置江南道诸行御史台,并增置八道提刑按察司,此后不断增置、析置按察司;二十七年,置云南诸路行御史台;二十八年,改提刑按察司为肃政廉访司;三十年新置海北海南道,二十二道肃政廉访之制遂定;大德元年,移云南行台于京兆,改置陕西诸道行御史台,地方监察体系的主要调整过程至此结束。于是御史台、行台与肃政廉访司的统属关系亦随之而定,即内台八道、江南十道、陕西四道。这个体系的形成过程及其特点、地位,可见洪金富《元代监察制度的特色》(《成功大学历史学系历史学报》第2期,第219—276页);另见上揭李治安专著,第244—354页。

行御史台领十道,陕西行御史台领四道。每道所监,约半省之地,其规模较宋代之提刑司路略大。每台所领,则在两个行省以上。这种管辖模式远较政区层级制简单,但在汉末刺史转化为行政官之后,元代的地方监察制度再次出现的多级制,仍比魏晋以降的其他时代复杂而严密。

行御史台的存在,模糊了地方监察体系的层级,因为行台"使得向来中央与地方监察机构之间的直接隶属关系被打断,而介入了一个中级的监察机构"。将行御史台、御史台与提刑按察使(肃政廉访司)相叠加,出现了层级错落的地方监察机构:"元代在监察机构的统属系统上所采取的是一种二级制(御史台—肃政廉访司)与三级制(御史台—行御史台—肃政廉访司)并存的混合体制。"①这种现象与元代行政区划的层级错落相适应。② 由参与监察的机构的统属关系而言,确实存在三级制的成分。不过,行御史台为大都御史台的派出机构,代后者分管部分监察御史,仅从监察官的角度来看,仍是两级制:宣慰司与路府州县主要受提刑按察司(肃政廉访司)的监察,而行省则受监察御史(来自行台或中台)的监察。③

在提刑按察—肃政廉访司之下,又有"分司"之存在。元代提刑按察司之置官,每司主要官员,有使二员、副使二员、佥事四员。④ 至元二十八年(1291)规定,"改提刑按察司为肃政廉访司,每道仍设官八员,除二使留司以总制一道,余六人分临所部"。⑤ "余六人"者,即副使与佥事。而所谓"分临",意味着他们之间存在巡察区域的分划之制,故当时出现"分司"、"分治"之说,只是尚未见有关于固定分区方式的记载。⑥ 因此,元代的"分

---

① 洪金富上揭文,《成功大学历史学系历史学报》第 2 期,第 228 页。
② 元代行政区划,层级最多为五级,即省—路—府—州—县;最少仅两级,省下辖路而已。见周振鹤《地方行政制度志》,第 77 页。
③ 李治安曾提出精到见解:"各道廉访司以监察宣慰司和路府州县为重点,行御史台自然就以行省为监察重点了。"(上揭专著第 281 页)当然,重点集中在行省事务,并不是否认行台监察御史对于路、府、州、县的巡行与监察。关于这一点,李治安文作了充分的展开。
④ 《元史》卷八十六《百官志二》。
⑤ 《元史》卷十六《世祖纪十三》,至元二十八年二月丙戌。
⑥ 关于元代提刑按察—肃政廉访司副使、佥事的分区巡历,洪金富于《元代监察制度的特色》一文中简单提及,见《成功大学历史学系历史学报》第 2 期,第 237 页。李治安则对分区方式有极详瞻的考辨,见上揭书第 291—293 页。

司"还不能算是正式的一个监察层级。

明代御史巡按地方之制,形成于建国之初,在元制的基础上有所改动。洪武朝已有御史巡按制度的记录,按《明实录》记载,太祖洪武二年(1369),遣"监察御史谢恕巡按松江,以欺隐官租,逮系一百九十余人至京师"。① 十年,"始遣御史巡按州县"。② 又称,明初"恐守令贪鄙不法,故于直隶府州县设巡按御史,各布政司所属充试佥事"。③ 按"试佥事"之制设于洪武十五年,罢于十六年,则"直隶府州县设巡按御史"之制,也应行于十五年(1382)。二十三年,"更铸监察御史印曰'某道监察御史印',其巡按印曰'巡按某处监察御史印'"。④ 上述记载表明,巡按御史制度大体应在洪武朝中期定型。洪武初只是偶然遣出个别御史,十五年以后,已有普遍遣出的尝试。至二十三年,巡按御史已作为监察御史中特殊的一类而稳定存在,其普遍建制与每岁巡按,说明这一职官制度已成为常制。此后的调整,一是建文—永乐间御史台建制的反复,巡按御史可能曾于建文朝被省并,⑤至永乐元年,"遣御史分巡天下,为定制",⑥遂回复到旧制;二是各种细节愈加明晰、更为规范,如宣德五年(1430)定下每年八月出巡之制。

明代提刑按察司的建置,是对元制的直接模仿。朱元璋于吴元年(1367)置按察司,洪武间(1368—1398)不断调整按察司的区划。至建文中定为十三道,按察司分道之制规模初定。永乐、宣德中的区划变化,限于边疆地区的贵州、交趾等处的按察司之废置。至宣德五年(1430)废交趾按察司,十三按察司之制遂得沿用。⑦

"道"的产生,也源于元代廉访司的分司之制。不过,元代分司还未从

---

① 《太祖实录》卷四十三,洪武二年七月癸丑。
② 《明史》卷二《太祖纪二》,洪武十年七月。
③ 《明史》卷七十五《职官志四》。
④ 《明史》卷七十三《职官志二》。
⑤ 按《明史》卷七十三《职官志二》,建文二年,"改(都察院)为御史府,设御史大夫,改十二道为左、右两院,止设御史二十八人"。仿古制而为中央监察机构"正名",又仿古制大幅削减了御史数额,较洪武朝减少一半以上,监察御史的人数与种类,也必然受波及。但"成祖复旧制",即又回复到洪武中的状态。
⑥ 《明史》卷六《成祖纪二》,永乐元年正月乙卯。
⑦ 《明史》卷七十五《职官志四》。

派出机构演化为一个监察官的层级,而明代提刑按察司副使、佥事在继承元代"分治"功能之初,分部的趋势便已出现。分部方式迅速明晰,"分司"很快发展为有明确区划的"分巡道"。洪武十五年"儒士王存中等五百三十一人为试佥事,人按二县",为比较粗率的一次尝试,次年即罢。不过,二十九年"改置按察分司为四十一道",则是出于较成熟的考虑,自此便连续行用,只是分部的数量在逐渐调整,增至六十九个分巡道。① 道专注于固定的、更为狭小的空间,当然便利了对州、县官的监察,不过区划固定之后,"地方化"的条件成熟,逐渐具备成为独立一级的条件。

大体在永乐朝,巡按御史、提刑按察使、按察分司三级监察之制已成型。不过,明代的多层级制度与元制有所不同。在元,中台与行台监察御史尽管也巡行州县,然而纠察行省与监管廉访司,仍是他们的两大重点,② 中台与行台成为廉访司的直接上级。但类似元代行御史台"纠三省十道"的说法,在明代不再出现。明之巡按御史,是中央派出的监察机构,监临一省(布政使司)的提刑按察使也同样"是驻在地方上的中央监察官",③ "明初置提刑司,谓之'外台',与都察院并重。故大明令:按察司、都察院并列,不视之为外官也"。④ 在制度设计上,虽然按察司事务也在巡按御史监察范围之内,但它只是巡按的许多监察对象之一,并未受到特殊关照。两者各不相关,在制度设计上,同样是由中央直接派下,是由同一个主体支分出来的,且其监察的地域范围也相同。⑤ 所不同者,按察司驻于辖区内的会府,更为地方化,由是其监察效果也更真切。而巡按御史游走于中央与地方之间,一年一代,在制度设计上,尽量使之超脱于行政体系之外,令其更有震慑力。其分属两个层级,很大程度上是由于监察事务之履行,是一先一后,按察司监察一省官员,而后巡按御史覆盖了按察司的监察对

---

① 《明史》卷七十五《百官志四》。
② 见上揭李治安专著第239页,其中且引吴澄"行台所纠三省十道,若路若府若州若县,不知其几,皆御史按行所至也"之说,揭示监察御史的工作范围与工作重点所在。
③ 刘双舟:《明代监察法制研究》,中国法制出版社,2004年,第233页。
④ [明]孙承泽:《春明梦余录》卷四十八《都察院》,北京古籍出版社,1992年。
⑤ 正如邱永明所说,巡按御史与提刑按察司"不相统领,在许多场合聚焦在同一地区用同一方式进行监察"。见前揭专著,第69页。

象,并且将按察司本身也纳入监察对象之中。这种新的二级制推行既久,巡按御史之威权遂凌驾于按察司之上,然而强势与弱势部门之间,毕竟不存在直接的统属关系。据此制设计之本意,似乎两层之关系,与其说是上下,毋宁说是内外。而提刑按察司与分巡道,才应视作有直接的统属关系。

但内—外关系似乎较上—下关系更不稳定,巡按御史挟中央之势而来,威权更重,州县官吏,奉命唯谨。而监察范围与之大体相同的按察司,相对便显得弱势。且按察司虽一度被视作"外台",但逐渐地方化之后,与属下官员难免有休戚与共之感。故而,按察司在地方发挥的监察作用日益弱化,"仅为承行之官,此吏职所以日隳也"。① 监察对象与内容较为接近,这可以视作分工不那么清晰的多层制的固有弊端。入清之后,按察司得以保留,而巡按御史则于顺治中被废罢,或正因为其职责不仅与按察司有所重合,又对巡抚掣肘过甚之故。而分巡道在清代与分守道的一体化,较多分地而守的意味,而其监察之职不再凸显。大体可说,清代对明代制度加以修整之后,地方监察的多级制便未能延续。

同一层级内部的结构,也颇堪关注。它同样是决定体系之特点的最重要因素。在这一点上,最值得一说的是宋代。

若仅由层级来看,宋代所建立的,仍是一个简明的体系。这是一个由"监司"构成的体系,它只有一个层级。其中第一个建置的"监司"转运司,可以说有唐代巡院之遗意。然而,唐代藩镇割据背景之下,巡院始终无力振作,无法承载朝廷寄予的厚望。② 而在朝廷重新确立权威的宋代,转运使则成功地按设计的本意塑造成型,且成为朝廷进一步加强控制力、规范地方管理的利器。由此,我们可以认为,从宋代转运使的名称、性质与所

---

① 《春明梦余录》卷四十八《都察院》。
② 陈志坚强调了中晚唐将监察机构固定化与常年化的希望寄托于巡院(前揭书第237—239页)。但以藩镇为首的地方政府的强势,显然使这一希望落空。对于前人将制度的本意当作制度实施的结果、过分夸大巡院的作用,胡宝华有非常精辟的批评:"从巡院的构成、巡院相关官员递交中央的文书内容所反映的履职情况来看,巡院自始至终,未能有效发挥监察功能(见胡宝华前揭著作,第141—144页)。当然,因巡院的存在而使"新的地方监察体制也应运而生"(贾玉英前揭专著,第252页),就更谈不上了。

设计的功能来看,显然受到巡院的强烈启示。但很难说两者之间存在延续性,说转运使"沿袭"了巡院,或有夸大。若我们再从"体系"而非转运使这单一的监察官员而言,那么唐制与宋制更无继承性可言。宋制可说是独立发展起来的。

宋制并未在地方监察官的层级上体现什么特色,它仅有一个层级。但在同一层级内,建置了两个以上的监察机构。转运司在建制、职责(包括财政、监察两方面)、履职方式(周期性的巡历)诸方面,于太宗端拱中已基本定型。到仁宗明道二年(1033)再加上一个提点刑狱司,这个结构就变了。神宗熙宁二年(1069)再有提举常平之置,新的结构便更显其特殊。一种"单层"但却"多途"的结构产生并巩固。

这种"政出多途"的状态,不管是否为有意创置的,其效果应当会被朝廷所欣赏,平行机构由二及三并固定下来。在大体相同的辖区内,它们在其他事务(财政、司法)有主次、有分工,然而于监察一事,却起着近似的作用。三张监察网络笼罩着共同的区域,到了北宋末,复以"互察"的方式,将它们相互勾连起来。然而,它们之间仍然是平行的,在监察职事的履行上,既无所谓上下,又难分先后。

元代廉访司的二员制,被视作是帝王令监察机构内部互相制衡、以收控制之效的高明手段。[①] 这种机构内部的分权与相互牵制,同样存在于宋代各监司内部,如转运司之置使、副、判官,互有分工,而相互之间上、下级关系反而很淡薄。然宋代存在几个监察机构并立的现象,这却是前后历代所无。较易与宋制相比附的,是明代同样在府、州之上实行"三司并立"之制。然明立三司,虽然同样是出于分权的目的,但它强调的是"分工",而非同一种职责的"分途"。在省一级,监察权集中于按察司,而布政使、都指挥使则基本不参与分享这一权力。从这一节来看,明制更近于元制,而很难在同级而多途这一点上寻找与宋的共通性。

[①] 见洪金富上揭文,《成功大学历史学系历史学报》第2期,第252—253页。

第三节　地方监察机构与行政机构的关系

梳理了同一时代地方监察机构之间的关系，可以发现历代在监察官的层级设计上，差异非常大。若元制之上、下级关系明确；若明制之既有内、外，又有上、下关系；若宋制之仅有一个层级但内部又有多种机构和官员互相分工分权——相似之处甚少。这与各别机构在前、后朝之间的连续性，适成奇妙的对比。

本就繁复多变的地方监察体系的层级与层内关系，若以之与地方行政体系合并，来观察地方控制的全景，繁复程度自然又大大增加了。汉代地方监察机构与行政机构形成交互参差的关系，监察机构处在上、下两层行政机构之间，同样，行政机构也处于两层监察机构之间。若将县以下的单位也纳入考察范围，则是如下的结构：即州部—郡—督邮部—县—乡部—乡—亭部—里。这种结构的形成，其理由并不复杂，是由于每一层监察机构，都是由行政机构派出，且对其所上隶的行政机构负责。形成这种结构的背景，是中央向地方的部分放权，各级行政机构，在其辖区内都有较大的自主权。

与此前仅有的实行两级制的汉代比起来，仅就结构而言，元代的制度就至少有两个特点：两级都与地方行政体系脱离关系，并且两级之间有直接的统辖关系。元代提刑按察—肃政廉访司固然不属于某个地方行政机构所管辖，而监察御史作为更高一层的地方监察官，他的根本在朝廷（或行台驻地），更是不存在与地方行政机构之间的管理与被管理关系。从这个角度来看，他们都接近于汉代的刺史，而与郡守以下的督邮则全无相似之处。而御史台（行御史台）对廉访司的统辖，监察御史对廉访司官员的直接指导监督，这种直接的上下级关系，因汉代的刺史与督邮分属于朝廷与地方行政机构，当然未曾出现。

将元代地方监察机构与行政机构通同考虑，它们形成的地方统辖体系,繁复程度远非汉制可比。在行省之上,作为高层监察机构的御史台与行御史台,各对应二到三个行省(以及中书省)。低一个层级的肃政廉访司,则对应多个路、府、州,其间抑或有个别宣慰司(以上皆以至元末十省之制、统辖关系而论)。省以下"多达五、六级"的行政体系,又有两级监察机构,总体的层级更为复杂。不过,看似给地方统辖体系增加了复杂程度的监察官,实际上却已经是简省到极点:自宣慰司至县,最多达五级地方机构,一概受廉访司监察,可以想见廉访司工作范围之广、工作量之大。故而,元代前所未有地创建了两层地方监察机构,正与其空前庞杂的多层地方行政体系相对应。

元代监察体系与行政体系的交错——中台与行台在行省之上,而廉访司在行省与宣慰司之间——可视作偶然的举措。自入侵西夏到灭宋七十年间,蒙元疆域始终处在大幅度的变动之中,多种势力参与分配利益以致于裂土分封,对宋作战导致政区与战区频繁调整,这三种因素交相为用,使得政权长期无法对各种区划作一个统一的规划。[①] 各类地方制度之创设,或者继承了金代承平时期与战乱时期的各种建制,或为应对现实政治、军事问题的临时措施,层级错乱,种类繁多。肃政廉访司的前身提刑按察司,作为这个纷纷扰扰的时期的一个产物,由是无所附着。终世祖一朝,各类政区既未能整合到比较简明的程度,而廉访司也仅能以分置及新置于新占领区的形式,进一步全面铺开,却仍然难以与哪一级行政区相统一。待行省制度改造完成之时,廉访司的相关制度也早已发展成熟,看不出有什么必要与行政体系强行契合了。至于中台之外再分置两行台,固然便于地方监察事务的统合,然而至元中行台的置、废、迁徙,也同样说明,其间有相当大的随意性。但也不宜因此对三台之制作出不利的评价——元代空前广袤的疆域,使得中台派出机构的成立,有充分的理由,这与行省的建立,本意相同。

相比之下,宋、明的疆域形成,时间较短。尽管宋初曾经历较长时间

[①] 蒙古时期政区的混乱,可参看温海清以华北的行省—路—宣慰司为例的研究,《画境中州——金元之际华北行政建置考》,上海古籍出版社,2012年,第221—222页。

作制度的创建与调整,但其间受外力影响并不显著,显示较强的延续性。与唐以前的制度一脉相承的简明的政区层级,使监察—行政层级交错的现象无从产生。而明代则在初期国力最为强盛、内外形势最稳定之时,得以从容布局,将地方行政体系彻底简化,将省以下,仍分两级,回到了宋以前的状态。于是同时期对监察体系的调整,也不再沿袭元代监察与行政层级交错的制度,由元代袭用的地方监察机构——中央遣下的监察御史,驻地方的提刑按察司——得以与新的高层政区布政使司相对应。这或者可以从侧面说明,像元代这样复杂的地方监察—行政体系,若非在长期动荡的局势下形成混乱的体制并在承平时期仍被惯性所挟而惮于作大手笔的改革,其实是不必有的。①

小 结

以上简略分析了历代地方监察制度从机构到层级的延续和变化,对层级数、层级间关系、同层级内部关系,以及元代监察—行政体系之间奇特的错层之制略作了解释。这些工作,是要理清地方监察体系的特点,从而寻找宋元明制度之间"变"的部分。

对于不同时代的监察效果作一个量化的比较,是不可能的。有效的监察体系,除了"使所有机构和所有官员都置于这张监察网的监察之下",大概很难有什么其他的要求。在这种前提之下,有必要对监察体系的不同结构持以宽容的态度。比如,相对于汉、元、明代严格的"官有专职",宋代存在的"职有专官"的形式,也发挥了明显的作用。前一种格局之下,置有刺史、监察御史、肃政廉访使、提刑按察司等专职的监察官,分担全国范围——至少是汉地的监管之责。后一种格局之下,某些特定的官员既有

---

① 李治安认为,"某种意义上可以说,元行御史台大区监察体制乃是蒙元帝国统治的条件下,融有蒙古法和汉地监察传统二元因素的地方监察的新尝试,它大抵适合元王朝特殊的政治军事形势及需要"。(见上揭专著,第281页)在其他时代,这种"特殊的政治军事形势"消解,行台存在的必要性也就不存在了。

地方监察之职，又兼具行政、财政甚至军事方面的部分职责。但这并不妨碍他们监察官的身份，同时，朝廷需要的所有监察工作，都可以责成专人。

相比而言，"职有专官"的形式，似乎专业性不是那么强。不过，专业性未必是一个有效的监察体系所具备的最重要的特质，可能存在比专业性更重要的是几个要素——除了通过"职有专官"，令监察无处不在，其他的条件尚有固定化与日常化。[1] 合此三点而言之，即是监察体系在机构、空间、时间三方面的稳定。

监察，主要针对行政，那么，监察区的划分也须根据行政区而定。不过，监察官既要避免其区划与行政区一致而更易干涉行政，又不必像行政体系那样规模庞然，是以监察区比之行政区，空间范围更大。这就导致监察区的分划，不能凭藉现成的区划，而须以多个完整的行政区为单位进行创建。若有多层级的地方监察机构，这种情况往往会发生在最高层级的监察部门与行政部门之间，譬如汉之刺史部与郡，元之行台与行省。新建的监察区划是否适宜，毕竟要经过种种考验，区划也往往会经历多次调整。但到了一定的状态，调整应当终结，使监察区最大限度地与山川形便、交通路线相适应。更重要的是，区划大小和结构，不能超过监察官能承担的最大工作量。像明代监察御史以布政使司为其监察区，监察与行政区才前所未有地合一，这反而是特例。区划稳定，对于行政体系和监察体系来说，都是政务有效延续的必然要求。

汉之刺史部，在历代监察区划中最为稳定。而宋、元的监察区，经过前期的若干次调整之后，也终于稳定了很长时间，以至于能长期稳定地发挥作用。不过，达到这个效果，也需要相关机构将监察作为日常履行的职责，而非数年、数十年偶一为之。宋自开宝九年(976)令转运使"察举部内知州、通判、监临物务京朝官等，以三科第其能否"，[2]确立了转运使作为地方监察官的地位。至迟在太宗端拱二年(989)，便已确定了转运使、副在

---

[1] 陈志坚曾提出地方监察中机构"固定化"与履职"常年化"的概念。见《唐代州郡制度研究》，第239页。其中"固定化"的概念，即笔者上文所述之"职有专官"。笔者所指的"固定化"，则主要指履职区域的固定化。

[2] 《续资治通鉴长编》卷十七，开宝九年十一月庚午。

州县"不住巡案"的工作方式,①已完成了"日常化"的进程。此后虽遇南迁之厄,工作方式仍得以维持,"日常化"的性质也未改变。这是地方监察制度得以稳定地发挥效用的保证。宋代地方监察体系之连续、稳定,应在汉末以后历代中称首。若关注更长的时段,那么,宋、元、明、清四个朝代,又各有一套体系在长期发挥效用,在总体上可与五代以前相区别。

由区划"固定化"、履职"日常化"来作考量,从魏晋到五代,存在一个能够稳定起作用的监察机构的漫长空白期。在这七百多年间,存在过许多名目的监察官。但这些以中央临时遣出的使者为主体的监察官,全不足以构成稳定的监察体系,监察事务既无专职官员,又全无时间与空间上的稳定性,应当说,处于散乱的状态,于理念、制度建设与实际操作诸方面,都未见明显的连续性。

由特定的地方监察机构,按照较稳定的区划与履职周期,在全部国土(或至少是朝廷可以遣官进行直接行政管理的地区)长期有效地行使监察之职,这便构成了真正意义上的监察体系。由这些方面作综合的考量,自东汉末刺史失去其专职监察官的身份之后,魏晋南北朝隋唐便是一个监察体系的空白期。至北宋,才再次建立起较为完善的体系。不过,在体系之间,存在着明显的区别,这主要表现在结构的差异上。本文最终关注的是"体系"、"机制",是总体的情况,这需要作纵横层层的剥离之后,再回去观察总体。我们看到,从单个机构、某一维度的统辖关系来看,大体都有前朝制度可以援引。不过,捏合成一个体系的话,那么,元明清体系仅是在层级上来看,便与此前历代制度大不相同。

刺史于汉末终于转化为行政机构,由是,魏晋至五代七百多年,处于"有监察而无体系"的状况。由宋代开始,进入第二轮监察体系建设。不过,宋、元、明三代的监察体系,由各个层面进行考察,都有很大不同。笔者以为,宋与元明,有一个根本的转折:单一层级变为两层,但同一层级内部多途并行的体制则被废弃。由是,一种横向的(单层多途)的多元体系,

---

① 端拱二年诏书:"诸路转运使、副颇务因循,或端坐本司,或故留诸郡,深彰旷职,殊不尽心。自今并须不住巡案所部州、府、军、监。"见《宋会要辑稿》食货四九之七、八。

变为一种纵向的(两层单线)多元体系(可参图2-1)。研究者认为,"宋以后,中央对地方的监察进一步加强,监察机构设置之多,可谓纵横交叉,形成了一种多层次、多轨道的交叉型监察网络",[①]实际上,"宋以后"还要加以区别。尽管无人不在监察网中,然而在宋主要是"横"向,而元以后则重在"纵"向地构建这个网络。应特别加以关注的是,这新增的一层,是由朝廷指向高层政区的。似乎宋不存在完整意义上的高层政区,但这并不意味着在这一点上,宋元之间就没有可比性。真正重要的是,中央对于地方的监察,从元代以后不再以长驻地方的派出机构为主力,而更为依赖属于中央机构的人员,由此最大限度地避免了监察者陷入地方利益不能自拔。

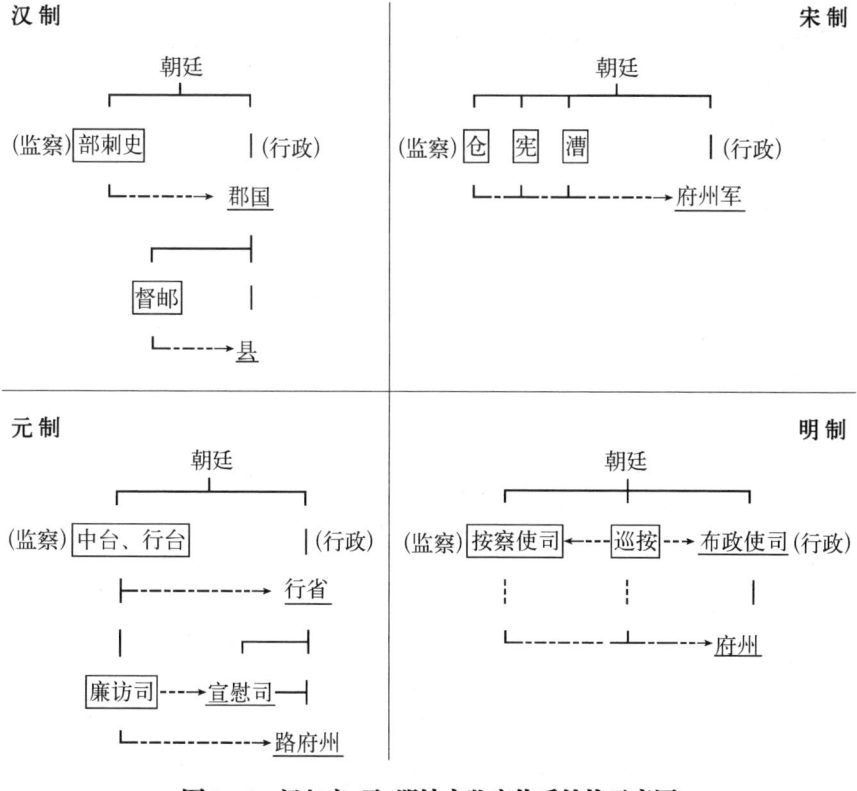

图2-1 汉与宋、元、明地方监察体系结构示意图

---

① 邱永明上揭专著,第68页。

这是一种保证中央的强势控制的体制。而通过派驻地方的监察机构之间的相互牵制与督促、从而曲折地达成根本在握的效果,这在可行性上,是值得怀疑的。毕竟此前历代,也只有宋代曾走通了这条路。到了金代,就因缺乏执行力而退缩了。基于和监察制度相匹配的其他制度的时代特色而选择甚至创制新体系,自有其必要性。尤其是,蒙元在长期用兵过程中依赖行省等甚为强势的地方机构,军、民诸事,若非通过中央直接掌握的、与军政并行的监察体系,便很难控制。只是研究者不必尊此而抑彼——毕竟它们之间,是体系结构的不同,而难以证明效果孰优孰劣。

至于由元入明,监察体系的最重要转变,应在于"规整化",其他特征基本被继承。而监察—行政体系之间错层现象的消失,则是一个程度较小的转变。尤其是通过御史台直接派官"巡按",对这个要素的继承,是维持中央控制力的关键。

第三章　中央对地方监察事务的管理

地方监察有一定的独立性：监察制度在广阔空间中的实现方式，与它在中央的表现会有很大区别，并且因地域差异使其内部呈现多样性，它本身就是个内容丰富的研究对象。不过，地方监察制度毕竟是总的监察制度的一部分，与中央监察制度有密切联系。监察官在地方层面所受与所施的各种影响固然重要，但地方监察体系犹如一张笼罩一切的网，而操控的手，却在都城，在皇帝与中央官僚手中。制度的建立与调整、对监察效果的衡量、根据监察结果作进一步处理，或者在无固定监察机构的情形下为何事以何频度遣出临时监察官，主动权全在中央。因此，对地方监察的了解、评价，前提是要理解它与中央相关制度的联系：来自都城的这只手怎么收放这张网，它的五指又是如何配合，谁在中心，谁在边缘。

这就要求我们对涉及地方监察的中央制度作一系统的考察。首先，就"控制"的角度来看，地方监察官的产生、对其工作过程的监控和指导，出自谁手？呈现一个怎样的过程？对地方监察事务的支配和监控之权，须观察其在顶层的分化或集中。而当地方上不存在监察体系之时，中央又采取何种方式体现其不绝如缕的监察理念？对这些问题的关注，是将地方监察作为一个整体、作为体系研究的必然要求，而时代之间的变迁又须贯穿始终。

第一节　中央对地方监察体系的控制

当秦代于全国各郡遍置监御史之时，地方监察官就与官僚体系中的其他官员一样,被纳入中央统一的任命轨道。我们对秦代监御史的出身固然已无从了解,不过在三公九卿制统一酝酿、建立之际,最有可能的是,监察御史系于御史大夫一系之下,以合乎秦代规整的官制。只是对监御史的具体管理由哪个部门、遵循何种程序进行,则已难知晓。惠帝三年(前192)又遣御史监三辅郡,而后遍置监御史于各郡。监察官的名目与秦代未见区别,而汉初三公之置亦仍秦旧,同样以御史大夫为监察官之首,或其实质未有不同。①

但是在文帝置"丞相史"之后,汉制的新意初露端倪。丞相史之置,理由是"御史不奉法,下失其职",因此文帝十三年(167)遣丞相史出刺,以"督监察御史"。②丞相史虽然自汉初已有,检诸记载,为丞相所属之刀笔吏而已,亦偶见衔命出巡,③但却从未有史料载及其人数与出刺的频率。极有可能的是,丞相史人数甚寡,大约数人而已,④而出刺亦是临时之举。⑤若然,则丞相史并不足以构成监御史之外另一个普遍建置的、固定的地方监察机构。但是,此举有非常值得注意之处,即他的背后是丞相。以监御史监察丞相为首的行政体系的郡守,复以丞相直属的佐吏监察监御史,这不失为一种巧妙的制衡之术,可置任何官员于监察的网络中。

汉武帝元封五年(前106)置刺史,是地方监察史上划时代的大事,不过它的意义主要在于创建了一种新型的监察机构——与地方行政机构层

---

① 劳榦认为:"御史本是对天子较为接近之官,因此在秦时的监郡御史,亦只是以天子的近臣监郡而已。惠帝三年的遣御史监三辅,虽然尚仍秦制,但据胡广所说是相国奏请的。在此便不能说秦汉遣御史监郡的动机完全一样。"见《两汉刺史制度考》,载《史语所集刊》第十一本(1944),第30页。相国奏请的,是否便出于且代表相国的利益,而以天子近臣监郡,是否仅为强化皇权而与丞相无关?我们看"动机",恐怕还要落实到机构设置以后如何管理、对谁负责上来。据李小树推测,秦代监御史"是御史大夫的属官",而御史大夫的监察"职掌是直接对皇帝负责的"(上揭李小树专著,第11页)。这显然也符合汉初的情况。
② 《通典》卷三十二《职官典十四》"州郡上·州牧刺史"。
③ 《汉书》卷八十四《翟方进传附子义》:"义行太守事,行县至宛,丞相史在传舍。"
④ 《汉书》卷十九上《百官公卿表上》:丞相属官仅"有两长史,秩千石"及"丞相司直"。然《表》中仅举丞相最重要之属僚,此外僚属应不在少数。丞相长史应是丞相史之首领,共负辅佐丞相之责。
⑤ 《汉书》卷十九上《百官公卿表上》:"监御史,秦官,掌监郡。汉省,丞相遣史分刺州,不常置。"此处应指以丞相之身份出刺者如监御史者不常置,非指丞相史不常置也。

级交错,且将其监察职能维持了二百多年。而从中央对地方监察官的管理来看,权力之分散一如既往。

刺史在中央上隶于御史府,具体管理权在御史中丞。据《前汉纪》:"御史大夫置两丞,一曰中丞,外督部刺史;一曰内史,掌秘书受公卿奏事,举掌劾章。"①在归属方面,刺史与监御史同。而在刺史之外,两汉尚有与其并列甚或地位更高的地方监察官,即司隶校尉。

司隶校尉始置于武帝征和四年(前89),当时其职责是"捕巫蛊,督大奸猾"。巫蛊事息,罢司隶之兵,其职责改为监"察三辅、三河、弘农",②由临时的治安部门转而成为固定建置的监察部门,遂成为京师附近掌监察之职的特殊的地方机构。京师为百官萃集之所,司隶校尉以"督察公卿以下为职",③威势甚盛,"公卿贵戚及郡国吏隶使至长官者,皆恐惧莫敢犯禁,京师为清"。④ 十三部刺史监察所部二千石以下,这也是司隶校尉职责的一部分,而司隶与各刺史所监之地相合,构成了汉代直接控制的疆域之整体。不过与刺史相比,京师附近毕竟很特殊——对于这种特殊性的认识,使得武帝在置刺史之初,并未将京师附近纳入"十三部"的范围。而相对御史大夫、中丞等中央监察官而言,司隶校尉所监察的重点是以"京师"为中心的七郡,带有地方性质。

相对于刺史,司隶校尉最特别之处,在于他的归属。既然要"督察公卿以下",那么对"公卿"自然要有独立性——包括三公之首的丞相。因此司隶校尉在转型为监察机构之后,仍如其"捕巫蛊"之际,直接对皇帝负责,而与丞相、御史大夫无隶属关系。成帝朝涓勋为司隶校尉,邻部盗发,"丞相、御史请遣掾史与司隶校尉、部刺史并力逐捕",涓勋抗议说:"王人微者序乎诸侯之上,尊王命也。臣幸得奉使,以督察公卿以下为职,今丞相宣请遣掾史,以宰士督察天子奉使命大夫,甚悖逆顺之理。"涓勋认为,

---

① 荀悦:《前汉纪》卷五《孝惠皇帝纪》,六年六月。又,《汉书》卷八十三《薛宣传》:"是时,成帝初即位,宣为中丞,执法殿中,外总部刺史。"
② 《汉书》卷十九上《百官公卿表上》。
③ 《汉书》卷八十四《翟方进传》。
④ 《汉书》卷七十七《盖宽饶传》。

司隶校尉固然地位低于宰相,却是"天子奉使",非丞相所属,丞相以掾史督察司隶校尉,于理不合。廷臣讨论的结果是:"丞相掾不宜移书皆趣司隶",这是对司隶独立性的承认。

司隶独立于丞相,但地位又明显较低,这两个层面,在处理司隶见丞相的礼节时,发生了矛盾。旧有的礼节是:"初除,谒两府,其有所会,居中二千石前,与司直并迎丞相、御史。"这是由两者之间的地位而定。但涓勋执意强调司隶的独立性,"初拜为司隶,不肯谒丞相、御史大夫,后朝会相见,礼节又倨",丞相一时也无可奈何。直至丞相司直翟方进"阴察其过",抓住了涓勋的其他把柄,才一举劾罢涓勋。①

由于丞相司直的介入,对地方监察机构的管理,变得非常复杂。丞相司直置于武帝元狩五年(前118),是丞相的僚属。其地位稍高于司隶校尉,"掌佐丞相举不法",②其所"举"的重点是刺史。《汉旧仪》谓"司直都刺史、二千石以下至墨绶",《续汉志》亦称其助丞相"督录诸州"。③ 一如汉初的丞相史对于监御史的监察,武帝以后丞相司直"督录诸州",同样意味着由行政体系对监察机构进行监察。而"御史中丞都司隶、司隶都司直"的存在,更使两个各自分立的监察机构与丞相以下的行政体系,都被布置到互相监察的网络中的不同节点。它们之间,存在着交错的监察关系。

综上所述,两汉的地方监察机构以刺史为核心,在中央,由御史府之御史中丞对刺史进行直接管理。但在这条主线之外,若考虑对监察机构所受的监察,则呈现非常复杂的形态:在京师及周边,存在独立于御史府的地方监察机构,它甚至对丞相的事务起监察作用,但它又受到御史府的监察;而丞相下属的司直,又监察御史府下属的刺史。这多条统属、监察的线索,分别集中于皇帝。至如西汉多见的"临时受命出使州郡"者,以御史为主,④亦由皇帝之指派而出使,同样是向上对皇帝负责。

---

① 《汉书》卷八十四《翟方进传》。
② 《汉书》卷十九上《百官公卿表上》。
③ 卫宏:《汉官旧仪》卷上,收入《汉官六种》,中华书局,1990年。《续汉志》卷二十四《百官一》,见《后汉书》,中华书局,1965年。
④ 陈世材:《两汉监察制度研究》,《民国丛书》第5编第25册,1944年,第32页。

复杂的统属和监察关系在东汉初之后逐渐消解。首先是光武帝建武十八年(42)罢丞相司直,①剥离了行政体系对监察的介入。自西汉中期开始侵蚀丞相(大司徒)权力的尚书,其发挥监察作用主要是在中央层面,其属下未产生类似于丞相司直的机构,使得与地方监察机构相关的控制的结构得以大大简化。

其次是司隶校尉经过较长的过程,与刺史合流且一同失去监察功能。司隶的独立性于两汉之际被削弱。成帝元延四年(前9)省罢司隶校尉,哀帝绥和二年(前7)复置,"但为司隶,冠进贤冠,属大司空,比司直"。② 其废罢或正因司隶与丞相、御史大夫的关系难以调和。而一废一置之间,发生了重要变化,关键在于"属大司空"。大司空由御史大夫改置,司隶成为其下属,其独立性暂时不存。至东汉,其独立性似又得到强调,"光武特诏御史中丞与司隶校尉、尚书令会同并专席而坐,故京师号曰'三独坐'"。③不过,司隶校尉向刺史靠近,使其地位与独立性有所下降。虽然他在东汉仍是"比二千石"之高位,较之六百石的刺史高出甚多,但自建武中规定其像刺史一样"领一州",使两者之间的差异缩小。他原先兼具的监察都城与"监七郡",相互之间的矛盾逐渐突出。既然京师之地并不乏监察官,而七郡却不存在与刺史同类的官员,那么司隶校尉的性质,便向更体现其必要性的一面倾斜。其所隶属的最重要的僚佐"都官从事",职在"察举百官犯法者",然而"中兴以来,都官从事多出之河内,搭击贵戚"。④ 这一转变,也昭示了司隶校尉的职责重点向地方转移。其所部未列入西汉"十三部",而东汉则居于"十三部"之内,⑤意味着他和刺史的差距越来越小。胡宝华认为:"司隶校尉的职能处处向刺史靠近,就决定了司隶校尉一职必将消失的命运。"而这个转变,至曹魏以司隶所部置司州而告完成。⑥ 但其实,州刺史一职在稍前的东汉末已经转变为行政官员,司隶校尉转型的最

---

① 《续汉志》卷二十四《百官一》。
② 《汉书》卷十九上《百官公卿表上》。
③ 《后汉书》卷二十七《宣秉传》。
④ 《续汉志》卷二十四《百官一》。
⑤ 谭其骧:《讨论两汉州制致顾颉刚先生书》,《长水集》上,人民出版社,1987年,第22—23页。
⑥ 胡宝华上揭专著,第14页。

后阶段,就地方监察官的管理框架而言,已无重要意义——因为这个管理框架已经完全不存在了。

上文多次强调,当刺史失去其原有的监察功能之后,魏晋以后关于地方监察的理念并未随之消失。这一理念,于典签这类性质相当可疑的"监察官"的存在,由中央断断续续地派遣使节对地方实施监察,得到些许体现。在这些遣出的使者中,主要部分无疑来自御史台,但御史台中,与地方监察有关的监察御史,多不过十人,在中央职务繁多,如唐代监察御史,除"分察巡按郡县"之外,尚需分管"屯田、铸钱、岭南选补、知太府、司农出纳,监决囚徒。监祭祀则阅牲牢,省器服,不敬则劾祭官。尚书省有会议,亦监其过谬。凡百官宴会、习射,亦如之"。且其中至少有三名,要负责监察六部。① 故可供遣出的人数不多。有唐一代,大凡向各道普遍遣出使节,大多需要从其他部门抽取官员。如贞观二十年(646)正月,遣二十二人"以六条巡察四方",为首的是"大理卿孙伏伽"。② 中宗神龙二年(706)遣十道巡察使二十人,其来源是"左、右台及内外五品以上官"。③ 既非纯由御史台遣出,那么御史台在临时遣使一事上便很难有主导的作用,应是帝王的意旨直接贯彻于人选的拟定。简单说来,仅存的地方监察事务基本由皇帝一手操控,管理框架非常简单。

隋、唐两代也偶有为强化地方监察所作的努力。此时,管理框架便会有复杂化的趋势。隋炀帝置司隶台,与御史台相分离,武后分置右肃政台主管地方监察,都曾以大幅增加下属监察官的数量,以扩张新建机构的实力,使与中央监察机构(御史台、左肃政台)达成平衡。而皇帝分别掌控这两个机构,在中央与地方之间形成某种制衡的格局,这又导致一种新的管理框架的出现,即汉代御史府的人员构成和功能被一分为二。不过较之汉制相对简单的是,行政机构对于中央专业监察机构的介入,却无明显的表现。"多元的监察系统最终消失,监察权终于统归御史台掌握。"④ 皇帝

---

① 《旧唐书》卷四十八《职官志三》,《唐会要》卷六十《御史台上》"监察御史"条。
② 《唐会要》卷七十七《诸使上》。
③ 《资治通鉴》卷二百八《唐纪二十四·中宗大和大圣大昭孝皇帝中》,神龙二年二月。
④ 胡宝华上揭专著,第18页。

以下，行政权与监察权已经形成界限较分明的两条路径。但因魏晋至隋唐地方监察相对缺失，其制度上的创意在实际政治生活中的表现便很有限。

不过这种泾渭分明的格局并没有得到连续发展。宋代的体制，几乎是独立发展出来的，与此前历代又有显著的差异。与隋、唐一样，宋代的御史台在地方监察方面，很少直接发挥作用。而从宋初开始逐渐担负起地方监察职能的，是从三省制框架内产生的职官，若考虑到宋初三省制已经散乱、名存实亡，那么最低限度上可以说，这些监察官是由行政体系的行政官员发展而来，且一直兼负行政、监察双重职责。而对他们的监察与管理，也由行政体系所掌握。一种次要的手段是由州、府长官及通判予以监察，这在宋初尤其被强调，如太宗端拱二年（989）下诏：''自今转运使凡厘革庶务，平反狱讼，漕运金谷，成绩居最，及有建置之事，果利于民者，令诸州岁终件析以闻，非殊异者不得条奏。''①或是州、府长官对这个可有可无的''件析以闻''采取规避之策，至淳化五年（994），朝廷颁布了更为具体的监察方式，''八月二十九日，诏给诸路转运使御前印纸，令部内知州、通判批书殿最，每岁上审官院考较黜陟之''。②搬出''印纸''这个必须填写的文本，州官便避无可避了。然而对监司工作进行管理，最终还是要由中央部门来实现的。与这一管理事务相对应的，是上文提到的''审官院''。审官院对转运使的常规考核持续了半个多世纪，效果似乎不太理想。嘉祐二年（1057），知谏院陈旭强调了监司的重要性，并批评当时的管理方式效果不著：''今选用不精，又责任无法，考课不立……故事：转运使给御前历子，岁满上审官院考校之。三司亦尝立考课升黜条，其后卒不行，盖委计司，则先财利而忽民事，在审官，又因循常务而无课第之实。''原先由行政体系内部从事的考核管理，沦落为官样文章。因此陈旭提议，''付御史台考校为三等，仍与中书、门下参覆其实''，并提出了包含五条内容的''责任法''。他的建议大体被仁宗接受，于当年及嘉祐五年，两次遣翰林学士（承

---

① 马端临：《文献通考》卷三十八《选举考十一》''举官''条。
② 《宋会要辑稿》食货四九之八。

旨)、御史中丞"磨勘转运使、提点刑狱课绩"。中央监察部门突然被命接手了原属行政体系的权力,直接插手地方监察官的考核事务。然而施行仅两次以后,由侍从和御史台长官负责的磨勘不再进行,因为新的考核方式,与原先审官院管下一样,"卒亦无所进退焉"。①既然同样不见显效,遂恢复原貌,将此责任交还审官院,以整齐制度。

上述为神宗元丰改制前的状态。元丰三年(1080)新官制将中央各部门重新纳入三省六部的框架,对监司的监察工作,相应转由吏部考功郎中、考功员外郎承担。大约在"磨勘"的具体标准上,采纳了陈旭的大部分意见,②不过吏部考功继承了审官院的原有职能,就使得中央对监司的管理,仍然保持在行政体系中。

官制改革之后,一度重新开拓了中央监察部门参与对监司的管理工作的新渠道。正是在元丰三年,借机构大调整、对各机构的管理方式也随之重构之机,神宗重新采用唐制,建"六察"之制,即以御史台"掌分察(尚书)六曹",具体说来,是以监察御史二至六人,分察吏、户、兵、刑、礼、工。③同年,以御史中丞李定之建议,将监司纳入六察范围,"以户按察转运、提举官,以刑按察提点刑狱"。④但是两年以后,神宗又下诏将监司剔除于六察范围之外:"御史分察中都官,事已多矣,又令察举四方,将何以责治办?且于体统非是。可罢御史察诸路官司。如有不职,令言事御史弹奏,著为令。"⑤自此,复由尚书省相应部门全权考察诸监司,"诸监司考课事应互申者,……转运司事申尚书户部,提举常平事申户部右曹,其应干刑狱事申刑部,仍并申尚书左右司"。⑥

---

① 《续资治通鉴长编》卷一百八十六,嘉祐二年七月辛卯;卷一百九十一,嘉祐五年六月辛未。
② 《宋史》卷一百六十三《职官志三》"考功郎中、考功员外郎"条载"七事考监司",其内容基本吸收了陈旭所提出的五条内容。
③ 《宋史》卷一百六十三《职官志三》"监察御史"条。按唐制监察御史三人,各察二曹。宋制初有监察御史六人,后渐减至二人。庆元二年,复增至三人。如此则无法像唐代制度那样,始终保证每人察二曹。
④ 《续资治通鉴长编》卷三百三,元丰三年四月乙卯。
⑤ 《续资治通鉴长编》卷三百三十一,元丰五年十一月戊寅朔。
⑥ 《庆元条法事类》卷五《职制门·考课》。

以元丰三年官制改革为界,宋代前后两期,都以中央行政机构直接管理地方监察机构——监司。且两期都曾以中央监察机构御史台介入,前期曾特别强调对监司的监察,将他们从其他官员中抽取出来,以御史台长官亲自考察;后期则将他们混同于一般行政官员,纳入御史台的"六察"范围,进行间接的考察。但两次都仅维持三年,旋即回到原有状态。若说宋代对地方监察机构的管理基本来自行政体系内部,应当没有问题,因为宋代的地方监察机构,本就是在立国之初由行政体系内部产生的,此后也从来没有脱离行政体系。本已有中央监察机构存在,而它与地方监察机构之间却没有日常的管理甚或监察关系——这在历代制度中,属于异类。

宋制提供了比较现成的地方监察及其管理体系,但对金来说,这个奇特的体制似不易操作——因为它的要义在于地方机构之间的平衡,金代虽然不断尝试以来自中央层面的管理来加强监司的工作效果,但收效不大。而唐以前那种行政、监察两分,以中央监察机构管控地方监察机构的体制,轮廓分明,似乎更值得采纳。金在两者之间稍一彷徨,便倒向后者,并且深刻影响了元代制度,使得中央—地方监察机构的一贯性得到强调,从上到下,监察与行政两分的格局得以重建并长期维持。

向下,御史台全面负责对地方监察机构的管理,成为监察体系的核心;向上,御史台直接向皇帝负责。它使中央到地方的监察机构一体化,并将全部行政机构纳入它的监察网络。若从"监察权独立"的角度来看,元代制度建立了一个典范,其完整性和无所不在的监控、强大的威慑力,从结构和效果上展示了成功的一面。不过,从监察、行政被清晰两分的背景之下,我们应注意到监察这一侧的新动向:御史台及其在地方上的代理者行御史台,直接派下监察御史到地方进行常规的巡察。较之汉代刺史,这些御史的工作方式相近,但始终不失其中央官员的本色。更接近汉刺史的是肃政廉访使,两者同为御史台(御史府)遣出的机构。

将这些新要素整合到管控的框架中去,元代的体制别具新意。比起宋代的框架,其监察一侧的力量大幅增强。当然,这是重新将管理地方监察机构的权力收回到中央监察机构的结果，同时又是不断增强地方监察的力度的结果。而相比汉制，元代的框架则显示出"分立"程度缩窄的景象——在汉代有两个中央监察机构分别向皇帝负责，在元代只剩一个，这也是以御史台为核心的中央—地方监察体系实力增强的表征。同时，汉代平行的行政、监察体系之间互相监察的结构，在元代变为单向的监察，失去了行政体系对监察体系的"反监察"。于是，元代御史台掌控的力量，为此前任何时代所不及。

除了结构上的特点之外，元御史台之强势尚有一些具体的表现。比如御史数量较此前历代有大幅增长，"中台御史定制即有三十二人之多，西南两台亦各有御史二十八人、二十人。三台合计八十人"。[①] 此数仅包括实际负责监察的监察御史。除了武则天所置的左、右肃政台曾有一百二十人的特例，秦汉以降，从未有过规模如此庞大的御史台（御史府），更何况御史台之下尚有二十二道廉访司共一百四十八名官员（不计首领官、吏员），更远非汉代诸部刺史十三人可比。随着人数上升，监控能力也在同步上升，监察对象的层级、监察内容的深度和广度，都远愈于汉代。

另一个表现是御史台内部的凝聚力以及台官对廉访司的控制极强。李治安曾详述行台通过"对廉访司监察活动的指导与监督，体察廉访司声迹"，以节制指挥所属诸道廉访司的具体情形。具体负责"体察"的监察御史，在廉访司官面前尤其显得声势煊赫，使其"莫不震慑"。但另一方面，当廉访司官受到中书省、行省官的打击时，御史台与行台又时常出面保护。在御史台或行台内部，主要官员大夫、中丞对于监察御史，也因制度赋予的权力而具有强大控制力。监察御史的纠弹表章，须经行台大夫审核转呈并负连带责任，凡有所作为，皆出自行台一致的意见，这促使台内诸官结合为紧密的共同体。而行台以"台察自选"的方式，自拟御史人选，越过正常的任命程序而由皇帝亲裁。御史台在人事权方面的极大的自由度，为历代所无，这显然也有助于促成台内的一体化、台内台外的

[①] 上引洪金富文，载《成功大学历史学系历史学报》第2期，第228页。

界隔分明。① 凡此种种，令上级对下属的控制以及中央—地方监察体系内部的一体化，达到前所未有的程度。

势力大意味着利益大，而整体性太强，则相应会出现封闭和排外的现象，使其他力量——甚至皇帝难以窥见其内部的动向。尽管元代皇帝较为欣赏御史台系统与中书省系统的互相斗争，时或支持受宠的行政官对监察官进行非理的抵制甚至迫害，但是，皇帝们却未表现出打破其整体性、改革体制的意向。世祖至元年间制度尚未定型之时，曾数度出现行省考核行台文卷、行台隶于行省的提议，多被驳回，偶有付诸实施者，也迅速改回。在至元末年之后，台—省的对峙状态便稳定下来。

元代皇帝面对强大独立的监察力量的泰然之态，是明代皇帝所难以企及的。强化皇权，是明代诸种重大制度创新的共同出发点，对于地方监察机构的新管理体制的创设，亦复如是。明代的御史之声势，并不下于包括元代在内的其他任何时代，其奋身搏击，激浊扬清，为权贵所畏忌者，所在多有。兼且握有全面考核中央、地方各级官员的"京察"和"大计"之权，足使百官屏息敛声，而明代中、后期的政争，也多以占据都察院和六科的一席之地作为出击的准备。然而，强势的监察官个体的背后，并不是强势的群体，因为制度并未支持他们结成一个整体。不仅都察院与六科给事中属于两个系列，互不统属，六科之间也是并列关系。更应注意的是，在中央、地方监察事务中负有最大的责任、拥有一百二十八名官员（其中十三道监察御史一百二十名）的都察院，也只是一个内部关系松散的机构。

左、右都御史被称为都察院的"堂上官"，对于监察御史，都御史有点差、考核之权，但这种权力是不完善的。譬如点差，"凡差御史分巡，并追问、审理等事，正统四年（1439）定，都察院具事目，请旨点差"；"凡巡按御史，一年已满，差官更代，本院引御史二员，御前点差一员，凡两直隶提调学校御史，本院会吏、礼二部，推举学行政事俱优者奏差。凡刷卷、清军、巡盐、巡河、巡关、巡茶、印马、盘粮、勘事，旧俱奏差一员，弘治十一年

---

① 上揭李治安专著，第 251、266—269、275—277、333—334 页。

(1498)定,各具二员奏差"。① 都察院毕竟是一个完整的人事单位,故而"具事目"、拟人选,则由都察院本身提出建议,但仅仅是建议而已。御前请旨、院部会推,使得都察院点差之权并不完整。

至于考核,包含了工作细节的考察与御史完成"点差"之事务回台之后总体的考察。对细节的考察,集中于都察院对监察御史已照刷文卷的覆核:"凡监察御史行过文卷,从都察院磨勘……如有迟错,即便举正。中间果有枉问事理,应请旨者,具实奏闻";"凡监察御史、按察司官巡历去处,所问公事有拟断不当者,都察院、按察总司随即改正,当该吏典,罪之如律,仍将原问御史及分司官拟断不当事理具奏"。② 至于完成使命"回道考察",明代中期正统以后规定,监察御史须"备开接管已未完勘合件数,具呈本院查考……本院堂上官依旧例查勘,考察保结,称职者具奏,照旧管事,若有不称,奏请罢黜"。至嘉靖二十七年(1548),更进一步规定,"巡按御史……回道之日,备开已未完(勘合)数目,造册呈院,以凭考察"。嘉靖十三年所定《巡按御史满日造报册式》,共包括二十八项,内容极其详瞻。③ 不过,对这些门类齐全的出巡事务的考察,堂上官能做的,大约仅限于就监察御史递交的清单作一勾勘,从形式上做得完满即可。试问这二十八项的细节,堂上官能运用哪些人力、通过什么途径去覆核?"巡按不过督率,乃尽入册,徒废纸札。执此考察,亦属琐碎。"④以这些"琐碎"而难以精确衡量的条款去评判监察御史的工作,结果大体是徒具形式,无从据实纠劾。至于监察御史出巡执行使命的具体情节,却不必通过堂上官,而是直接向皇帝汇报,这显然是打破都察院整体性的一个重要举措,而都察院未得到具体奏报,自然缺乏评判监察御史工作的有力依据。

据《明会典》:"凡差御史分巡,并追问、审理等事……回京之日,不须经由本院,径赴御前覆奏。"⑤在职事方面,都察院堂上官无权对监察御史

---

① 《大明会典》卷二百十《都察院二》"奏请点差"。
② 《大明会典》卷二百九《都察院一》"风宪总例"。
③ 《大明会典》卷二百十一《都察院三》"回道考察"。
④ [明]张萱:《西园闻见录》卷九十三《台省》。
⑤ 《大明会典》卷二百十《都察院二》"奏请点差"。

进行干涉,这使得他们在形式上保留的考核之权,显得较为无力。而监察御史与堂上官,遂有"比肩事主"之意味。时人谓:"十三道监察御史,出则巡视方岳,入则弹压百僚。虽与都御史相涉,而非其属官,直名某道,不系之都察院,事得专达,都御史不得预知也。"①"非其属官"一词,宜大书特书,它揭示了都察院诸御史之间的实际关系:他们是并行的,同样是对皇帝直接负责的。堂上官拥有考核监察御史之权,那只不过是皇帝委托与他的权力,且是不完整的。尤有进之,明代还强调都察院诸类御史的互相监察:"凡都察院、按察司堂上官及首领官,各道监察御史吏典,但有不公不法及旷职废事、贪淫暴横者,许互相纠举。"②将类似于宋代监司之间"互察"的方法应用于都察院之内,其结果是堂上官与监察御史之间处于互相牵制的状态,而非严密的上、下级关系,这便是笔者所谓"松散"之意之所指。因此,明代都察院的内部关系,尤其是在整体性的表现上,与元代御史台大不相同。与汉代相比,若说监察御史的职任和工作方式与汉刺史相近的话,那么明代监察御史与都御史的关系,与汉代刺史与御史大夫的关系,就大不相同了。

关于监察御史的任命,在明代前期曾用荐举之法,设计出一套严格的程序,让举者承担连带责任。都察院在荐举监察御史时,起了主要作用,③这有助于强化内部的凝聚力。但随着更严格的考选制度的日益成熟,选拔监察御史的手段也逐渐转向考选,成化中"罢保举之令",④后遂惟任考选,而都察院在任命监察御史方面的权力,因而大减。在考选制度之下,都察院会同吏部,弥封校阅,之后将拟录取名单呈上皇帝,由后者选定。考试的过程,本就没有逞个人好恶的机会,加之又是院、部合作完成,都察院在其中起的作用就更微弱。

对留驻地方的按察司官,其任命权在于吏部——这与唐宋之制并无

---

① 《西园闻见录》卷九十三《台省》。
② 《大明会典》卷二百九《都察院一》"纠核官邪"。
③ 《春明梦余录》卷四十八《都察院》:"凡监察御史有缺,令都察院堂上及各道官保举,务要开具实行,闻奏吏部。……其后有犯赃滥、不称职,举者同罪。"
④ 《明史》卷七十一《选举志三》。

不同。对他们的考核,则由都察院考核,吏部复考。① 加之按察司的日常事务,时时受监察御史的监管,因此,按察司属于都察院系统无疑。只是由于吏部的介入,都察院对按察司的管理权也不是完整的。

要而论之,明代对于地方监察官的管理,呈现一种极端的分化现象。尽管中央最高监察机构都察院对他们仍保持一定的管理权,但他们并非处于都察院的单线管理之下。按察司也须接受吏部的考核。而更显特殊的是,处于都察院之内的监察御史,包括巡按御史,与皇帝建立了直接联系,是皇帝而非都察院堂上官对其进行更直接的指导与评判。由下往上,对地方监察官的管理,分由中央监察部门都察院、行政机构吏部,以及皇帝亲自实施。由上往下,则皇帝对一百二十名监察御史拥有直接指挥和联系的自由——尽管这不可能是一种"日常"的管理,但足以使整个监察体系支离破碎,难成整体。而发生在监察体系的这种现象,其实与行政体系无异。自胡惟庸案后,丞相一职被废,皇帝遂直接管理六部,又以六科察六部,而皇帝又直接与六科建立联系,再加上与诸多御史的直接联系,明代皇帝权力之大、责任之重,逾于此前历代。不过,朱元璋所设计的这种富于想象力的体制,对于一般的皇帝来说,显然远远超出了他们的承受能力,制度在实施过程中发生变形,是不得不然。明中期以后,"大学士"以皇帝首席秘书的身份而逐渐演化出统合六部事务的功能,这也是国家政事正常运作所必需。至于监察体系,并无类似大学士的官员予以统合。那么一旦君主不作为,其发展便有两种可能的走向:与皇帝的联系名存实亡,而与都察院的关系日趋紧密;或因没有真正的管理者而更趋散乱,遇事则各执己见,漫无旨归。似乎独立成性的监察御史已非堂上官所能收束,由晚明的纷争来看,其发展走向应是后一种情形。

梳理了历代管理地方监察官和监察事务的体制,我们可获得如下体会:

---

① 《大明会典》卷十二《吏部十一》"考功清吏司"。又卷二百九《都察院一》"考察百司"条:"凡在外布政司、按察司,并盐运司、苑马寺、行太仆寺,在内顺天府,五品以下堂上官,考满赴部,俱从本院考核。"

对地方监察机构的控制权,分散于多个渠道,而后向上集中于皇帝。行政体系一般会介入其中,譬如汉代的丞相、宋代的三省、明代的吏部,不仅握有地方监察官的部分人事权,且直接介入对地方监察官的考察。除了宋代之外,专业的中央监察机构扮演着更重要的角色,但它们又往往不是作为一个整体而起作用。譬如两汉的司隶校尉,便非御史台可掌控。而明代都察院对监察御史、按察司官的控制也相当不完全。

若将中央行政体系和监察体系相对立,对监察机构的管理权曾一度向行政体系移动,其表现是宋代重新发展起来的成体系的地方监察官,其所受考核几乎完全来自中央行政部门。但这个转向只是暂时的,入元之后又转为旧有的趋势,监察体系的力量变得更为强大,对地方监察机构的管理,大部仍在中央监察部门,尽力排除行政体系的作用。在明代,虽然中央监察机构的力量发生分化,但行政体系并不能趁机将控制地方监察官的权力攫取到自己手中。

对地方监察官的掌控之权,在行政、监察体系的顶层频有分、合之变化,而其终极趋势,则是强化皇权。学者早已关注到,帝制时代的早期,帝王有时会以亲自出巡,"作为经常性监察的辅助手段",出巡在秦始皇与秦二世时代以较高的频率发生。[1] 而汉武帝对此也较为热衷。此术固然因其程序简捷、震慑力强而给人以深刻印象,但显然不存在日常化的条件,兼且考察与处罚的方式和力度颇具随意性,有悖于监察事务稳定实施的要求。同时,如秦、汉派"亲信监察以丞相为首的朝官",以及秦始皇遣亲信为监郡御史,坐镇各郡,汉武帝以"绣衣御史"出巡以执行特殊使命,这也是"把监察的可靠性寄希望于个人而不是制度本身",[2]使地方监察工作具有相当的不确定性。只有将监察工作纳入稳定的制度,使其更具可操作性,由此得以"日常化",才是有利于巩固皇权的长远之策。从汉代刺史制度的建立到元代御史台的强化,都是在制度化的轨道上运行。不过,制度化也并不排斥皇帝发挥个人的影响力。在明代,皇帝将直接控制指挥

---

[1] 李小树上揭专著,第8—9页。
[2] 胡宝华上揭专著,第4页。

监察御史建为正式的制度,便是一种将个人的强力统治寓于制度之中的尝试。但受个人的能力与精力所限,这一形式很难在日常的政治生活中长期正常运作,易陷入无序状态。无论是否纳入制度的框架,专制都不能是无限度的。

第二节　专职监察机构的补充
——临时遣出

从国君偶尔为特殊事务遣亲信巡某地或驻某地,到普遍建立监察官驻守或定期出巡制度,此是地方监察制度发展的总体趋势。不过,临时遣使的现象绝未随着地方监察制度的正式建立、地方监察官的普遍派出而销声匿迹。总有一些事务,在固定的地方监察官的监察范围之外;总有一些紧急事务,需要直接、迅速地由中央贯彻到地方;总有一些较为秘密的事务,不宜通过固定框架之内的机构和程序去办理,临时遣使制度便长期有其存在的必要。

中央临时遣出使者,赋予他们的任务,并非全在监察。但监察与其他使命之间,往往并无清晰的界限,且常有使者身兼多种事务——包括监察在内。因此,下文对这些临时遣出的使者,尽量作全面的考察。此亦有助于显示监察职事在这些使者的总体使命中,大约占据怎样的位置。

一、汉代的临时遣使——以"绣衣使者"为中心的复杂体系

在刺史建置前后始终存在的一个承担临时出使任务的官员,是丞相史。自文帝赋予其出刺以"督监察御史"之使命,至西汉末年,尚有丞相史奔波于途,止于"传舍",并不因刺史在地方行使监察职任而居京师不出。显然,"督监察御史"只是其原先的职责之一,作为丞相的掾属,他还要担负中央与地方行政机构之间进行沟通的职责,亦不排除仍有部分监督考

任之职。至后汉,丞相改为司徒,其掾属尚有受遣廉察地方者。① 另外,御史大夫亦间遣御史考问郡政,宣帝朝萧望之为御史大夫,"会御史当问东郡,望之因令并问"韩延寿任东郡太守之时的作为。② 此外亦见治郡国缗钱、察郡国计簿之御史。③ 至东汉初,又以御史督军,初期光武朝有之,末年桓、灵朝亦有,此为曹魏都督之前身。④ 所有这些临时的出使任务,并非有规律地发生,不过因某些重要政事而出使,在任何时代皆为必需。与丞相、御史遣出下属循正常途径处理政事不同,另有其他官员,受皇帝遣出,处置特殊事务,且更具重要影响。

早在文帝十二年(前168),"遣谒者劳赐三老、孝者帛"。⑤ 谒者,秦汉属少府,为宫内服勤之职,常见于宫内传达使命于外界之时,汉初有以外臣任之者,后往往以宦官为之。此后,谒者无间断地充当最主要的遣出人员。而谒者本身的职务,决定了他主要执行的是皇帝交下的使命。这些使命种类繁杂,几乎无所不涉。如受遣"求遗书于天下",如发漕船迁民丘陵以避水。⑥ 或竟将兵巡边,如元始二年(公元2)以"谒者、大司马掾四十四人,持节行边兵"。⑦ 更常见的是奉使外国,如历次使匈奴,皆以谒者为使臣之一。⑧ 监察郡官也是其出使的目的之一。武帝元狩元年(122)"遣谒者巡行天下",诏称"有冤失职,使者以闻";两年后,"遣谒者劝有水灾郡种宿麦",同时也命其"举吏民能假贷贫民者以名闻"。⑨

不过,临时遣出谒者监察地方,其例有限,所见者皆在建置刺史之前。

---

① 《后汉书》卷四十一《第五伦曾孙种传》:"永寿中,以司徒掾清诏使冀州,廉察灾害,举奏刺史、二千石以下,所刑免甚众,弃官奔走者数十人。"
② 《汉书》卷七十六《韩延寿传》。
③ 《汉书》卷二十四下《食货志四下》;卷八《宣帝纪》,黄龙元年二月。
④ 《后汉书》卷六十五《皇甫规传》:延熹中(158—167),"督军御史张禀多杀降羌";卷八十下《文苑列传下·高彪传》:"京兆第五永为督军御史,使督幽州。"又《宋书》卷三九《百官志上》:"持节都督,无定员。前汉遣使,始有持节。光武建武初,征伐四方,始权时置督军御史,事竟罢。……魏文帝黄初二年,始置都督诸州军事,或领刺史。"
⑤ 《汉书》卷四《文帝纪》,十二年三月。
⑥ 《汉书》卷三十《艺文志》,卷二十九《沟洫志》。
⑦ 《汉书》卷十二《平帝纪》,元始二年九月。
⑧ 《汉书》卷九十四《匈奴传》。又卷七十八《萧望之传》,望之子育,由皆"迁谒者、使匈奴副校尉"。
⑨ 《汉书》卷六《武帝纪》元狩元年四月丁卯,元狩三年秋。

但这并不意味着有了刺史之后，原先由谒者执行的监察使命就不再需要了。毕竟，谒者非如刺史履职时需经御史府、循一定之规矩，而是受皇帝的直接指派，与皇帝的亲近关系，使其存在具有相当的必要性。谒者脱离监察事务，是因其有了替代者——绣衣使者。

武帝置刺史，尽管有助于强化皇帝与中央对郡之管控，但仅是刺史，仍不足以满足其需要。此类专断而强悍的君主，一般都需要一些特殊部门或特殊人员，以近乎全权代表的身份，使出一些雷霆手段，往往不依常规行事。这种角色，显非刺史所能担当。于是武帝便创置了绣衣使者之职。

绣衣使者之置，缘于武帝晚岁多次兴兵四处征讨，"吏民益轻犯法，盗贼滋起"。"于是上始使御史中丞、丞相长史使督之，犹弗能禁，乃使光禄大夫范昆、诸部都尉及故九卿张德等衣绣衣，持节、虎符，发兵以兴击，斩首大部或至万余级。及以法诛通行饮食，坐相连郡，甚者数千人。"实际上，除了所谓光禄大夫、诸部都尉、故九卿等，尚有大量御史，故绣衣使者或称"绣衣御史"。① 这些人仅凭皇帝的威势，对百官无所假借，为达到目的不惜大肆杀戮，因此多入《汉书·酷吏传》。如王温舒"迁为御史，督盗贼，杀伤甚多"；尹齐"以刀笔吏稍迁至御史……武帝使督盗贼，斩伐不避贵势"；杨朴被"举为御史，使督盗贼关东，治放尹齐，以敢击行"。② 对于郡县官吏来说，绣衣使者的威势，决非刺史可及，其权可"奏杀二千石，诛千石以下"，部分使者手段极为严酷，"通行饮食坐连及者，大部至斩万余人"。③ 在京城周边"督三辅盗贼、禁察逾侈"的绣衣使者江充，举劾不避贵戚近臣，"奏请没入车马，令身待北军击匈奴"，"于是贵戚子弟惶恐，皆见上叩头求哀，愿得入钱赎罪"。甚者公主、太子略有过失，亦向皇帝奏报，由是受到皇帝青睐："上曰：'人臣当如是矣。'大见信用，威震京师。"④斯可

---

① 又，江充被武帝任命为"直指绣衣使者"，或称绣衣使者为"绣衣直指"。《后汉书》卷七十《孔融传》，李贤等注曰："直指，无屈挠也。"令其惟帝命是从，于百官无所屈挠也。
② 《汉书》卷九十《酷吏传》。
③ 《汉书》卷九十八《元后传》。
④ 《汉书》卷四十五《江充传》。

见,绣衣使者全然以皇帝之意旨为行事依据,不惮于扑噬皇帝以外的任何人。而皇帝既借助他们绕过御史中丞、丞相等,直接控制地方,又欲以其所为鞭策教导群臣,"人臣"应当如何行事。

绣衣使者为皇帝手中的利器,惟其意之所向,往往给地方行政机构带来巨大的冲击,给皇帝带来正常途径所无法达成的控制效果,因此极受皇帝珍视,终西汉一朝,行用不辍。专好破旧立新的王莽即位之后,将绣衣使者改称"绣衣执法",遍置于缘边大郡,"督大奸猾擅弄兵者"。然而这些挟皇权之威势、几乎享有全权的使臣,一旦在郡治固定下来,"皆便为奸于外,挠乱州郡,货赂为市,侵渔百姓",置州牧于无用之地,使郡政完全混乱。① 东汉初,遂废其职,以恢复州郡事务的正常运作。②

二、魏晋至五代的临时遣使

但是,总有一些事务是在地方机构的权限或能力之外,特遣使臣外出,似有其不得不然之势。沟通中央与地方,或者直接联系皇帝与州郡的目的,不置"绣衣使者",便会有其他名目。尤其是魏晋以后,刺史改为州牧,中央藉以监察地方的最主要机构失其本来职责。如上文所述,这一时期,仅有隋代的司隶台刺史与从事,以及武后光宅至载初间的右肃政台遣出使者,分别有十年、五年的连续工作期。若勉强将采访使算作监察机构的话,那么,开元二十一年(733)至乾元元年(758),算是有效起作用的地方监察机构中存续时间最长的二十五年了。在曹魏至五代末的这七百多年,大体可算作是稳定地起作用的监察机构的漫长空白期。因此,临时遣下使者代行刺史原职则更显必要。

魏晋南北朝各个政权多有中央遣使巡行之举。若孙吴永安四年(261),遣使二人"巡行风俗,察将吏清浊、民所疾苦为黜陟"。③ 西晋泰始

---

① 《汉书》卷九十九中《王莽传中》。
② 按《玉海》卷一百二十一《官制》引沈约《宋书》:绣衣御史,"光武省,顺帝复置,魏罢之"。然未见《宋书》中有相关记载。
③ 《三国志》卷四十八《吴书三·孙休传》。

四年(268),武帝遣使"衔命四出,周行天下,亲见刺史二千石长吏,申喻朕心恳诚至意,访求得失损益诸宜,观省政治,问人间患苦……若亲行焉",①以申其重视监察之意,为太康中计划恢复刺史为监察官张本。南渡建康之后,遣使之举,多见于刘宋,东晋与齐、梁、陈则付诸阙如。

十六国时期,仅见前秦苻坚曾"遣使巡行四方,观风俗,问政道,明黜陟,恤孤独不能自存者"。② 前秦自351年建国,394年灭亡,存在时间为十六国之最,自永兴元年(357)苻坚即位至建元十九年(383)淝水之败,其兴盛时期长达26年,亦为十六国之最。苻坚本人又以中原式的明君自居,故能虑及地方之"风俗"、"政道"。再往后,便是北魏道武帝天兴元年(398)"遣使循行郡国,举奏守宰不法者,亲览察黜陟"之举。③ 是后,北魏便有不定期遣使"巡行州郡"或"巡行郡国"之举,往往以考察地方政绩并行黜陟为目的。这一做法也为东、西魏和北齐、周所沿用。

在这七百多年间,南、北方政权存在过许多名目的监察官。曾有学者分别就南北朝时期由中央遣出的使者作过描述与统计,其种类确实繁多。如北朝有黜陟使、观风俗使、抚恤使、户口使、监军使等,据《魏书》本纪所载,统计出北魏遣使至地方多达34次,又统计出北齐有大使出巡17次,北周14次。④ 在北魏近200年中,不分区域、不论每次遣出人次、所负使命,遣使共34次,实在谈不上频繁,当然也无从证明北朝地方监察受到何等的重视。

至于南朝,有监察使、风俗使、赈恤使等,"从出巡使臣职责范围看","较之汉晋有不断扩大的趋势"。⑤ 晋且不论,汉自有其完整的监察系统,中央实不必时时特别遣出使者,干扰刺史的事务。即便如此,以各种名目

---

① 《晋书》卷二十一《礼志下》。
② 《晋书》卷一百十三《苻坚载记上》。
③ 《魏书》卷二《太祖纪》,天兴元年八月。
④ 刘太祥:《北朝大使巡行初探》,《许昌师专学报》1995年第1期,第25—30页。又有杨钰侠《北魏大使出巡评议》一文,载《安徽史学》1999年第4期,第19—22页,所述略同刘文。
⑤ 武剑青:《南朝遣使巡行初探》,《西南交通大学学报》(社会科学版)2007年第6期,第125—131页。

临时向地方遣使,在汉代的发生频率恐亦不下于北朝,仅武帝之绣衣使者,便以十数。故汉晋至南北朝,临时出使实无"趋势"可言。其各种遣出者,虽然有新的名目,但论其实质,则在汉代大多已然存在,只是偶尔一发的"黜陟使"、"监察使"之类。汉代置刺史之后便不再派遣类似的使者,故而在南北朝算是较新的一类使臣。但无论这些使臣所负使命拼合起来有多么全面,由他们出使的频次、类型来看,全不足以构成稳定的监察体系,监察事务既无专官,又全无时间与空间上的稳定性——应当说,处于散乱的状态。

在"散乱"这一点上,南北朝的状态为唐所继承。唐立国之后,并未重拾大业末被废的司隶台与司隶刺史之建置,而是回到了临时遣使的旧路。后人较为熟悉的是贞观十道与开元十五道,不过,唐代还曾存在过其他监察区划,譬如贞观十八年(644)十七道、垂拱元年(685)九道、[1]光宅元年(684)八道、[2]景云二年(711)至开元初之十三道、[3]又有反复重置的十道。这些区划的产生,说明唐代较之南北朝,还是更为重视地方监察的重要性,在空间上做了准备。问题在于,每次区划完成之后,监察工作不久便处于废止状态。如太宗贞观元年区划十道,[4]似并未及时遣出使者分巡。而此后历次调整所形成的区划,也只是临时分遣使者的区域。偶有将遣使巡察当作每年例行的事务,也不能长久。例如武后光宅元年"每年春秋发使",[5]然仅五年,回复到"奉旨乃遣"的无序状态。[6] 每次遣使,也多为问题较为重大、中央必须介入之时,而非日常的事先、事中的督察,如"监察御史出巡州县,按处地方违法犯罪的官吏,其按处的是已经暴露而需要中央直接干预的案件"。[7] 因此历次区划之间缺乏连续性,向地方遣使,一

---

[1] 《唐会要》卷七十七《巡察按察巡抚等使》。
[2] 此区划未见他处,惟据《玉海》卷一百二十一《官制》"台省·唐御史台":"两台岁再发使八人,春曰风俗,秋曰廉察。"
[3] 严耕望:《景云十三道与开元十六道》,《严耕望史学论文集》,上海古籍出版社,2009年,第661—670页,原载《中研院》史语所集刊》第三十六册,1955年。
[4] 《新唐书》卷三十七《地理志》,中华书局,1975年。
[5] 《唐会要》卷六十《御史台上》"御史台"条。
[6] 《通典》卷二十四《职官六》"御史台"条。
[7] 俞鹿年:《中国政治制度通史·隋唐五代》,人民出版社,1996年,第286页。

直处于时断时续的状态,在时、空方面,都难以建立监察体制的稳定的工作基础。

唐代对于临时遣使之区划作多次重建与持续调整,给后人留下深刻印象,这被视作唐代重视地方监察的表现。其实它所体现的更重要的一面,是制度建设始终未见效果。究其原因,如胡宝华所说,是唐代处于两难的纠葛之中:"中央唯恐地方权力过大难以控制,加上武周以来政局一直起伏不定",故而无法下定决心设置专门的地方监察机构;但若总依靠临时遣使,使者在外停留时间不长,很难在"地方幅员辽阔,官员人数众多"的情况下保证其监察质量。① 若将临时遣使巡察的区域划小,朝廷似乎又觉得每次遣出使臣太多,不易择人,因此,李峤在武周光宅元年(684)提出"大小相兼,率十州置御史一人"的合理建议,也未被接受。② 这种游移心态贯穿始终,玄宗以其他官员兼任采访使而不愿置专官,也同样是受其影响。

即便在五代这样的乱世,临时遣使的必要性也不会突然消失。比如,赴地方覆核刑狱,仍属御史台官的职责。③ 但无可否认的是,五代遣使出巡的记载确实极少,尽管史书缺载的因素会产生一定影响,但当时的政治形势应是遣使不多的主要原因:战乱之世,无暇及于民政,且藩镇自立程度仍然相当高,频繁遣使并不现实。当然这并非五代特有的状态,正如它继承了晚唐的乱局,它也同样继承了晚唐中央与地方的关系。

同样,辽代也在很大程度上沿用了唐制,不过,由于辽之政局不像五代那么动荡,它所呈现的,较接近于盛唐之制。辽早期建立诸京"道",便是袭用了唐前期疆理天下为"十道"、"十五道"的做法。虽然它也引进了唐后期的藩镇之"道",但京"道"并未因此废止,而是两种"道"的制度并存。从前期太宗朝的三京道到后期兴宗朝的五京道,京道一直与遣使廉

---

① 上揭胡宝华专著,第 29—30 页。
② 《旧唐书》卷九十八《李峤传》。
③ 《五代会要》卷十七"出使"条:"周显德五年闰七月一日,御史台申:台司或准勅命宣头,委台司差官出外推勘刑狱,旧例于监察御史内,从下差定,如是特赦定名,不拘此例。"

察制度紧密联系。辽代史料中,有多处载及辽前期之"采访使":会同三年(940)耶律颇德"加采访使";①世宗即位,耶律吼"以功加采访使";②又萧酬斡"祖阿剌,终采访使"。③萧酬斡活动于道宗后期及天祚朝,由此推之,萧阿剌为采访使约是辽中期圣宗朝之事。《辽史》"加采访使"之表述方式,似以采访使为加官之类的虚衔,不知是撰者不晓官制,抑或辽制果然如此?而若袭用唐之道制,则"采访使",正是朝廷遣出巡行一道之监察官。至兴宗朝,则有"中京路按问使"耶律和尚,④暂时忽略前期为"道"而后期改称"路"之差别——辽之按问使类似于唐代遣出分道廉察之职。

更常见的是分"道""路"决狱之官。早在统和九年(991),即已分遣"翰林承旨邢抱朴、三司使李嗣、给事中刘京、政事舍人张斡、南京副留守吴浩分决诸道滞狱","复遣库部员外郎马守琪、仓部员外郎祁正、虞部员外郎崔祐、蓟北县令崔简等分决诸道滞狱"。⑤开泰二年(1013),"遣北院枢密副使高正按察诸道狱",⑥当时出至诸道者,恐非仅高正一人。六年,又"遣礼部尚书刘京、翰林学士吴叔达、知制诰仇正己、起居舍人程翥、吏部员外郎南承颜、礼部员外郎王景运分路按察刑狱"。⑦道宗大康(1075—1084)中,诏鸿胪少卿、知永州观察使事贾师训"按察河东路刑狱",⑧辽无"河东路",应是"辽东路"之误也。大安五年(1089),复以邓中举"充辽东

---

① 《辽史》卷七十三《耶律颇德传》:"会同初,改迭刺部夷离堇为大王,即拜颇德,既而加采访使。"按卷四十八《百官志四》"南面分司官"条,"太宗会同三年命于骨邻为采访使"。颇德"字兀古邻",应即此"于骨邻"也。
② 《辽史》卷七十七《耶律吼传》。
③ 《辽史》卷一百《萧酬斡传》。
④ 《辽史》卷四十八《百官志四》"南面京官"条,卷八十九《耶律和尚传》。
⑤ 《辽史》卷十三《圣宗纪四》,统和九年闰二月壬申、三月戊申。
⑥ 《辽史》卷十五《圣宗纪六》,开泰二年二月壬午。
⑦ 《辽史》卷十五《圣宗纪六》,开泰六年七月辛亥。按《辽史》卷四十八《百官志四》"南面分司官"条载为"开泰五年遣刘泾等分路按察刑狱",所载亦是同一事件。
⑧ 《故同中书门下平章事致仕赠侍中贾公墓志铭并序》(寿昌三年),《全辽文》卷九,中华书局,1982年。师训为道宗时人,按铭文云:"寻诏按察河东路刑狱。……以奏簿至中京,属封册皇子燕国王开宴,……"道宗诸子,未知有封燕王者,检《辽史》卷二十四《道宗纪四》,大康九年"十一月丙午,进封梁王延禧为燕国王,大赦",则铭文"皇子"当作"皇孙",且事在大康九年前不久。

路按察使"。① 约道宗晚期至天祚帝朝,左企弓曾"按刑辽阳"。② 可知中央派出按察刑狱之官,这一制度由辽中期一直延续至辽末。

从上述诸例可略探辽代临时遣使制度的一些特点:首先,各使者分决之区,先称"道"而后称"路",此或显示了辽代各类地方高层区划先学唐制后用宋制、由"道"而"路"的趋势。其次,按察刑狱之使臣,似皆为中央临时遣出而非地方长期固定之建置,此制类于唐。再次,遣出之使臣官阶虽然较高,但较之财政路、军事路之负责人户部使、统军使等则不及,更在留守之下。由此数条,可见按察刑狱之区划虽由"道"而改称"路",但不像宋代"路"建置固定的机构,而仍近于唐代作为临时遣使的"道"。

在魏晋以后七百余年,最值得一提的,是隋炀帝大业三年(607)的改革。此次改革,一方面使司隶台从御史台中脱离出来,有史以来第一次将专掌地方监察的中央官员置于独立的部门;另一方面,谒者台单列为一个部门,也有其特殊的意义。如上所述,汉代皇帝常以其亲信"谒者"承担沟通皇宫内外的使命,时而也遣出谒者至地方,为皇帝执行特殊的使命。但汉之谒者,为皇帝亲从之一种,为"中书谒者、黄门、钩盾、尚方、御府、永巷、内者、宦者"八类贴身服侍皇帝的近侍之一类,且与其他十余机构,同在少府属下,"以给共养"。③ 南北朝曾分别有"谒者台"的建置,虽为谒者单独建置机构,但其功能,仍重在宫内。如南齐"谒者台掌朝觐宾飨",而北齐"掌凡诸吉凶公事、导相礼仪事",反而失去汉代谒者沟通内外的作用。隋文帝朝并无谒者台的建置,而炀帝复置之,并使谒者的功能发生由内而外的转向,这是套用南、北齐"谒者台"的外壳而将汉代谒者对外的功能置于其中。

隋之谒者台与御史台、司隶台并列,囊括了皇帝个人与中央政府的所有监察职能,且这一机构的规模极大,远非当时其他两台可比。御史台自大夫之下共45人,司隶台自大夫以下57人,而谒者台有大夫一人为长,

---

① [辽]龚谊:《大辽故保安军节度使邓君墓志铭并序》(寿昌四年),向南《辽代石刻文编》"道宗编下",河北教育出版社,1995年,第489页。
② 《金史》卷七十五《左企弓传》。
③ 《汉书》卷十九上《百官公卿表上》。

司朝谒者二人副之,丞、主簿、录事各一人以佐之,其下有通事谒者、议郎、通直、将事谒者、谒者共 180 人,议郎以下 160 人,"皆掌出使"。后改置通事谒者、员外郎、散骑郎、承议郎、通直郎、宣德郎、宣义郎、从事郎、将仕郎、常从郎、奉信郎等"正员"共 460 人,复有"散员郎,无员无禄"。自散骑郎以下 360 名"正员"及散员郎不限额,"皆主出使,量事大小,据品以发之"。出使之事务,为"受诏劳问,出使慰抚,持节察授,及受冤枉而申奏之"。[①] 建置谒者台,是炀帝为便于依据本人之意图遣出各种临时使节。在谒者台的框架内,他获得了极大的活动余地:魏晋以降临时遣使的各种目的,几乎尽在其中,无论事务之大小轻重,台内皆有相应品级、资历和能力的人员可供调遣,免去临时从各类中央机构抽调人员的周折;额定人员数量极大且可随意置"散员",足可应付因各种原因向各地遣使的需要。当然,换一个角度来看,机构庞大到夸张的地步,也正是其最显著的弊端。但我们将这个现象置于炀帝四处兴事、扰动天下的背景去看,那么遣出数百人至地方督办各种事务,倒也不是不可想象的。

炀帝创谒者台,将所有与地方作临时沟通的事务交给一个机构,使其与承担日常监察的司隶台并立。这样一来,机构之间的职责划分,非常明晰。但谒者台沟通的,是皇帝本人与地方的事务。若像南北朝或者唐代那样,临时遣使大多从中央各机构抽取,则遣使之事,便包涵皇帝个人与中央政府的协商合作,而谒者台既包揽临时遣使之职,其他中央机构就难以介入这个特定的、相对封闭的机构之事务,遣使之事,皇帝就不再理所当然地非要与大臣们共议了。这或者就是谒者台的生命力不强、其建置与功能在后世未能恢复的主要理由。故而隋亡之后三百余年,不仅固定的地方监察制度未能建立,甚至临时遣使,也仍如南北朝那样难循其规律。

三、宋代的临时遣使

宋代中央向地方派遣使者,从建隆元年(960)开始就从未停止过。然

[①] 《隋书》卷二十八《百官志下》。

而，我们更需考察的是其变化的过程。宋代监司的建置，有一个相当长的过程，受此影响，临时遣使的数量总体上呈下降趋势，其所负使命，因不同时代政治事务的重点而有所转移及简化。稳定的地方监察体系的建立与完善，与临时遣使之间呈现怎样的关系，这在宋代有最为经典的表现。它在相当大程度上反映了当时的中央与地方关系，值得我们作深入的探讨。

与唐代一样，宋代临时遣出的使节名目繁多，最常使用者，有安抚使或体量安抚使、巡抚使、巡按使、采访使、抚谕使等。某些使者，会由于所衔使命突然变得重要而固定下来，演变为地方官员，但这种例外情况并不多见，仅限于北宋的察访使和南宋的部分宣谕使等个别类型。这些使者赴地方所执行的任务，大致有以下种类：

（一）察访吏治，举、按官吏。这是为弥补地方监察力量不足而遣出，察视的内容最为广泛。太宗太平兴国七年（982），李允则使荆湖，衔命"察官吏"，①似为专使察访吏治之始。此后专使处理别项事务，也常常受命兼察吏治。真宗大中祥符七年（1014），规定"两省、尚书省、御史台官，凡出使回，并须采访所至及经历邻近群官治迹善恶以闻"，②察访吏治遂成为使者在地方的基本任务。使者不仅在归朝后，向朝廷汇报地方官员治状，按无能、苛刻之官吏，并"荐能吏"，为朝廷寻访人才，③而且往往拥有在地方直接按鞫犯官之权，体现了"口衔天宪"的使者为监司所不及的威势。如宝元二年（1039）韩琦为益利路体量安抚使，"逐贪残不职吏"。④ 皇祐三年（1051），韩绛为江南体量安抚使，"宣州守廖询贪暴不法，下吏置诸理"。⑤绍兴二年（1132）遣宣谕使五名，分巡江、浙、福建、湖南、两广，名为"宣导德意"，实则以举、按官吏为其出使之主要职责。绍兴四年，五使归朝，"所按吏总七十有九人，荐士五十有七人"，其中江南东、西路宣谕使刘大中

---

① 《宋史》卷三百二十四《李允则传》。
② 《宋会要辑稿》职官二七之一一。
③ 太宗淳化中，遣韩授等分路巡抚江、淮等路，"官吏有罢软不胜任、苛刻不抚下者，上之"，见《续资治通鉴长编》卷三十四，淳化四年二月。又如熙宁中苗时中使梓州路，归朝后"密荐能吏十人"，见《宋史》卷三百三十一《苗时中传》。
④ 《续资治通鉴长编》卷一百二十四，宝元二年八月。《宋史》卷三百十二《韩琦传》。
⑤ 《宋会要辑稿》职官四一之九〇。《宋史》卷三百十五《韩绛传》。

"颇多兴狱","按吏二十人"。①

通常察访地方吏治既可作为使者专职,也可以是执行其他任务时兼带之职责。而所遣官员身份、职位不限,御史台、六部、三司官员,及侍从、班行等"近臣",皆可派遣。不过,在北宋后期,曾专以监察地方吏治的工作隶于御史台及六部郎官,令定期巡行。哲宗元祐四年(1089),刘安世上书建议,仿《唐六典》监察御史巡按郡县之制,"求祖宗课责转运使、副之诏,著为定法,然后以天下诸路分隶六察,间遣(监察御史)巡行按其功罪"。② 此议较之元丰三年(1080)御史台参与磨勘监司之制,更进一步,但在当时未被采纳。哲宗亲政之后,于绍圣三年(1096)颁诏,令郎官及御史台三岁一行,按察诸路。此制在徽宗崇宁二年(1103),尚按期举行,③或废于两宋之交。

(二)决遣刑狱。自太宗太平兴国年间始,中央官员多次受命前往地方决遣刑狱。在太宗、真宗朝,每一到三年内,必差官遍至各路疏理刑狱。④ 仁宗朝之后,很少再为刑狱之事而遣专使。然至南宋初建炎(1127—1130)及绍兴初年,抚谕、宣谕又兼平狱讼之职。⑤ 此外,北宋太宗、真宗两朝,因灾伤之故,特遣使至个别路分决囚的例子较多。⑥ 雍熙、端拱、淳化间(984—994),还命御史台置推勘官,随时准备赴地方处理重大案件——诸州"大狱",及百姓诣阙诉冤。⑦

(三)赈灾放税等民生之事。逢大水大旱,若地方赈济不力,死伤流离之民动辄千万,在赈济过程中申奏朝廷,来回颇费时日。故而,在此刻不容缓之时,多遣特使衔命前往,赋以大权,命其随宜调用地方储备,用于赈济。再者,灾后减免赋税也是极需谨慎之事。放税不及,则民生难安;放

---

① 《建炎以来系年要录》卷六十,绍兴二年十一月己卯;卷六十九,绍兴三年十月甲午;卷七十三,绍兴四年二月戊子。《宋会要辑稿》职官四一之三。
② 《续资治通鉴长编》卷四百三十三,元祐四年九月乙未。
③ 《宋会要辑稿》职官五二之一三、一四。
④ 参见《宋会要辑稿》刑法五及《宋史》卷一百九十九《刑法志一》。
⑤ 《宋会要辑稿》刑法五之三二。
⑥ 如大中祥符二年,陕西旱,特遣使疏决系囚;明道元年,遣使赴江淮决狱。分见《宋会要辑稿》刑法五之二〇及《宋史》卷十《仁宗纪二》。
⑦ 《宋史》卷一百九十九《刑法志一》。《续资治通鉴长编》卷三十四,淳化四年十月。

税太过,则政府收入受损。在其间求取平衡,也成为专使的职责之一。赈济、减赋之外,还需设法维持地方安定,防止灾民闹事。此外,个别路分储备匮乏,粮价居高不下,亦遣专使与地方官商量对策,付诸实施。① 这一类使者对于维持基本的民生、消弭地方潜在的动荡,功莫大焉。

(四)检察地方军备粮储,察访边情蛮事。这类专使,在北宋派遣较多。太宗时诸国虽平,然西南未靖,蜀地多有起事者,湖南溪洞蛮数度入寇,故多次遣使往荆湖、川峡。太平兴国七年至至道年间(982—997),李允则曾三次出使西南,先赴荆湖,"检视钱帛、器甲",察看军备;又于平定"西川贼刘旰"后,入蜀视察诸州城防事宜;高溪蛮入寇,又受命前往荆湖北路招缉抚绥。② 至道中,又有"峡路蛮扰边",命丁谓前往"体量"。③ 明道元年(1032),命使"点检河北城池、器甲"。④ 以大臣或近臣获取全面而深入的信息,比起依靠地方官提供碎片化的信息,自然更有利于朝廷正确应对。若边事紧急,更会遣使全面视察:

> 康定中,河西用兵,石曼卿与吴安道奉使河东。既行,安道昼访夕思,所至郡县,考图籍,见守令,按视民兵,刍粟、山川、道路,莫不究尽利害,尚虑未足以副朝廷眷使之意。……曼卿笑曰:"国家大事,安敢忽邪?已熟计之矣。"因条举将兵之勇怯,刍粮之多寡,山川之险易,道路之通塞,纤悉具备,如宿所经虑者。⑤

石延年(曼卿)与吴遵路(安道)之使命,在于视察边情,凡与军事有关之信息无所不察,如将士勇怯、山川险易等难以用图、文传写的信息,必亲见方得其实。若非遣官亲履其地,仅以本路各机构分散呈上的文书数字,朝廷

---

① 祥符二年,陕西谷贵,命使前往视察粮食储备;天禧四年,淮南、江、浙、益、梓等路谷贵,遣使安抚,劝谕富民出粜。见《续资治通鉴长编》卷七十一,大中祥符二年正月乙酉,及《宋会要辑稿》职官四一之八八。
② 《宋史》卷三百二十四《李允则传》。
③ 《宋史》卷二百八十三《丁谓传》。
④ 《宋史》卷十《仁宗纪二》。
⑤ [宋]王辟之:《渑水燕谈录》卷四《忠孝》,中华书局,1981年。

尚不足以周知边路之军事实情,制定适宜之攻防对策。此足见派遣专使乃廉得边情的必要步骤。

(五)检察赋税、储备,或催督上供钱物。淳化元年(990),太宗遣使"提总诸道茶、盐酒税",真宗时亦曾遣使往诸路"提点酒税"。① 但宋代开国后之最初百年,为财利事向地方派遣专使的事例很少,直至神宗后,专使才频繁介入地方各种财政事务。如熙宁四年(1071),遣使"相度广南东路均纳丁米";②熙宁十年,因诸路上供不足,"因朝廷差官出入,许就委点检钱谷公事";③元丰三年(1080),相度广东江西卖盐。④ 至南宋建炎、绍兴年间,除了"检察诸路财用"、"点检钱物收支"以外,派遣专使,常常是为了从地方征调财赋,赋予专使的任务,带有"催"、"督"、"括"、"划刷"等足以显示朝廷聚敛目的的不雅之语。⑤ 检查、催督财赋的使者,于神宗朝前后遣出频率有较大差别,这与两个时期朝廷对于敛取地方财赋之不同态度,可以直接对应。

(六)水利、河事等重大工程之勘查、策划及组织。如大中祥符九年(1016),遣使"按视杭州江岸,具事状以闻";⑥熙宁九年(1076),遣使与河北漕臣"相视疏浚汴河及卫州运河利害以闻";⑦元祐六年(1091),遣使与本路监司同导太湖积水。⑧ 较大流域的水利事务,往往涉及两州甚至两路以上,仅由相关地方长吏协商,其效率远不如专门遣下使臣综理。神宗朝一度将水利建设作为新法之重要一环,遣出"察访使"指导地方发现与利用水利资源,这一度成为全国性的事务得到大力推行,但为时不久。

(七)探访地方其他各种信息。临时遣出的使者,往往有察访"民间利

---

① 《续资治通鉴长编》卷三十一,淳化元年十二月;卷五十五,咸平六年八月癸亥。
② 《续资治通鉴长编》卷二百二十一,熙宁四年三月辛卯。
③ 《续资治通鉴长编》卷二百八十四,熙宁十年八月辛丑。
④ 《续资治通鉴长编》卷三百八,元丰三年九月丁亥。
⑤ 如建炎元年至二年,喻汝砺在四川"奉诏划刷四川岁羡";绍兴二年,遣成大亨等四人"催督江浙等四路夏税物帛";绍兴八年,"朝廷遣三使者括诸路财赋,所至以鞭挞立威"。见《宋史》卷三百七十五《张守传》及《建炎以来系年要录》卷八,建炎元年八月乙酉;卷十四,建炎二年三月丁酉;卷五十七,绍兴二年八月辛丑。
⑥ 《宋会要辑稿》职官五〇之三。
⑦ 《续资治通鉴长编》卷二百七十九,熙宁九年十二月癸未朔。
⑧ 《续资治通鉴长编》卷四百六十五,元祐六年闰八月癸申。

病"一项任务，大凡与国计民生有关之信息，无不在奏闻朝廷之列，"宣达朝旨，询求物情，……导扬壅遏，使得上闻"，①此"采访使"之所以名"采访"也，不过因其他原因遣出的使者，也往往兼负此任。有时，"采访"也会带点"刺探"的味道。咸平六年（1003），素以直言敢谏著称的田锡上奏："自来皇城司差人探事，又别差人探皇城司探事人，如此察探，京城民间事，事无巨细，皆达圣聪。今又差朝臣为巡按使，及差朝臣以提点酒税名目出外采访……"②足见专使向朝廷提供的信息，有时会有不可告人之事，不过，朝廷既可将专职刺事的走马承受当作固定的地方官员，安插在帅司，那么临时派遣的专使有同样的任务，也就不值得惊讶了。

较之罗列使者的名称、种类更重要的，是发现遣出使者的目的和变化趋势。在不同时期，遣使的目的和重点，有明显变化。在北宋太宗、真宗两朝，专使多为三个目的而派遣：决狱、赈灾及察官吏能否。到仁宗及英宗时，多为赈灾及边事而遣体量安抚使。神宗时，又集中于差役、水利等新政，尤以盐法、钱法、和买等财利事为重。哲宗、徽宗时除了三年一遣郎官御史考察监司，很少为其他目的派遣专使。至高、孝二朝，则几乎都集中于催督上供之事。这种变化，可以认为是以下三种原因共同作用所造成的。

首先是不同时期的政治形势与政策倾向差异很大。较之太祖，太宗对临时遣使的意愿要强烈得多，这正是太宗创新体制、努力"走出五代"的表现。在北宋太宗、真宗朝，行政体系正在转变之中，遣使察访吏治，等于是在观察行政体系调整的效果及确定进一步调整的方向，在加强控制地方的各步骤之间起调和的作用。仁宗明道以后，所遣使者多为边事，则自然是为应对北方与西北的紧张局势。庆历末之后，边情缓和，为边事而特别遣使，也就难见其例了。南宋之初，朝廷频频遣使催督地方财赋，其背景是频繁用兵导致财政开支大幅膨胀，需要从地方索取的赋税之名目、数量，较北宋大有增长。而地方刚经过敌军、叛民破坏，不堪重负，上供愆

---

① 《续资治通鉴长编》卷三十四，淳化四年二月。
② 《续资治通鉴长编》卷五十五，咸平六年八月癸亥。

期、不足,几成惯例。因此派遣特使成为中央从地方敛取更多财赋的必要手段。

其次,在不同时期,行政体系的结构和中央集权的强度有很大变化。因此,即使在相似的政治形势下,在派遣专使一事上,也会有截然不同的表现。比如,南宋时多次出现危急的军事局面,绍兴(1131—1162)末、开禧间(1205—1207)、端平中(1234—1236),其局势之危急,较康定(1040—1041)、庆历(1041—1048)之情形,有过之而无不及,然除了派遣宣谕使传达旨意、犒劳军民之外,很少遣使考察边情、军务。这就要归因于地方行政体系的变化。自南宋初宣抚、制置使成为固定的地方行政组织,又设置总领一职,负责军队之供馈,一旦需要对沿边军事布局作出调整,这几个地方机构都统管数路,本身就负有协调大区域军事、财政事务的功能,比朝廷更了解辖区之内的总体情况,放手让他们去组织协调,比起朝廷亲自介入更为有效。因此,在边务和军财督察、协调等方面,朝廷临时遣使的作用就显得无足轻重了。与北宋相比,使者代表朝廷干涉沿边军政的权力,在南宋时已被宣抚司、制置司、总领所这些大区域军事、财政机构的职任所涵括。北宋时在"再分配"的过程中由中央灵活运用并使之处于主动地位的部分权力,至南宋进入了固有的地方权力分配体系。

综观两宋,朝廷临时遣下的使节,所负使命有简化的趋势。主要的原因,就在于整个中央—地方行政权力分配的格局简化,很多游离的权力找到归属,可供"再分配"的权力不断减少,不断融入固有的权力分配格局之中,为地方行政组织所有。太宗以来频繁遣专使赴地方疏理刑狱,大约也觉得不胜其烦,故而一直在尝试如何将刑狱之事尽量固定化,命转运司兼管刑狱,后又于淳化二年(991)遣十人充"诸路转运司提点刑狱公事",稽察管内刑狱,[①]都是为此所作的尝试,但效果并不明显。一直到提点刑狱司作为与转运司并立的监司而正式建立,情况才发生转变。我们可以在提刑的建置与朝廷遣使决狱的频次之间看到一种正相关。遣使决狱于真宗景德三年(1006)之后频度明显降低,至仁宗明道二年(1033)几乎戛然

---

① [宋]梁克家:《淳熙三山志》卷七,《宋元方志丛刊》本,中华书局,1990年影印本。

而止。而提刑司正是在景德二年首度建置，后经数度置、罢，在明道二年后成为长期设置的地方行政机构。此后中央仍然很关心地方的滞狱问题，但几乎都是"委诸路提点刑狱"或令监司"催促结绝见禁罪人"。① 太宗、真宗向地方遣使的理由，遂成为监司产生的动力。而神宗之后，朝廷为赈济之事派遣专使的例子也很少见，这是置提举常平司的结果。吏治也不再成为遣使的重要理由，这要归因于察访司在初置之后，迅速转化为常驻地方的固定机构。

第三，遣使数量减少，也与中央对地方行政组织的态度变化密切相关。太宗、真宗朝，对五代藩镇擅权的状况心有余悸，对地方行政组织的不信任，自然是不言而喻，这也正是宋初推出多项地方行政体系的改革措施之原因。遣专使察吏治，甚至刺探隐事，正与固定的地方行政机构之改革进程同步。经过仁宗、英宗时期的长期安定，不信任的心态已有所缓解。然而，到神宗创行新法时，新法派与中央及地方的许多官员之分歧突然加剧，政府内部的不安定已达前所未有的境地，推行新法的帝、相，对于地方行政体系的不信任，也达到顶峰。虽然与太宗、真宗朝相比，神宗向地方派遣专使多为财利之事，看似目的比较单一，但那是因为北宋前期多由专使担任参与赈灾、监察吏治等职责，现已交由新置的提举常平与察访司。在此背景下，仍要派出大量专使，这充分说明神宗对于地方官员的猜疑。熙宁九年（1076），朝廷遣汪辅之赴永兴军、秦凤等路选四色钱，神宗毫不掩饰地说："朝廷比以本路官司不足委信，故特遣辅之躬行省验。"②正因"本路官司不足委信"，故专使纷纷，遍布各路，"青苗之法未行，农田差役之事未正，故须专使，如将作补完城壁，军器计置皮角，亦皆至遣官"。③

不少臣僚以为，专使频频插手地方事务，并非长久之策，建议将新法所产生的新的地方行政事务分与监司。神宗改制之初，司马光上奏：

---

① 宋代疏理诸路滞狱的主角，由专使向监司（尤其是提点刑狱司）转变，这在《宋会要辑稿》刑法五之中有非常明显的体现。
② 《续资治通鉴长编》卷二百七十三，熙宁九年二月癸丑。
③ 《历代名臣奏议》卷一百三十七，熙宁中彭汝砺论遣使状。

> 天下之事,在一县者,当委之知县;在一州者,当委之知州;在一路者,当委之转运使。……今朝廷每有一事,不委之将帅、监司、守宰,使之自为方略,责以成效,而施其刑赏。常好别遣使者,衔命奔走,旁午于道。所至徒有烦扰之弊,而于事未必有益,不若勿遣之为愈也。……今之转运使,即古使者之任,苟得人而委之,贤于暂遣使者远矣。①

熙宁四年(1071),神宗遣使"相度广南东路均纳丁米",兼察"奉行新法不职者"。冯京提议,"数遣使不便,不如即与一监司名目"。② 彭汝砺亦以为:"今(新法)事且就绪,使职司遣人足矣,职司不能集,责之可也,何用纷纷如此也?"③

上述建议与神宗意见的差异在于:追求的是长期效应还是短期效应。若就整个中央—地方行政体系的长期利益而言,将绝大部分行政权力纳入固有的分配格局之中,并在内部明确进行权限的分划,自然更有利于维持行政秩序,也就有利于保持行政运作的效率和稳定。但神宗有感于部分地方行政官员阻挠新法的推行,或者推行不力,故而有意把与新法共生的一些权力以及夺自地方行政机构的部分权力,置于未有固定归属的状态,变作由皇帝自己掌握的可供"再分配"的权力,以便灵活施用,成为新法推行的动力。

哲宗、徽宗更倾向于用察访使、廉访使这些相对值得信任的机构来牵制监司州县,因此,即使在制度频频变更的情况下,所遣专使也并不多。南宋虽然继承了熙、丰革新的部分成果,但高宗本人对新法并不以为然,对于派遣专使的看法也大不同于神宗:"惟谨择监司,不必每事遣使","差官数有言者,盖常赋自有转运司官,苟不职,自当别选能吏,岂可每每差官催督乎?"④诚然,"差官催督"之事,在高、孝二朝还是时有发生,那只因地

---
① [宋] 司马光:《温国文正司马公文集》卷四十,熙宁二年八月所作《体要疏》。
② 《续资治通鉴长编》卷二百十一,熙宁四年三月辛卯。
③ 《历代名臣奏议》卷一百三十七。
④ 《建炎以来系年要录》卷六十四,绍兴三年四月戊申;《宋会要辑稿》食货四九之四一。

方匮乏，即使漕司尽心，仍恐不济，不得已而为之。一旦军事状况不那么紧张了，遣使的节奏也就缓下来。而因其他目的而派遣专使，更是远不如北宋之频繁了。

需要说明的是，专使承担的任务，并不是都属于可供"再分配"的权力。在中央与地方之间，不可能存在权力分划的绝对界限，像中央与地方的沟通、协调，以及高层行政组织之间的协调，由中央政府承担是最为合适的，此为专使所拥有的最低限度的权力，应当是原有的分配格局中归属中央的权力。比如，朝廷间歇性地派出专使，传达旨意，犒劳兵将，安抚人心，这是沟通中央与地方的必不可少的途径，因事而生，难以固定化。又如，北宋沿边诸路虽有多种高层行政组织，但各自专心于本份内的职务，不敢越职，综合考虑本路情形，由中央负责更为合理。这些沟通、统筹事务，皆属中央份内的权力。

但是，大部分事务其实完全能够——或曾经由已有的地方行政组织负担，察官吏之能否，劾贪吏，荐能士，原是包含在监、帅司及府、州长吏的职责之中的。至于催督上供钱粮，更是监司最基本的职责。而在地方推行新的财政政策，通常也应当委于原有、新建之地方行政组织——将中央的决策在地方贯彻执行，不正是地方行政组织存在的理由吗？而事实却往往相反：中央往往会夺取地方的原有权力，使之处于游离状态，由代表中央利益的专使所掌握，并且延滞这些权力的再分配。即使最终不得不分配给固定的机构，也力求"再分配"更有利于中央。达到这一目的的主要方法，是在"再分配"的过程中，使参与分享权力的机构——主要是高层及跨高层行政组织不断增加，让更多的平行机构分享地方权力，分别对中央负责。这样，在任何地区的任何一个地方机构，都不可能动摇中央在本区域的绝对主导地位。在北宋，中央的这种意愿得到很好的推行，所以，在无数次的权力配置的微小变动中，新的分配格局总是比原来的更为复杂。

总之，要讨论临时遣使的问题，缺乏对政治环境变化过程的分析，就使者而论使者，并不能说明什么。应当置于特定的政治环境，观察中央与地方的关系，注意其他机构——尤其是固定地方监察机构对临时遣使制度的影响,而后需要揭示制度的变化和原因。魏晋至唐五代,固定的地方监察机构缺位,临时遣使制度受到其他制度、其他机构影响较小。而宋代本有一套地方监察体系,其成型过程又很漫长,受此影响,临时遣使制度也蕴藏着多个因素的不断冲击,经历了跌宕起伏的发展历程。正是这种多要素纠结、包含精妙的连动作用的过程,才能最有力地体现中央控制地方的复杂性。将固定的和临时的监控手段结合来看,就复杂和精巧程度而言,宋代中央控制地方的方式,确实达到了历代之巅峰。元以降,遣使制度在某种程度上向隋大业三年(607)制度靠近。由于地方事务的监管工作,几乎都已列入监察御史的工作条款,故而明代临时使命便多由监察御史完成;又由于监察御史直接受皇帝指派,直接向皇帝负责,其身份与功能已与汉、隋的谒者相近。元明清三代并非没有临时遣使制度,但多数临时遣使之举,都在固定机构御史台或都察院的框架内进行,正如隋代将类似行动纳入谒者台的框架之内。从这一点来看,或可以说元以后中央对地方的监控更为强大、更为规范,当然,也更缺乏灵活性。

小　　结

　　汉高祖对于中央集权的意愿,或许没有秦始皇那么强烈,因此汉初中央对地方的监察相对秦来说呈现较为松弛的状态。不过在汉武帝重新致力于集权之后所推出的制度,却较之秦制更为复杂。从刺史往上延伸,它在中央的管理机构是御史府,但又受到丞相的一定监控。而司隶校尉这个负责京师与京畿监察事务的特殊地方机构,又对丞相起到监察与牵制的作用。以御史府—刺史为主线,其他机构起着辅助的但又不可忽视的作用,这一体制为后世所沿用。尽管魏晋以降,固定的地方机构大体缺位,不具备日常"事先"监察、防患于未然的机制,但以临时遣使监察为主要手段,地方监察事务仍然存在,于是在中央层面由什么机构以何种方式参与控制地方监察,仍可以有争议和调整的余地,仍在汉制的轨道上产生持续的变化。一直到宋代,才产生一种全新的体制。

宋制的新意在于，对地方监察机构的管理和考察之权，几乎完全在于中央行政部门。这对于从秦代开始的监察与行政尽量两分的传统，是一种"反动"。尽管这种体制在宋代运作还算顺畅，但它是建立在路一级多个机构并立、相互牵制的基础上，当这一基础在后世瓦解，这种权力界分不清晰、机构之间关系千丝万缕千变万化的复杂体制就难以立足了。由是，元以后的体制，实际上是向汉制溯源，且行政与监察的界分较汉制更为清晰。在这个基础上，明代发生的新变化，在上层是行政和监察体系内部，各自枝分出多条路径，分别向皇帝负责；在下层则是监察体系对行政的监控和介入，几乎无所不至。这两个变化，共同通向强化皇帝专制之目标。

魏晋至五代的大部分时间，临时遣使成为中央监察地方的仅有方式，这种方式在固定地方监察官存在的时代，仍是一种重要的补充手段。有多种理由支持这种手段的存在。中央遣出的使节大多握有较大权限，可以迅速有效地调查处理地方突发的大事；可以对固定建置的地方监察官的工作，起查缺补漏的作用；它不像地方官那样多少受当地利益的影响，可向中央提供更精确的信息；而对皇帝来说，这种手段最大的好处可能是它能够绕过政府，达到他个人想要的目的。汉之谒者与绣衣使者，宋之走马承受与皇城卒，甚至明代的锦衣卫与东、西厂，所起的主要作用无非是强固皇权。而站在政府出于"纠劾非违"的立场上，这些机构所执行的往往是难以显言的使命，故处于边缘的地位。

第四章　地方监察官的权力边界

监察是官员管理制度中的一环,监察权是诸多人事权之中的一组,但从人事权这个整体中可以分出哪一块归为"监察权",这个问题大概不可能有精确的答案。因为监视和观察,大约是一切行政管理工作的前提,几乎无所不在,往往只是一个工作流程中的一个或几个步骤,与其他步骤难以分割。也就是说,"监察权"的边界是很模糊的。

此外,享有监察权、履行监察职能的又不限于监察机构,它同样存在于行政体系内部,作为上级机构或官员控制下级的人事权力的一部分。这样,监察官手中握有的权力,又有一条边界,它同样是模糊的。而监察与行政体系之间权力分割的模糊性,主要原因是不同时代的制度设计者对于监察工作的独立性会有不同理解,故而不同时代分配给监察官的权力,其范围也是不同的。极端一点说,一个朝代甚至可以没有监察官,但仍存在大量监察工作,完全在行政体系内部解决。

本章的工作,便是使"监察权"的模糊边界尽量清晰化,并对地方监察官所拥有的权力作一个长时段的梳理,考察其变化趋势,考究附着于监察体系上的权力的广度与深度之时代差异。与其他许多概念一样,古人在监察和行政之间,也并无明确的分划。这样,我们在区别出监察权之时,难免会用今日习用的范畴套用到古代,而"监察"一物,古今的概念又不尽相同,故而"清晰化"的工作,其精确性或多或少会受到影响。但这并不意味着权力边界"清晰化"是无意义的。若不做这种尝试,那么就无从观察不同机构之间的权力流动,无从具体分析监察与行政机构的互动,也就失去了一个深入了解政治体内部的连接纽带和运作过程的绝好角度,最终易得出历代制度大致相同的结论,使相关研究显得平面化。故而,笔者愿意冒着损失精确性的风险,使模糊边界"相对"清晰。

第一节 由"察"至"考"——监察面相的扩张

刺史是公认的监察官,需"周行郡国,省察治政,黜陟能否"。① "周行郡国"是他的监察方式和空间范围;"省察治政,黜陟能否",则是他作为监察官的职责。不过,以类似方式履行类似职责的不限于刺史。郡守亦须"循行郡中,览观民俗,考长吏治迹"。以此观之,刺史、郡守,除巡行范围有异,其他并无不同,皆以巡行来"省察""考迹"。即便有了督邮代郡守巡察,郡守却仍有此职。难怪不愿行县的郡守推托说:"督邮分明善恶于外,行县恐无所益,重为烦扰。"可是丞、掾不同意,断然将郡守推去"行县",做他该做的事。②

即便如此,也没有人将郡守当作监察官。他当然不是监察官。但是,对于自己的属下,他不仅拥有与刺史同样类型的权力,且有过之而无不及。我们可以扼要但断然地说:对下属的考察之权,是地方行政长官天然的权力,是他维持长官权威之必需,是朝廷赋予他的职责。不过,他一般得是统县政区或更高层级的长官。试问,在置立刺史之前,一郡之吏治如何得以维持?魏晋以后监察官在地方长期缺位,是不是因为地方官全都有足够的能力和操守?这种可能性当然是不存在的,否则后世也不必重建监察体系并不断强化监察力度。理所当然的是,在没有特定的监察官之时,一切都要依靠"良二千石"。而特别建置监察官之后,地方行政官员仍免不了要行使一些监察权。通判"入则贰政,出则按县",③按县察视与

---

① 《续汉志·百官志》"州郡"条刘昭注引蔡质《汉仪》,见《后汉书》志第二十八《百官五》,中华书局,1965年。
② 《汉书》卷七十六《韩延寿传》。
③ 《宋会要辑稿》职官四七之六七。

在州佐政并列,为其主要职责。除外出按县之外,对于管下官员来说,通判以及坐镇治所的知州,尚有其他诸种监察之权。故而,知、通被称为"按察官",这种身份,与其作为一州行政部门之长、贰,同时存在,并不相悖。

对于地方行政长官来说,监察权是其应有的、实有的权力,监察他的下属,是他拥有的人事权的不可分割的部分。汉之郡守,宋之知州、通判,或者其他时代的其他地方官员,并不因其拥有监察权,便可纳入监察体系。他们实现正常的人事管理,须有完整的步骤。首先便是进行监察以获得关于下属治绩的信息。对于身周的属官幕僚,可以安然在衙署观察他们的作为,而对于百里甚至千里之外的下级政区的官员,日常的文书往来或偶然的会面不可能提供足够的准确信息,于是只好亲自或派僚属去巡视。有了足够的信息之后,才好履行其他的人事权,或升迁,或降职、免职、处罪,或者向朝廷举荐、弹劾。他在辖区以内令行禁止的权威,成于对下属的奖惩,却始于对他们的监察。

既然地方行政长官拥有全面的监察权,那么,行政官和监察官,是否就无法区分了?自非如此。他们之间,在所得行使的权力上,范围是不同的,只是界限略显模糊。使监察官得以区别于行政官的,首先是前者肯定不具备全面掌控行政的权力——在汉代,甚至偶然的介入,也可能受到朝廷的遏制。宋代监司虽然在朝廷的允许下获得了部分的干涉行政的权力,但在朝廷与府州的双重制约下,毕竟未蹈汉末刺史故迹。其次,行政、监察两类官员在监察职责方面有所不同,其不同处,或是在握有监察权的完整程度上有区别,或表现在行使监察权的途径分异,或是两者行使监察权的对象不一定重合。汉、宋、元、明这些确实存在监察体系的朝代,途径和对象的变迁是非常明显的。

为便于阐明变迁之过程,笔者将监察权力分为"察"与"考"两部分,以鉴别不同时代两种官员的不同角色。"察"即"监察",在此处可以说是狭义的"监察",它大体是指发现少数不当、违法行为。"考"即"考课",它是全面考核官员治绩的行为。

关于"察"与"考"之不同,邱永明和陈志坚都有所论及。陈志坚在关于唐代地方监察制度的研究中提出,两种方式,对象不同:"监察,主要是针对一些非法以及不称职的行为";"考课,则是关于州县官员的行政能力的鉴定"。两位学者都认为,这是并行的两种考察官吏的手段。① 不过,它们更应该是前后的关系。所谓前后,是指监察在先,考课在后。监察是获取信息,考课是汇总信息。是否握有考课权,会导致实行监察的广度不一样。考课,是对被考者业务的全面总结,那便要求主持考评者对前者有全面的了解,但凡朝廷提出的各种标准,都须在考课中有所反映。考课,是"对人"的,针对行政官的全体下属。由是,监察也相应地必须全面。若无考课的职责,那么,他的工作主要是"对事"。他没有义务为监察区域内的每一位官员的各项职责作出评判,朝廷会对他监察的内容有所限定,而这其中,他最需关注的,是特殊的事——主要是"违错",违法与错失的行为,非正面的事。而后弹劾,或根据朝廷赋予的权力,对于较轻的违错直接施予惩罚。然后是发现政绩优异者,向朝廷举荐。先对事,而后落实到相应的人。

监察之权,是行政官与监察官共有的权利和责任。然而,两者是否都拥有考课之权?这在历代却有所变化。陈志坚说,考课权"一般是行政上的上级对下级所做的鉴定",这是唐代以前的大致情况,但宋以后又不尽然。而在这两个时间段中,各自又有巨大的变化。

汉代对于刺史职权的规定,就很能体现监察官拥有的监察权是有限度的。著名的"六条"问事,其中五条针对郡守,但其范围则只是郡政的一部分。并且强调,"非条所问即不省",面面俱到反而是不被允许的。而后,他被要求"考殿最",即"课第长吏,不称职者为殿,举免之,其有治能者为最"。② 这就是他履行职责的简要过程,践行被限定的监察职责,对于不称职者和治迹"尤异"的部分官员采取措施。"课第长吏",对各个长吏的治绩有较全面的衡量,并且在部内诸多长吏之间作一比较,这才可能判别出"殿"和"最"。因此"课第"本应是系统、全面的监察工作,不过朝廷仅需要一个简单的结果。

---

① 前揭邱永明专著,第 135—136 页;陈志坚专著,第 226—228 页。
② 《续汉志·百官志五》"州郡"条文并胡广注,见《后汉书》志第二十八《百官五》。

西汉后期,刺史课第郡守之事,曾出现复杂化的可能性。大约在元帝建昭(前38—34)中,京房"奏考功课吏法","时,刺史奏事京师,上召见诸刺史,令房晓以课事"。其后,京房推荐弟子任良、姚平,"愿以为刺史,试考功法",但其政敌石显等建议皇帝遣京房出任郡守,在较小范围内亲自试行。京房遂请求"无属刺史",且"自第吏千石已下"。① 初次试行,仅在一郡之范围,而未进行刺史全国考课郡吏的实验。其后京房于郡守任上得罪被诛,其所设计的考功法,应未能推行。马端临在论及京氏考功法时,评曰:"考课之法,汉行之久矣,今房始以是为言,而帝善之,则其所陈必有异乎人者。"②所谓"汉行之久矣",确有例证,比如宣帝便曾"令郡国岁上系囚以掠笞若瘐死者所坐名、县、爵、里,丞相、御史课殿最以闻",③不过这些早期的"课",应是针对个别的具体政事,分别考核。京房新法,则较为全面细致,以至于公卿朝臣都认为"房言烦碎,令上下相司,不可许"。最终,刺史所担负的,仅仅是不完全的考课之责。

相反,郡守对属下掾史与县官的考课,倒似较为完善。郡守于"秋冬遣无害吏案讯诸囚,平其罪法,论课殿最"。④ 而其属下功曹史,应即主责考课者。约武帝末年,尹翁归为东海守,"县县收取黠吏豪民,案致其罪,高至于死。收取人必于秋冬课吏大会中,及出行县,不以无事时"。⑤ 则是每岁皆有课吏大会,是郡守考核、奖惩属吏的主要场合。对于县令,郡守亦已有全面考量之权。元帝时,萧育为茂陵令,"会课,育第六。而漆令郭舜殿,见责问,育为之请,扶风怒曰:'君课第六,裁自脱,何暇欲为左右言?'及罢出,传召茂陵令诣后曹,当以职事对。育径出曹,书佐随牵育,育案佩刀……遂趋出,欲去官"。⑥ 是扶风郡守对所有县令,都作全面的考核,并依结果排出优劣次序。负殿者要受责,甚至处于中游的,也要就治

---

① 《汉书》卷七十五《京房传》。
② 《文献通考》卷三十九《选举考十二》"考课"条。
③ 《汉书》卷八《宣帝纪》,地节四年九月。
④ 《续汉志·百官志》"州郡"条,见《后汉书》志第二十八《百官五》。
⑤ 《汉书》卷七十六《尹翁归传》。
⑥ 《汉书》卷七十八《萧望之传附子萧育》。

绩有亏的方面,受本郡相关机构问责。所谓"后曹",指"贼曹、决曹"。①"贼曹主盗贼事,决曹主罪法事",②萧育应该是在捕盗、刑讯方面受到不良评价。而问责的过程与后果,应当令人相当难堪,故萧育先为郭舜说情,欲助其免于羞辱,当自身被问责时,甚至作出很极端的举动。

是知汉代郡守拥有对下属的全面考课权,他履行这种权力主要是就"人",其监察结果,将转化为对每一位下属的一份综合考评;而没有全面考课职责的刺史,要就"事",要从某些行政事务中发现"违错"以及优异的典型案例。相比之下,行政官员的监察必须全面,但同时往往是浅层的、平铺的;监察官员的监察,却需要有深度,是垂直的、深入的。监察机构最终是"纠错"机制的执行者,监察机构所负责的区域可以比较大,一个重要条件正是他不必事事关心。这种互补的原则是汉代置刺史的出发点。

魏晋以后,考课之完善主要集中在中央层面,较之汉制,某种程度上可说是向上收缩了。魏景初(237—239)中刘劭受诏作《都官考课法》七十二条,③最为详备。当时令朝臣讨论此法,杜恕指出,此法之重点在于:"欲使州郡考士,必由四科,皆有事效,然后察举,试辟公府为亲民长吏,转以功次补郡守者,或就增秩赐爵。"④需注意的是,对于州郡之"士",州郡所拥有的权限,不过是见其"事效,然后察举",此后任用,皆属中央都官之事。刘劭之《考课法》"竟不行",西晋以后,考功之法或详或简,然皆集其事于中央。唐初之制最称经典,其以尚书吏部"考功郎中、员外郎各一人,掌文武百官功过善恶之考法",考校之内容极繁复,共计"四善二十七最","凡百司之长,岁较其属功过,差以九等,大合众而读之",定考的内容集中到尚书省"唱第",然后奏上。⑤ 其完备的条款和严整的程序,逾于此前历代。但对于我们所关注的地方机构而言,考课权仅在于"百司之长"包括刺史,对其"属"进行评价,所谓"属",应仅限于长史以下诸曹掾而已。

---

① 《汉书》卷七十八《萧望之传附子萧育》如淳注。
② 《续汉志·百官志》"州郡"条,见《后汉书》志第二十八《百官五》。
③ 《三国志》卷二十一《魏书·刘劭传》。
④ 《三国志》卷十六《魏书·杜畿传附子恕》。
⑤ 《新唐书》卷四十六《百官志》。

开元二十五年(737),有一次强化地方机构考课权的尝试:"命诸道采访使考课官人善绩,三年一奏,永为例程。"但是这"例程"实际推行不过两年,最多仅有一次实施。至二十七年,玄宗于赦文中否定了采访使的考课效果:"三载考绩,黜陟幽明,允叶大猷,以劝天下。比来诸道所通善状,但优仕进之辈,与为选调之资,责实循名,或乖古义。自今以后,诸道使更不须通善状,每至三年,朕自择使臣观察风俗。"①

较有讽刺意味的是,安史之乱以后的唐室,对地方的控制已大大弱化了,但却在这种格局下将考课权向地方让渡。代宗宝应二年(763),"凡京、外按察司,京察连御史台分察使,外察连诸道观察使,各访察官吏善恶,其功过稍大事当奏者,使司案成便奏。每年九月三十日以前具状报考功"。② 在"外察"中,观察使起到中介的作用,为尚书考功提供考课的依据。令观察使介入地方官的考课,是一个两难问题。在河北,割据形态已在事实上形成并逐渐外扩,割据者以节度使加观察使的形式对辖下地区拥有强大的控制权,若允许其介入越来越多的地方事务,是在人为地强化其权力。然而节度—观察使对地方的控制是既成事实,中央若希望对刺史以下官员作尽量真实的考评,又离不开观察使的配合。在两难之间,朝廷的态度逐渐倾向于让观察使起更大的作用。据陈志坚的研究,自宝应二年之后,朝廷持续扩大观察使在州县官考课中的作用,至大中元年(847)发布了一道关键性的敕书,终于将全面考评州县官的权力下放给观察使,由其确定等第,申尚书省备案。至此,"中央已经彻底承认了观察使对州县拥有上级机构的行政监察权力,这个和考课权的最终归属于观察使步调一致"。③

正如汉代郡守拥有对县令的全面考课权,唐代观察使完全掌有对州县的考课权,也同样是上级行政机构得以拥有的权力。中央正式将这一权力交与观察使,等于是正式承认观察使在地方行政序列中的位置。至于监察权,从唐代前期由各种临时遣出的使节履行,至交与采访使掌握,

---

① 《通典》卷十五《选举三》"考绩"条。
② 《唐会要》卷八十一《考上》。
③ 上揭陈志坚专著,第231—234页。

一直难以看到明显的效果。等到同样转让与观察使，其结果并非使朝廷强化对州县的控制，而是强化了观察使的权威，与汉代的情况相比较，接近于郡守借助监察权加强对县令的控制与威慑。

综上所述，汉代刺史专司监察，至于对郡守的考课权，却是不完备的。而郡守作为行政上级，对其下级机构则有全面考课权。魏晋以降，考课所用的条目，历代容有繁简之差异，但地方机构——包括监察与行政机构——的考课权总体是在退缩，既不完备，也不稳定。当唐代建立起极其详尽的考课条款并将州县的考课权交与观察使之时，它所恢复的其实是汉代的郡守考县令之制。也就是说，考课权仍然是在地方行政体系内部。这种状况，在宋代发生了根本转变，而宋、明两代，是监察机构之考核权大幅扩张的时期。

在新的地方考课体系中，值得注意的仍是宋代新创的诸种"监司"。自从太平兴国元年（976）起，转运使始置未久，即受命"察州、县官吏能否，第为三等"。① 此时，监察官需要对每一位行政官员作出评价，不过，他仍只握有不完全的考课权：仅仅是笼统地提供一份"第为三等"的名单，尚不至于对各类治状分条评述。然则至迟在北宋末，监司对于各州长、贰的考核权，就已发展至完全的地步了。据《庆元条法事类》："诸察访、监司，应以知州考课及知州、通判治状、功过奏……"② 因南宋不置察访使之职，故这条规定，当为北宋之制，且应是神宗熙宁四年（1071）九月置察访司以后所定。准此，则监司需要向朝廷提供的，是一份完整的治迹报告。

南宋徐谓礼文书反映了宋代州长、贰对县官的考课权。最典型的是他在建康府知溧阳县任上的一份年考，考核项目十余项，其中重点是"所催端平三年分夏秋二税"及"常平租课"共十六项各若干，"已纳"足否，"见催"有无。考课的内容非常详尽，同时也直观地告诉我们，知州考核属县官员，在宋代仍在实施。但笔者在研读该文书时，一度感到非常困惑：徐谓礼由县级的佐贰官升迁到一州之长，这个漫长的过程中，他留下了多份

---

① 《宋史》卷四《太宗纪一》，太平兴国元年十一月庚午。
② 《庆元条法事类》卷五《职制门·考课令》。

考核文书,构成他的官场履历——"印纸"中最有价值的部分。然而所有这些考评文书,监司从来没有介入,留下记录的,只有州官——其中知州的签押在最末,体现了其最终的掌控权。甚至徐谓礼在信州知州任上共计三考,每次在考课文书末签署的仍是州官——代表最终责任人的最末一位签署者,正是知信州徐谓礼本人。① 作为宋代最主要的地方监察官的监司,为何却在最重要的考核文件中缺席?

其实监司并未缺席,他们有法定的考课之权。只是印纸不是监司发挥作用的场所。若能虑及监司与知州行使监察权的不同重点与不同表现方式,那么这一点就不难理解了。"以知州考课及知州、通判治状、功过奏",这意味着他向朝廷提交的,会是一份综合辖下各州知、通考绩的综合报告,而其中的内容,却并未填入被考核人的印纸之中。

就考核权来看,宋代的知州仍与前此无异,对于本州官员仍有考课之权责,而监察机构监司的权力则比汉代有明显的扩张。若说宋初全体地方行政官被"第为三等"的方式,仅比汉代刺史选择少数"殿最"踏前一小步,那么,神宗朝之后对所有知、通的全面考核权,就远非汉代"殿最"的狭小范围可以比拟了。监察、行政两个体系各存一个考课系统,为朝廷保留获悉基层官员治迹的两条渠道,很合乎宋的统治风格。

元代地方官员的考核系统相对较为单薄,判断官员治迹的主要依据是由上级地方行政机构提供的"解由","诸职官解由到省部,考其功过,以凭黜陟"。大德元年(1297)之后,吏部进一步强化了对官员历任治迹的记录,定"行止簿"制度。② 然而,监察御史与廉访使却只是以"体察"的方式实行纠错之功能,甚至不再有宋代监司直接考课知、通的权力。③

入明之后,监察体系才进一步提升其考课权。在构成明代复杂考课体系的不同考核中,其发挥的作用不同,但全都有监察官的身影。朝廷定

---

① 《武义南宋徐谓礼文书》录白印纸第五卷图一至图六,第十卷图一〇至第十二卷图二,中华书局,2012年,第96—101、165—177页。
② 《元史》卷八十四《考课》。
③ 武波:《元代考课制度》,《史学月刊》2013年第8期,第124—128页。

期的"考察","州县以月计上之府,府上下其考,以岁计上之布政司",每三年一次的外察由此积累材料,再由"抚、按通核其属事状,造册具报"朝廷。① 至于官员个人"考满","府州县官考满……俱经布、按二司考核,功司覆考"。② 合"考察"、"考满"两方面而言,除了按察司参与到行政体系内部的逐层考核之外,巡按御史和按察司尚有对一省所有官员的最终考核权。监察体系在地方官考核中起的作用,宋代已较汉代明显推进一步,受命全面考核统县政区长、贰的政绩;到明代更达到极致,成为所有地方官员考核的最终裁断者。

正因监司考核权的确立,拓宽其监察权的广度也就更有必要了。北宋真宗朝,监司已被要求全面履行以下职责:"按问刑狱之清滥","拘检钱谷之盈虚",以及到各场务"稽考出纳之文簿"。③ 至少在行政机构视为关键职事的民事方面,自此以后仍有不断驱使监司加强监察的趋势。从太宗、真宗年间泛泛的"索簿书"阅视、"按部所至,索视帐目",④到神宗元丰二年(1079)明确规定"诸州帐,转运司勘勾",呈交中央的须是"经司金帐",⑤这个进程,与监司对州长、贰的考课权的确立,几乎完全同步。

县级官员也完全处于监司的监察之下。宋代论及监司对部内的监察,往往"州县"或"郡县"相提并论。如"命郡县上簿书,……州县簿书莫敢不治"。⑥ 又监司之巡历一般重在州一级,但神宗时曾规定,亦须遍巡各县,"巡历不遍者奏裁",这一规定虽于元祐元年(1086年)废除,⑦但足可见县一级亦受监司监察,只是力不足以胜任一部数十县每年例行的

---

① 《明史》卷七十一《选举志三》。
② 《大明会典》卷十二《吏部》"考功清吏司·在外司府州县官",续修四库全书,第789册。
③ 大中祥符元年江南转运使陈靖言:转运使"每到州府,长索事分,按问刑狱之清滥,拘检钱谷之盈虚,降次小大之务场,稽考出纳之文簿,孜孜点算,一一看详",是为其履职之"常途"。见《历代名臣奏议》卷二百五十五,上海古籍出版社,1989年。
④ 《宋会要辑稿》职官四二之二。
⑤ 《续资治通鉴长编》卷三百九,元丰三年闰九月庚子。
⑥ 《续资治通鉴长编》卷一百十六,景祐二年六月。
⑦ 《续资治通鉴长编》卷二百八十二,熙宁十年五月戊午;卷三百六十八,元祐元年闰二月丙申。

巡察。

通过检视文牍及巡察按问,监察官员在部内无所不在的监察权,在北宋神宗朝大体已实现。① 不过其强度尚未臻于极致。在元、明两代,仍保持继续扩张的步伐。在宋代,与诸州财赋相关的账籍,要全部"经(监)司"之目,而入元之后,规定由监察御史或廉访司检查所有地方行政机构的文卷,称为"照刷文卷",年刷两次,由出巡的监察御史与廉访司官执行。② 元代的详瞻规定,大致完全为明代所继承,且在程序与内容上,更有细化。如将"案卷文书……清理页码和进行编号……对文卷进行编目,以便于审阅和防止遗漏";"凡属司法文书类的'结罪文状',则要一件一件地审阅"。③ 从北宋前期规定监司要检核州府文书,到神宗朝强制监司对某一类文书全部过目,这是一个转折。而元明两代更进一步,由今日可见的元、明宪纲类的文书来看,监察官受命审阅几乎一切文卷,事无巨细,不得漏落。这是监察权扩张的极致。

宋代重建监察体系,监察、举劾的范围已完全包括了部内所有官员。不过,在考课一事上,仅及知州、通判,至于州之属官及县级官员,则仍由州官批书印纸,完成考核。即便是朝廷要求定期呈上的账籍,也是"县镇仓场库务帐,本州勘勾,诸州帐,转运司勘勾",④逐层审核,对县一级账籍的审核,主要由州来负责。元代的监察官,以巡历、照刷为主要手段,在察、举方面包罗了县一级,此与宋代无异,而考核之权则有所后退,仅保留"体覆"州县官考满评语(解由)之职——这类规定一般起不到强力推行的效果。到了明代,踏前了一大步,将考核之职也落实到了县一级。

---

① 洪金富曾论及宋、金两代的刷卷制度对元代的影响,认为"宋金两代的刷卷大体上系以监察御史执行,而被刷的文卷大都是属于中央机构的",以突出元代刷卷制度的首创意义。这可能忽略了在宋代作为主要的地方监察官员的"监司"的职能,从而也使宋—元之间监察机构检查地方行政部门文卷的延续性被掩盖。见洪金富上揭论文,《成功大学历史学系历史学报》第2期,第241页。
② 洪金富上揭论文,《成功大学历史学系历史学报》第2期,第241—242页。
③ 刘双舟上揭专著,第96页。
④ 《续资治通鉴长编》卷三百九,元丰三年闰九月庚子。

第二节 监察对象的外延

秦、汉皆以郡为监察重点,主要的不同是,在地方监察机构与行政机构的层级关系上,两朝的设计不同,汉刺史品级虽低,却介于中央与郡之间。郡以下亦有监察事务,这便交由郡守去自行处理了。武帝置刺史,以"六条"问事,后五条直接以郡守为对象,而第一条则是针对豪强,"强宗豪右田宅逾制,以强凌弱,以暴凌寡",这却很值得注意。按两汉之豪强,自西汉立国至东汉中,其构成容有变化,但势力强大却始终一贯。文、景两朝,民间富足,已有"役财骄溢,或至兼并,豪党之徒,以武断于乡曲"之现象。① 至武帝朝,"军阵数起,用度不足",苛取于民,故平民大量流亡,"大抵逋流皆在大家,吏正畏惮,不敢督责,刻急细民"。② "大家"与官方争夺人力物力,甚至争夺地方控制权,而郡守以下,或至于"畏惮"而"不敢督责",形势渐有失控之征兆。这被官方视为重大的不安定因素。但刺史初不掌兵,如何能负起监控豪强之责?不过是迫令郡守严加督责而已。西汉各郡镇压豪强,多出于郡守或郡尉,③可见刺史于"豪强"一条,与其他五条相似,仍是"察"郡守、郡政而已。

李小树指出,西汉刺史的监察对象共三类,除了二千石——郡守、王国相和豪强之外,诸侯也列于其中。④ 当然就"六条"的内容来看,并无针对诸侯王的条款,武帝时冀州刺史张敞"自将郡国吏、车数百辆,围守(广川)王宫"⑤之举,无论是就对象与程序来看,都显属越权。但就景帝之后

---

① 《史记》卷三十《平准书》。
② [汉]桓宽撰、王利器校注:《盐铁论校注》卷四《未通第十五》,中华书局,1992年。
③ 《汉书》卷九十《酷吏传》:"济南䁵氏宗人三百余家,豪猾,二千石莫能制,于是景帝拜都为济南守。至则诛䁵氏首恶,余皆股栗。居岁余,郡中不拾遗。"武帝时,义纵为河内都尉,"族灭其豪穰氏之属,河内道不拾遗"。王温舒为河内太守,"知河内豪奸之家","捕郡中豪猾,相连坐千余家……流血十余里"。尽管郅都等皆因苛虐而入《酷吏传》,但班固倒是不吝于指出,大批豪强被诛除,郡政因此明显改善。
④ 上揭李小树专著,第23—24页。
⑤ 《汉书》卷七十六《张敞传》。

历朝痛绳诸侯的一贯态度来看,对于张敞这样的行为,只会持默许甚至放任的态度。对二千石尚需进行监察,而更被皇帝所忌的诸侯,怎么会被排除在监察范围之外呢？只是不便在刺史按问的条款中显言而已。当然,汉代朝廷与诸侯的关系非常特殊,此后历代便不太常见,大约只有南朝以典签监视亲王,略近于此。

随着时间推移,刺史的监察对象略有外延。成帝时朱博为冀州刺史,告吏民："欲言县丞尉者,刺史不察黄绶,各自诣郡。欲言二千石、墨绶长吏者,使者行部还,诣治所。"① 按汉代"比二千石以上,皆银印青绶",则二千石为青绶。"比六百石以上,皆铜印黑绶",一郡之内可称"墨绶长吏"者,惟县令。"二百石以上,皆铜印黄绶",② 故朱博所不察者,丞、尉而已。比起初置之时,西汉后期刺史的监察对象仅增加了县令,不过这是较重要的一步,因为他所监察的对象由郡扩及县,多了一个层级。后汉永建元年(126),顺帝曾下诏,令"幽、并、凉州刺史,使各实二千石以下至黄绶年老劣弱不任军事者上名",③ 则刺史所察,下及丞、尉。不过这是在鲜卑频频寇边的背景下,偶一为之,尚非通行的做法。

当地方监察体系在宋代重建之后,其监察对象,续有扩展,将愈来愈多的官员纳入到监察范围。就与考课相对的狭义的监察而言,其对象已完全包括了部内所有官员,毋论州、县,亦毋论长贰与佐官。当然,处于州以上一级的监司,其监察重点,仍在州一级；对于隔了一个层级的县官,监控尚疏——至少其考课的对象,仍仅限于州长、贰。稍后,控制北方的金政权虽只是短期拥有过并不完善的地方监察体系,但也曾强调,要将监察官的工作重心,稍向下移动,注意县一级的治绩："兴定元年,以县官或非材,监察御史一过不能备知,遂令每岁两遣监察御

---

① 《汉书》卷八十三《朱博传》。
② 《汉书》卷十九上《百官公卿表上》。需要强调的是,汉代县令秩自千石至六百石,在"墨绶"之列,但荒僻小县人口不到万户的,则不置"令"而置"长",秩仅五百石至三百石,在"黄绶"范围之内。那么县长是否在刺史的监察对象之内？此有待再考。关于西汉末刺史察县令,史云贵曾论及,见《汉代刺史制度述论》,《人文杂志》2003 年第 2 期,第 115 页。
③ 《后汉书》卷六《顺帝纪》,永建元年五月丁丑。

史巡。"①

宋、金两代的变化,在元代得到延续。县并不是元代监察机构的工作重点,但毫无疑问处于后者的关注之下。如按察司——廉访司奏劾县官违法之事,其例甚多。而监察御史出按,理当"循行郡县",②而其所负"照刷"文卷之职责,也将县一级囊括其中。如洪金富即曾引监察御史福安等照刷三河、平谷、昌平等县文卷,检得许多"迁延""迟慢"之例,并将不作为的县官"量情责罚"。③县既处于行政序列之底层,自非监察官的关注重点,这是我们较少在元代诸种宪纲中看到直接针对县的条款的理由,但它并不因此就脱出监察官的监控范围。

明代是行政制度与行政法规极度严密化的时期,在这种环境下,对县级官员政务的监察有了全面细致的规定。最基本的监察工作是对地方刑狱的覆核,自明初便规定,地方各级政府可拥有不同等级的量刑的自由度,如"笞五十者县决之,杖八十者州决之,一百者府决之,徒以上具狱送行省"。但同时仍要受到监察:"违枉者,御史、按察司纠劾。"④其次是例行的"照刷文卷",这是监察官对行政机构事务的全面检查,县一级文牍也完全在监察官的"照刷"范围之内:"凡在京大小有印信衙门,并直隶卫、所、府、州、县等衙门,在外各都司、布政司、按察司文卷……从监察御史每岁一次,或二岁、三岁一次照刷……其各都司、布政司、按察司所属卫、所、府、州、县等衙门文卷,从本处按察分司照刷。"⑤则无论畿县或普通的县,其文卷无不有相应监察官负责照刷。最后是监察部门对县官的考课,也同样毫无疏漏之处。其中随县官个人任期而定的"考满",由布政司、按察司来施行。⑥至于朝廷统一规定的每三年一次的外官

---

① 《金史》卷五十四《选举志四》。
② [元]袁桷:《清容居士集》卷二十四《送陈景仁调官云南序》:"厥今御史循行郡县……"
③ 洪金富:《元代监察制度的特色》,《成功大学历史学系历史学报》第2期,第241页引《南台备要》。
④ 《明史》卷九十四《刑法志二》。
⑤ 详可见《大明会典》卷二一〇《都察院二》"照刷文卷"条,续修四库全书第792册。
⑥ 《大明会典》卷十二《吏部十一》"考功清吏司·在外司府州县官",续修四库全书第789册。

朝觐大计,①更需履行严格的程序,县官的政绩材料需由府、布政司、巡抚和巡按御史的次序逐步上呈,②最后由都察院与吏部一同臧否黜陟。③ 对于监察官来说,"考满"是日常的,随时都可能有部下官员考满,而"大计"则有固定的时间。常规例行和定期的全面审查相结合,即使是基层的县级官员,也受到无以复加的严密监察。监察体系经历近两千年的发展之后,至此终于完全掌控了最基层。

笔者在上文略述了地方监察官将县官纳入监察范围,并通过越来越多的监察角度、越来越严密的条款强化监察的过程,这是监察体系的力量向基层延伸的过程。基层尚且如此,那么统县政区如唐以前的郡、魏晋以后的州、唐以后的府、元代的路等,其行政机构当然更受到监察机构的重视。至于历代新创的高层政区——当政区的层级超过三层时,它与统县政区便不重合,而是统县政区的上级——受监察的情况又如何?这个问题需另作讨论。对高层政区的监察,并非像汉之郡、宋之州、明之府,理所当然会被置于地方监察机构的严密注视之下。

宋以后各代共有的现象,是中央力图将高层政区的相关机构纳入监察范围,但最终会发现,这些机构是很难管束的。宋代的情况比较特殊,监司只能算是兼有部分行政责任的监察官,朝廷对监司的监察工作,大体限于令不同监司互察,但互察也不过是强调就日常工作中失误、违规行为相互纠劾,缺乏严密的法规相配套。如此,互察则很难有显著的效果,于是便只好依靠中央行政体系中的人事管理机构(审官院或吏部考功)作例行的、平面化的考评,多为具文而已。不过监司的行政权有限,又在几种监司之间作了分割,重大的错误或犯罪行为较难发生,也难掩盖,故而某种程度上的"失监",也不会致使一路行政陷入严重混乱。

元代的情况便大不相同。行省官是正式的地方行政官,其管理的区域面积极广,又无所不统,权力极大,故亟须有严格的监察制度对其进行

---

① 《大明会典》卷十三《吏部十二》"朝觐考察"条:"洪武初外官每年一朝,二十九年始定以辰、戌、丑、未年为朝觐之期。朝毕,吏部会同都察院考察,奏请定夺。"
② 《明史》卷七十一《选举志三》。
③ 《明史》卷七十三《职官志二》。

约束。无疑,这一努力从行省建立之初便已作出,将它纳入御史台与行台的监察范围,这一体制在一定程度上起了作用,"行御史台对行省的重点监察,首先是对行省官吏违法乱纪行为构成了长期稳定的制约或监督机制,其次充当了中央控制行省、防止其坐大的工具"。但是,考虑到行省官员独立处理军政大事的权力应受保障,又因行省的主要官员,与朝廷高官甚至皇帝本人有千丝万缕的关系,故而行台正常行使职权的行为,经常受到否定和打压。元代行御史台对行省的监察,总体是成败参半,"由于这类监察,行台与行省之间的关系多数情况下又相当紧张",这对地方行政秩序产生了明显的消极影响。① 相比宋代的情况,元代对地方高级行政官员的监察,主要问题在于:虽有较严密的监察法规,但其执行过程,却受到种种阻滞。最大的阻力,正是来自立法者——中央高层甚至皇帝本人。

明代所呈现的又是全然不同于宋、元的新问题。在皇帝的支持下,强势的监察机构终于将高层政区的所有官员都纳入监察网络,并且按照完备到琐碎程度的法规,严格执行。都指挥使、布政使作为地方最高军事、民政长官,受到巡按御史毫不懈怠的监察,连本身作为一省最高监察官的按察使也同样作为被监察者而受种种制约。于是,监察官较之行政官具有明显优势,连最高地方行政官也受到约束。但随着旧难题的解决,新的难题出现了。既由于一省的权力在都、布、按三司之间分置,又由于巡按御史的时时掣肘、事事牵制,一省之重大事务,不易获得有效迅速的处置。由是,终于在各地陆续置巡抚,以总制诸司事务。巡抚所辖,未必与一省(布政使司)之地重合,但他却是相关的省的三司之上官。不过朝廷对被分散了权力的都、布、按三司尚要不懈察考,对集中各种权力于一身的巡抚,又怎会任其自由而不加牵制呢?故而,巡按御史又多了一个监察对象。但巡抚加都御史或副、佥都御史衔,名义上算是巡按御史在都察院的上司,在地方又是位高权重,不比都、布、按三司容易控制。于是,"抚按之争在明代是始终存在的"。双方互不相下,常将争执上报朝廷。在嘉靖以

---

① 关于行台与行省的种种龃龉及由此产生的不良影响,李治安有详尽的论述,见上揭专著第259—266、281页。

前,巡抚往往占优势;此后则反之,"大抵抚臣见屈,按臣见伸"。因随着巡抚封疆大吏地位的增强,朝廷对其戒备之心也渐强,故时常有意抑制之。[①]但始终无法平息的抚按之争,近似元代的行省与行台之争,对行政秩序有一定的冲击。如何看待这种争执,见仁见智。明人或许觉得这是一种正常的现象,甚至是最合理的现象。若非巡按力抗巡抚,巡抚这封疆大吏,岂非为所欲为、无法控制了?但清人则认为这种牵制有失体统、有碍效率,故于顺治十八年(1661)废除巡按。

综上所述,由汉而宋、元、明,地方监察官的监察对象,虽在上、下两端皆有外延,逐渐趋向于将所有地方官员囊括于监察网络之中,且对于任何一个层级的地方官来说,监察工作皆有渐趋严密之势。然而上、下两端的表现仍有不同。向下的延伸,大体上是一步步地踏进,少有曲折。当然,如此彻底的监察是不是有必要,那就另当别论了——只能说从中央集权的角度来看,有其必要性。而向上的延伸,显然更为重要,对政权的稳定来说更值得重视。但由于地方顶层的官员,属于整个官僚体系中地位最高的群体,其于地方所执之职责,又使之成为中央政府与皇帝需要借重的对象,制衡极难,要使监察工作顺利地施加于他们,殊属不易。因此,反而是这个更重要的方向的监察权的延伸,从宋代到清初,长期有所反复。

第三节 监察内容的拓展

被监察的地方官员,其层级向上、下两端延伸,其数量显然也在不断增加。与此相应的是,监察事务的执行者,即参与地方监察的官员,数量同样在不断增长。汉刺史不过十二三人。宋代合诸类监司,多不过百余人。至元代,仅计中、西、南三台监察御史,便及八十人,加上二十二道廉访司共一百四十八名官员,总数达二百二十八人。明代十三道监察御史

[①] 明代巡、按之争,其大致情况可参刘双舟上揭专著第29页。

一百二十名，所有这些监察御史，皆须分管在京、在外事务，因此都参与到地方监察，逢大计或点差，其职责更与地方官息息相关。而其中两直隶、三都司、十三省共计二十一名巡按御史，更是专职的地方监察官。又有十三名按察使、六十九名分巡道主管官员（按察副使或佥事）。① 仅计巡按御史与按察司官，共一百三员。若计所有监察御史，则达二百二员。

从十余人到百余人，再增长到二百余人，这不仅与监察对象的外延过程同步，并且，也是监察内容不断拓展所必需。由汉代刺史问事之"六条"所包含的简单内容，愈往后发展，愈是繁复，终至于无所不包。

六条中针对"二千石"的五条，首先是"不奉诏书，遵承典制，背公向私，旁诏守利，侵渔百姓，聚敛为奸"，重点是"向私"、"聚敛"，简言之，即二千石之赃污。次为"不恤疑狱，风厉杀人，怒则任刑，喜则任赏，烦扰刻暴，剥截黎元，为百姓所疾，山崩石裂，妖祥讹言"，重点是"滥刑"。再次，"选署不平，苟阿所爱，蔽贤宠顽"，即用人不公正。又，"二千石子弟恃怙荣势，请托所监"，即家眷怙势谋利。最后是"违公下比，阿附豪强，通行货赂，割损正令"，即交通豪强，无视国法，破坏行政秩序。

就此五条而言，本人赃污或家眷怙势谋利，以及与豪强勾结而凌弱、营私，这三条性质相近，都是在行政过程背后，因私利而犯法者，在唐宋被纳入"私罪"之范畴。据《唐律疏议》："私罪谓不缘公事，私自犯者。虽缘公事，意涉阿曲，亦同私罪……受请枉法之类者，谓受人嘱请，屈法申情，纵不得财，亦为枉法。"② "私罪"可寓于任何行政事务中——"六条"之中也未指明其由来，它是历朝历代的重点打击对象。这一点，汉与后世并无重大区别。此外，用人不公一条，则因隋以后逐步将地方长吏的用人权收归中央，渐无重点考察的必要。仅有刑狱一节，既然为历代监察官重点监察的内容，而监察官之介入又有时代之间的区别，故值得一探。

"问事"之后发现郡守有滥刑，刺史需要介入纠正，此所谓"断理冤

---

① 《明史》卷七十五《职官志四》。
② ［唐］长孙无忌等撰、刘俊文点校：《唐律疏议》卷二《名例二》，"诸犯私罪以官当徒者"条疏议，中华书局，1983年。

狱"。① 不过,监察官以何种方式发现刑狱方面不当之事实,直接关系到纠正手段和结果。按朱博为冀州刺史,"行部,吏民数百人遮道自言,官寺尽满",朱博乃告吏民:"其民为吏所冤,及言盗贼辞讼事,各使属其部从事"。② 可知刺史是通过吏民声诉得到盗贼、辞讼等信息,而由相关的"从事"进一步追究。刺史似无专职主理刑狱的"从事",应由"每郡国各一人、主督促文书察举非法"的"部郡国从事"来负责。③

刺史亦或亲自审问案件。何武为扬州刺史,"行部录囚徒,有所举以属郡"。④ 即通过亲自审问,有所改正,嘱郡守复审或修改判决结果。又劳榦曾引《后汉书·马严传》,证明东汉刺史可亲自考问犯人。⑤ 似乎亲临现场,也是刺史获取信息的方式。不过,刺史当然无法一一亲自审问诸郡所有刑狱,他又如何较准确地选取"疑狱"?实际上刺史亲自"录囚"亦仅见此一例,甚至不知是否通例。又,汉制有部郡国从事有责任"督促文书",但所督者,或仅限于"簿曹从事"主管的"财谷簿书",并无明确记载诸郡需向刺史递交刑狱记录。故而,"吏民自言"恐怕还是刺史获取信息的主要途径。

唐宋以降,司法方面的监察,力度越来越大。宋代的监司,刑狱是其最重要的监察内容之一。漕、宪、仓三司,每新置一个,就将监督刑狱之责加诸其身,其中"提点刑狱公事",又是在刑狱中起最重要作用的监司。当然,关于监司在刑狱方面所起的作用是否有别于汉代,考察的主要角度不在于相关机构是否增加,而在于其获取信息的方式、介入的程度,有什么新的表现。

与汉代刺史一样,宋监司也通过刑狱的直接相关人,获得相应信息。仁宗景祐元年(1034)规定:

---

① 《续汉志》卷二十八《百官志五》"州郡"条刘昭注引蔡质《汉仪》。
② 《汉书》卷八十三《朱博传》。
③ 《续汉志》卷二十八《百官志五》"州郡"条。
④ 《汉书》卷八十六《何武传》。
⑤ 劳榦:《两汉刺史制度考》,载《中研院史语所集刊》第十一本(1944),第44页。

> 检会条贯：诸色人诉论公事，称州军断遣不当，许于转运司理诉。转运司不理诉，于提点刑狱陈诉者，虑诸色人方欲转运披理，却值出巡地远难便披诉。自今如因提点刑狱巡到，诸般公事未经转运理断者，所诉事状显有枉屈，即提点刑狱收接牒送转运司，即不得收接常程公事。①

宝元元年（1038），又诏百姓未经转运司而诉冤于提刑者，提刑听词状并送转运司。② 南宋隆兴二年（1164）三省言："人户讼诉，在法，先经所属，次本州，次转运司，次提点刑狱司"，不依此序，即为越诉。③ 可见，案件经过州军审理之后，上诉人不服，便可依转运、提点刑狱的顺序要求复审。转运司认为初审没有问题故不予受理，或虽经受理却仍理为不当，上诉人便可再向提刑司要求复审。所谓"不得收接常程公事"，指不得代替州军审理普通案件。这较之汉代吏民自言的方式固然要完善得多，不过程序却是出于同样的原理，即吏民上诉，监察官接受上诉。

但也不乏重案错判而受屈者不敢申诉，那么监司的司法监察，便需通过其他手段得以奏效。宋制最重要的创新，在于州军司法文书，需经监司的全面检核：提点刑狱公事"所至专察视囚禁，审详案牍，……所部每旬具囚系犯由、讯鞫次第申报，常检举催督"。④ 一是根据州军详尽的申报材料，一是根据巡历所至亲自检阅的司法"案牍"，发现理断不当或拖延不决的案件，这较之吏民自诉，信息要全面得多，在保证司法公正性方面，检核文书与接受自诉，显然也有非常强的互补作用。

这种"双管齐下"的方式，元、明与宋一体。元代按察—廉访司仍以司法事件为其最重要的监察内容之一。据《元典章》载，至元六年（1269）规定："诉讼人等，先从本管官司，自下而上，以次陈告。若理断不当，许赴提刑按察司陈诉。"依例接受陈诉之外，也依靠文牍，对地方刑狱进行全方位

---

① 《宋会要辑稿》刑法三之一八。
② 《续资治通鉴长编》卷一百二十二，宝元元年八月癸酉。
③ 《宋会要辑稿》刑法三之三一。
④ 《续资治通鉴长编》卷六十六，景德四年七月癸巳。

的覆核:"所在重刑,每上、下半年亲行参照文案,察之以情,当面审视。……其余罪囚,亦亲录问,若有冤滞,随即改正、疏放。"①

明制所规定的上诉次序也无差异:"凡有告争户婚田土、钱粮斗讼等事,须于本管衙门,自下而上,陈告归问。如理断不公或冤抑不理者,直隶赴巡按监察御史,各省赴按察司或分巡及巡按监察御史处陈告,即与受理推问。"监察官若"受军民词讼,审系户婚田宅斗殴等事,必须置立文簿,抄写告词,编成字号,用印关防,立限发与所在有司,追问明白,就便发落,具由回报。"行政部门审理的案件,"应有罪囚追问完备,杖罪以下,依律决断,徒流死罪,议拟备申上司详审。直隶听刑部、巡按监察御史,在外听按察司并分司"。监察官"至按临处所,先将罪囚审录卷宗吊刷",据所检核的卷宗以覆核案件。②

接受地方行政机构未能顺利解决的案件,循此入手,审问疑狱,甚至亲自录问罪囚,此为历代监察官纠察地方刑狱的共有途径。但由于行政法规强制地方政府将司法文件呈报监察部门,宋元明的监察官比起汉代刺史多了一条更有力的途径,得以全面了解地方司法事务,一切误判都有被纠正的可能性。应当说,这是制度建设所能达到的极致。

汉以降,监察官对于地方财政的监督权之强化,较之刑狱方面更为明显。刺史问事"六条",并未明确规定对郡县的财事应如何监督。尽管刺史属下,专置"簿曹从事,主财谷簿书",但却未见刺史直接干涉郡国的财政事务。何武为冀州刺史,"入传舍,出记问垦田顷亩、五谷美恶已,乃见二千石"。③ 此或可说明,刺史所关注的"财谷"之事,主要是农业生产的状况。即便掌有了解郡国财物储备与赋税收纳、上缴情况的权力,也未以此为考核重点。财政事务上的宽弛作风,似乎在隋代仿照汉制所定的司隶刺史问事"六条"中,仍有所体现。其中所涉财政事宜,"一察品官以上理政能否",这一条,可以涉及很多内容,较含糊地将财政也包括在内;"四察

---

① 《元典章》卷六《台纲二・体察(体覆附)》"察司体察等例"。
② 《大明会典》卷二百十《都察院二》"出巡事宜";卷二百十一《都察院三》"追问公事"、"审录罪囚"条。皆见续修四库全书第792册。
③ 《汉书》卷八十六《何武传》。

水旱虫灾,不以实言,枉征赋役,及无灾妄蠲免者",①这一条比较明确地涉及财政,其核心在于中允,既禁止地方官"妄征"邀功,又禁止他们"妄蠲免"以致国家财政受到损失。尽管隋文帝、炀帝之征赋,都显示了颇为贪刻的风格,但至少在公然展示的统治理念上,与汉代盛时,仍是一脉相承。

朝廷对于地方财政的态度转变,应发生于唐中叶安史之乱以后。胡宝华指出:"唐中央为了保证有限的税收,维持国家机构的正常运作,采取了财政优先的施政方针……理财的观念渗透到社会的各个层面。"②无论是税制的改革,还是租庸使、转运使、巡院之设置,都是强调财政的重要性。较之唐初,藩镇割据导致中晚唐之中央政府可以直接控制、可从获得财政收入的地区大幅收窄,用兵不断又令支出无法缩减,提高财政收入成了政权生存之首要事务,这是唐代将财政监察置于极重要地位的压力所在。

这一风格经由五代,入宋而更盛。宋代转运司作为监司之首,其成为"监司"之前,便已是最为重要的专业财政机构;兼具监察之职以后,也并未削弱其财政方面的功能。关于转运司的职责,最简要的表述是:"经度一路财赋,而察其登耗有无,以足上供及郡县之费,岁行所部,检察储积,稽考帐籍,凡吏蠹民瘼,悉条以上达,及专举刺官吏之事。"③其于财政上最重要的使命,是"足上供",这一条,愈往后便愈讲究。其次是相度"州郡有余不足,通融相补",④以一路经费实行转移支付,足"郡县之费"。基于财政方面的重要使命,上述记载,甚至连转运司在刑狱上的重大责任也省去,却突出其于财政监察上所应履行的职责:"检察储积,稽考帐籍。"这八字,正好点明了其介入州县财政事务的两种主要手段。各种账簿,需经"转运司勘勾",才是朝廷能够接受的"经司金帐"。⑤"诸路监司巡按,检视

---

① 《隋书》卷二十八《百官志下》。
② 上揭胡宝华专著,第154页。
③ 《宋史》卷一百六十七《职官志七》。
④ 《宋史》卷一百七十八《食货志上六》。
⑤ 《续资治通鉴长编》卷三百九,元丰三年闰九月庚子。

簿书,凡财用之出入,无簿书押者,必按以不接之罪。"①若辖下某地,恰好今年未在巡历计划之内,那便换一种方式,"委官分诣,岁一周遍",点检诸州县夏秋税簿,②但不能放弃检核的职责。核查账目,仍只是看到纸面上的财赋,检察储积,才是"眼见为实",以免"主藏之吏不过指廪囷扃,执虚券以相授受",或者"名存实亡,纵有见存,类多陈腐"。③

由于兼具"监司"与"计司"之职,日常的监察之后,财赋的调度又需经过监司之手,故而宋代监司对地方财政的介入,其深度大约为历代地方监察机构所不及。譬如元代"按察司官不管军民钱谷,唯官吏人等有犯非违,使之纠弹"。不过,若就检核之面面俱到而言,则元、明二代并不稍逊。元按察司官所谓"不管军民钱谷",是指其不比宋代监司可以直接介入,但督察之责,则不许稍有懈怠。督察财政的工作,主要仍是通过"照刷文卷"的方式来实现:"官府文卷,上下半年照刷……凡干碍动支钱粮并除户免差事理,虽文卷完备、数目不差,仍须加意体察,有诈冒不实者,随事究治。"此一条涉及开支、户口、差役等事。又,"民户合纳丝银、税粮、差发,照依已立限期征纳,不得违限并征",这是针对赋税、差役之征调而言。另外,又规定按察司须纠察"犯私盐酒曲有沮坏钞法事",此又涉及专卖与货币。当然,按察—廉访司不像宋代监司那样与财赋有密切的接触,故停留在"文卷"之上的监察,总有隔靴搔痒之感,这便是监察与行政截然两分所不得不承受的后果。不过,朝廷令按察司"遍历巡视""仓库收贮官物","收贮不如法,并侵盗、移易、损坏官物,及诸造作役人不应者,随即纠治",④希望以此使监察官与他所督察的财赋更为接近。

明制亦大体相同,只是规定更为详尽,程序更为严格。据《明会典》,监察御史、按察司出巡之际,皆须"巡视仓库,查算钱粮,有无亏欠",若有"钱粮埋没、赋役不均等项,依律究问"。更具体地说,"凡至地方,所有合

---

① 《建炎以来系年要录》卷一百四十九,绍兴十三年六月戊戌。
② 《庆元条法事类》卷七《职制·监司巡历》。
③ 《建炎以来系年要录》卷一百八十二,绍兴二十九年六月壬寅,浙西提举常平吕广问言。
④ 本段所引,分见《元典章》卷六《台纲二·按治》"察司巡按事理",同卷《台纲二·体察(体覆附)》"察司合察事理"、"察司体察等例"。

行事件,著令首领官吏抄案施行。科差赋役,仰本府凡有一应差役,须于黄册丁粮相应人户内周而复始从公点差……税粮课程,仰本府即将岁办税粮诸色课程,各各数目,保结开报"。这些纠察内容,仍是通过"立案"照刷来核查的。但这些文牍工作,仍不能替代现场的视察,"巡历地面仓库局务等,但系钱粮出纳去处,从监察御史、按察司并分司官,不时巡视,若有作弊,就便究治"。①

自唐代因财政的紧张而强化地方财政的监管,宋以后历代一直保持着对地方财赋管理工作的高度重视。除了在考课条目中纳入赋役征催的内容,②此外尚全面反映于监察官的督察内容之中。可以说,对地方财政事务的监察,是监察官在汉以后扩张最快的一项内容。

另一项逐渐外扩的权力,是对地方军务的监察。汉代刺史明文规定的职责,皆与军事无关。后汉时,北边刺史偶见有受命"严敕障塞,缮设屯备,立秋之后,简习戎马"。③ 然则在两汉,刺史监军的情况并不常见,倒是其势力渐大之后,直接获得了领军之权——而非在旁察视的监军之权。汉代监军者多由朝廷直接派出,有时即选御史为之,总体上与刺史的关系不大。《宋书》载:"光武建武初,征伐四方,始权时置督军御史,事竟罢",以督军御史为"大将军督军"、"都督"之前身。④ 不过西汉已有"监军御史",⑤东汉初督军御史实为西汉监军御史之余绪,并非初创。而以御史监军,同将领督军,分别是监察者与领导者的身份,亦属不同性质,未必有承接关系。而魏晋之后,"监军"之名虽仍多见,然大多是临时代管军队者,

---

① 《大明会典》卷二百十《都察院二》"出巡事宜"、"照刷文卷"。
② 如《新唐书》卷四十六《百官志》载,"每岁尚书省诸司州牧、刺史、县令殊功异行、灾蝗祥瑞、户口赋役增减、盗贼多少,皆上于考司监领之官"。宋代考课的内容,在南宋人徐谓礼的考课项目中得到最直观的体现。其于知溧阳县任上,被考核的赋役项目包括:夏税绸、绢、绵、麦等,秋税粳米、糯米、折布等,常平租课免役钱、义仓小麦等,共计十六项,每项皆有精确到勺(粮)、文(钱)、钱(绵)、寸(丝织品)等具收数额,这些项目占了考课内容的大半。见《武义南宋徐谓礼文书》录白印纸第五卷图一至图六,第96—101页。
③ 《后汉书》卷六《顺帝纪》,永建元年五月丁丑。
④ 《宋史》卷三十九《百官志上》"持节都督"条。
⑤ 《汉书》卷六十七《胡建传》:武帝天汉中(前100—前97),"监军御史为奸,穿北军垒垣以为贾区";又同卷九十九上《王莽传上》:居摄二年"十二月,王邑等破翟义于圉,司威陈崇使监军上书……"是西汉武帝朝已有监军御史,虽不常置,但亦非绝无仅有。

真正旁观而不直接参与的,倒不多见。至唐代,监军一职普遍设置,也是由中央派出,且多为内侍,皇帝私属的意味更重了。以至于大量内侍散处各地军中,唐末朱温铲除宦官势力时,在宫中者"七百人并赐死于内侍省,其诸道监军及小使,仰本道节度使处斩讫奏",①由是内外宦官几乎被一网打尽。可是以内侍监军的习惯倒并未因此断绝。宋代各路帅司身边有"走马承受",也以近臣、内侍为之。但从汉代御史到唐宋内侍的皇帝侧近人员,②总有一种暗探的性质,与一般的地方监察机构颇为不同。

在金代,监察机构一度有介入军政的迹象。大定二十九年(1189)置提刑司,"屯田、镇防诸军皆属焉",③即令提刑司讥察军政。嗣后,复命"诏诸路猛安谋克农隙讲武,本路提刑司察其惰者罚之",猛安谋克实为兵、民合一之特殊组织,故这一决定也可视作提刑司监察军政的表现。至承安二年(1197),罢提刑司监察猛安谋克之职责,而"令监察御史察其臧否"。④权力虽然在机构间发生转移,但毕竟仍属监察体系。但是,监察官介入军政的趋势,在监察势力获得极大发展的元代却没有继续下去。元代的监察官,仍被隔离在军事部门之外。《元典章》记载,至元二十九年闰六月,御史台奉中书省札付枢密院呈:

> 据蒙古都万户府呈:"元准河北河南道按察分司省会'将探马赤军人与诸人一体入社,依例劝课'事。府司照得先钦奉圣旨节该:'干碍军数文卷,按察司休刷者。'……盖为军国事可宜密切,所以如此关防。若将本管蒙古军人却与汉儿民户一同入社,其各处管民官司备知卑府见蒙古军数。……若将本管蒙古军人另行为社,令见设本管奥鲁官一体劝谕农事,似为相应,具呈照详。"……"休与汉儿民户一处相合者。依着万户的体例里另行者。"么道,圣旨了也。钦此。⑤

---

① 《旧唐书》卷二十上《昭宗纪》,天复三年正月辛未。
② 胡宝华指出:先秦以降,御史向为皇帝之亲信,直至隋代,才"不再有国君个人亲信的色彩"。见上揭专著,第17—18页。
③ 《金史》卷九《章宗纪一》,大定二十九年六月乙未。
④ 《金史》卷十《章宗纪二》,明昌六年(1195)五月乙巳,承安二年十一月壬子。
⑤ 《元典章》卷二十三《户部九·农桑》"立社·蒙古军人立社"。

同样,军备也是监察官检核之禁区,"诸廉访司官,擅封点军器库者,笞三十七,解职别叙"。① 最重要的军务不令汉人参与、军事机密汉人不得与闻,这是元代的基本政策之一。为防止按察司(其中汉官不少)得知蒙古军虚实,遂将他们与各种军务分隔开来。蒙古统治者的基本立场,决定了监察官无法将其职权向军务扩展。

根本的变化发生在明代。明制仍规定,监察御史照刷文卷,"干碍军机重事不刷",②但明代监察官的禁区要小得多,不属核心机密的军务,大多在其监察范围之内。譬如朝廷一直强调,"在京大小有印信衙门并直隶卫、所、府、州、县等衙门,在外各都司、布政司、按察司文卷,……从监察御史每岁一次或二岁、三岁一次照刷"。③ 监察御史点差出巡,所涉军务涵盖极广。如"巡京营":"天顺八年,差给事中、御史各一员,巡察各营上操军士";"成化元年,令给事中、御史巡察各营奸弊";"嘉靖七年,令点军科道官不许挨次差委,务选有风力肯任事者,用心查照稽考"。④ 所监察的事务,涉及日常操练、欺隐舞弊、清点军数,这些都需要深入军营,方可知其情实。又如被点差巡视屯田、清军、巡关、巡青等,皆与军人、军马数目以及供应直接相关。至如"监军纪功"、募兵调饷等,⑤前代为皇帝近臣之禁脔者,至明代亦归为监察官的正常监察内容。

综上,在历代监察官所掌有的主要监察内容中,刑狱、财赋等民政之中最重要的项目,两宋较之前代有明显的扩张,元、明两代复有进展。至于监察军务,地方监察官得以发挥重要作用,则迟至明代。总的趋势不难把握——地方监察机构的监察内容越来越广泛,其力量逐渐渗入了国家生活的各个方面。

---

① 《元史》卷一百二《刑法志一》"职制上"。
② 《大明会典》卷二百十《都察院二》"照刷文卷"。
③ 《大明会典》卷二百十《都察院二》"照刷文卷"。又同书卷二百九《都察院一》"各道分隶"条,具载十三道监察御史各自照刷哪些机构之文卷,其中五军都督府及各都司、卫、所,俱在其中。
④ 《大明会典》卷二百十《都察院二》"奏请点差"。
⑤ 《大明会典》卷二百十《都察院二》"出巡事宜"。

小　结

　　狭义的"监察",关注的是特定时代理想的政治秩序之外的不正常政治行为,与之相对的"考课",却以秩序以内日常的政治活动对官员作出评判。当监察机构由较单纯地掌握"监察"权,转变为越来越深地涉入"考课"工作,它们对地方行政官的牵制作用便逐渐增大。而在这个发展过程中,监察机构几乎是同步地将其监察对象向行政体系的上、下两端扩张。另外,其监察内容的持续拓展,导致它们介入地方事务的触手也在不断增多。随着时代的发展,监察这一张网络,不但其覆盖的面积越来越大,并且,网丝日密、网格日小,地方的诸种事务,几无得脱者。

　　经宋、元、明诸皇朝不断重织、补缀、加密监察网络,地方行政体系的自主余地难免越来越小,地位也日显卑微。汉代郡守尚不乏睥睨刺史者,北宋前期也有不少知州抗衡监司、抵制监司干预的例子。入元之后,路、府、州的官员,大抵已无人敢蔑视监察官的权威,仅宣慰司以上,尚堪与按察司比肩、与监察御史交斗。而明代省一级的三司以下,皆受巡按御史考察,孰敢拂逆其意? 于是,由行政体系的一面来看,近千年来政治生活是越来越有序了,但新的问题是: 也越来越缺乏活力。而从监察体系来看,或者问题更明显——其力量甚嚣尘上,相互牵制而无一定之统属关系,举凡朝内朝外有所争执,纷纷挈挈,多是监察官的身影。

第五章　巡行：地方监察官的履职方式及效果

尽管宋、元、明的地方监察制度比起汉制有诸多变化，比如中央对监察机构的控制方式发生转变，监察体系对行政体系的威势日盛。但同时也应看到，后世地方监察制度有一些重要方面，是在汉代制度的基础上顺势一路走下来的。令监察官单独形成一个层级而不与地方行政体系的层级相重合，这种设计为宋代监司、元代监察御史和按察—廉访司所沿用，此其一。汉制以六百石监二千石，以卑临尊，这也是宋代监司和元、明监察御史的共同特点，此其二。但最为重要的模仿，是监察官的履职方式：巡行。

几乎可以肯定：若非巡行不息，监察官很快便会转型为行政官。宋代通判以"监郡"的面目出现，①但不久就变成"倅贰"，成了知州的辅佐者。这固然与朝廷对通判的定位不甚明确有关，但监察、制衡有时或被理解为亲自介入，再将他安置在固定的地方，让他有条件经常介入的话，转型便迟早会发生。清代道员之转型，也是由于同样的道理。不过对于最主要的监察官，汉、宋、元、明诸朝，还是坚定地令其保持运动不休的工作状态。

当然，制度差异还是存在的。一方面是赋予监察官的任务越来越全面，其工作压力越来越大；另一方面，监察官的层级、机构和同一机构的人数，历代有较大差别，监察官之间的合作与工作分配方式不同，又存在不同的分解压力的可能性。而为了保证巡行的效果，朝廷设计出越来越多、

---

① 宋初张咏称："今之通判，古之监郡。"见《张乖崖集》卷八《麟州通判厅记》，中华书局，2000年。

越来越细致的限制或鼓励措施,这也是巡行制度发展的重要表现。固然,监察官巡行的制度雏形在汉代已经出现,但如何使制度在本朝的政治环境中长期运作不辍,各朝代还是为此费尽思量。

作为监察官对行政官员实行有效监督和施加威慑力的主要方式,同时也作为监察官不至于迅速向行政官转型的重要保证,巡行是最能体现监察官身份特征的要素。因此,本章拟由多个侧面入手,对巡行制度的演变作一探究,并以最具代表性的宋代巡行制度为例,以尽量具体的细节描述其建立、调整,及运作的时间、空间特点,展示该制度是如何与特定的政治环境相适应,逐步成长和完善。

第一节 时间、空间及其他——历代巡行制度概述

郡在先秦产生之初,其长官便称为"守",秦、汉沿袭此称直至唐代郡之消亡。但此后,"郡守"、"太守"、"守臣"之称仍被作为统县政区长吏之习称,"守"这个称法,用于坐镇一区、划地而守的地方行政长官,确实是很合适。对于地方监察官来说,恰好相反,"巡"才是正常的工作方式。"代天子巡狩",①使车旁午,周流不息,大多数地方监察官正是处于这种状态。行政官之坐镇与监察官之巡行,这两种颇显对立的工作方式,在明代两种分司之名——"分守道"与"分巡道"的名称上能够得到贴切的反映。

我国古代的监察官,也非全部都是以"巡"为常态。秦之监御史,便坐镇各郡,贴在郡守身边时刻察视。除了秦末大乱时,常见监御史统军作战,承担了与其本职颇不相符的职责,倒也未见有其他材料反映坐镇监察的不便。当汉武帝置刺史,规定其不住巡行,我们自然会有一些疑惑:武帝何以不沿用秦代的旧制呢?

在秦代灭亡到汉武帝置刺史之间,亦曾有重建地方监察体系的尝试。

---

① 《明史》卷七十三《职官志二》。

上述问题，其原因便须在这一段时间中寻找。惠帝至文帝初，重讲秦代制度而遍置于各郡的监察御史，却因"不奉法，下失其职"而令文帝不满，至十三年又遣出"丞相史出刺并督监察御史"，并最终在武帝元封元年（前110）终止御史监郡之制。① 若以监郡御史置于文帝初年计，仅在十余年之后，其弊端便已显现，那么至武帝废除该制度，已近七十年，比秦代监御史的存在时间要长得多，足以展露其种种违背朝廷建置初衷的问题。废监郡御史之后仅四年，武帝便置刺史，为它设计了全然不同的工作方式。这说明，不是不需要地方监察官，而是监察官不宜坐守一地，新制度是武帝对监郡御史的问题保持深刻印象并作充分反思的结果。

刺史以巡行的方式履职，非无先例。文帝遣出的"丞相史"，自然不可能每郡都派驻一名，只能是通过巡行完成其使命。汉初临时遣出的其他使者——例如谒者之类，也是外出执行使命完毕，便即归朝。总是处于"动"的过程中，这是朝廷使节的共同特征。刺史初置，采用同样的动态的方式，有可以借鉴之处，而非突发奇想所致。

刘昭谓刺史"传车周流，匪有定镇"，②蔡质称其"周行郡国"。③ 魏人夏侯玄以为，刺史"居无常治，吏不成臣"。④ 可见关于刺史巡行不止，各家说法无异。巡行的大致情况是"以八月巡行所部郡国"，"岁尽诣京都奏事"。⑤ 亦即刺史以一岁为一个周期，在"所部郡国"与"京都"之间往还。郡国既多，则巡行所耗费的时间当然也远较奏事为长。但上述诸家认为刺史没有治所，这一点却受到普遍质疑。全祖望提出，刺史统一以八月出巡，那么八月之前，难道都麇集于京师？而《汉书》诸《传》以及居延汉简皆有少量西汉刺史"治所"的记录，这是难以推翻的确证。学人遂有共识：初置刺史时无治所，至西汉后期则已形成"定治"。而从无治到有治，很可能有一个较长的变化过程，先是个别刺史定治，至西汉末则普遍定治。⑥

----

① 《通典》卷三十二《职官典十四》，"州郡上·州牧刺史"。
② 《续汉志》卷二十八《百官五》引刘昭注。
③ 《续汉志》卷二十八《百官志五》"州郡"条刘昭注引蔡质《汉仪》。
④ 《三国志》卷九《魏书·夏侯玄传》。
⑤ 《续汉志》卷二十八《百官五》。
⑥ 关于西汉刺史治所的辨析，见万孝行、刘运玺上揭论文。

刺史有无治所，是个重要问题，因为这关系到刺史的"地方化"。有了治所之后，东汉的刺史便不再"诣京都奏事"，而是令"计吏"代劳。① 不过，治所与巡行，却不构成矛盾。有了治所，只是让刺史从原先的"京都—所部"的活动路线，变成"京都—治所—所部"。当他不在"所部"巡行的时候，他留在京都还是治所，又有什么重大区别呢？所以我们看到，有了治所的东汉刺史，其地方监察官的身份仍然维持了一百五十年以上。

有无治所对于宋以后的各种监察官的监察效果也同样没有明显影响。宋代监司自来就有治所，可他们在二百多年中，并未因此丧失监察官的身份与功能。元、明的廉访司—按察司是有治所的，监察—巡按御史在其巡行区域却无治所，但他们所起的作用，在性质上并无区别。影响监察效果的，只在于他是否能够保证有充分的时间用于巡行。

全谢山发现了一个关键的问题，但有意思的是，他的切入点却有瑕疵，逻辑并不严密。当刺史在八月份出巡之前，他如果不在京师，既可以在治所（假定有治所的话），同样，也可以在巡行——处于上一年八月份开始的上一轮的巡行过程中。每次出巡的时间是八月，但是，并无记载表明，汉代刺史每个巡行过程在什么时候终止。所谓"岁尽诣京都奏事"，决不意味着本次巡行过程的结束。试想，在元封六年（105）之前，皆以十月为岁首，那么"岁尽"便在九月，怎么可能设想刺史一年之中只需要出巡一个多月？岁尽奏事应当是为了便于朝廷掌握"所部"守、令的政绩，以配合朝廷每年例行的考核。② 毫无疑问，这只是他的巡行过程的中断，而非终止。在京师停留一段时间之后，他仍要继续回到"所部"，接续未完成的巡行过程。东汉朝廷同意刺史只派"计吏"来朝，并非放任自流之举，反而是出于加强刺史监察效果的目的。"计吏"最熟悉刺史"所部"各郡的田赋、户口等核心数据，刺史所察得的其他信息，也尽可委托计吏转达，又何必

---

① 《续汉志》卷二十八《百官五》。
② 汉代中央考课官吏在何时，似未有定说。然据《汉书》卷七十四《丙吉传》："吉曰：'民斗相杀伤，长安令、京兆尹职所当禁备逐捕，岁竟丞相课其殿最，奏行赏罚而已。'"同书卷七十五《京房传》："房自请，愿无属刺史，得除用它郡人，自第吏千石已下，岁竟乘传奏事。"大约朝廷考课，统一安排在"岁竟"之时。

为此强迫刺史中断其巡行过程呢？

每岁出巡时间有规定，而巡毕之时，却无强制规定，这为刺史的巡行留下了余地。如所周知，汉代各个刺史部，面积差异极大，扬州占地四十余万平方公里，兖州不过数万平方公里。从豫州东端的沛郡赶到西端的颍川郡，刺史经行的距离是600多里，而凉州刺史要从天水郡奔赴敦煌郡，却要走3600多里。朝廷未定下同一个截止时间、同样的期限，反而是合理的。凉州刺史可能终岁在广漠中奔驰，兖、豫等州刺史，时间比较宽裕，但所部都是发达地区，民物繁庶，诸事丛杂，监察的力度深度需要加强。因此，他们大可放慢巡行的速度，增加在诸郡的停留时间，作更细致的察视。既然朝廷对刺史的要求是"传车周流"，无论所部广狭，总要车不停轨，充分利用"诣京都奏事"至次年八月之间的大段时间。

汉代的刺史出巡无截止时间，实际上可视作一整年都应巡行，但留下一定余地，如盛夏之时，或可放慢行程甚至停留在治所——假如有治所的话。一个巡行过程要始于秋凉之后的八月，大概就是出于这个原因。而宋代重建监察官巡行制度之始，也同样未定下巡行期限——甚至连开始巡行的时间也未定，只是令他们"不住巡案"。当制度开始完善起来，每年巡行的起始时间便确定下来——大致便是岁首："诸监司岁以所部州县量地里远近，更互分定，岁终巡遍。提点刑狱仍二年一遍，并次年正月具已巡所至月日申尚书省（原注：巡未遍而移罢者，至次年岁首新官未到，即见任官春季巡毕）。"①这虽是熙宁十年的规定（1077），但未见与之冲突的记载，或可推论，岁首出巡是此前一直实行的制度。宋制虽较汉制具体一些，有了出巡终止日期的规定。但截止于岁终，相当于一岁之中都需出巡，这与汉制并没有本质的区别。

元代按察司官同样需要"各道里不住多时，一路的过去"，②不过与汉、宋之制不同，元代巡行制度又对按察—廉访司的巡行截止时间作了规定。

---

① 《庆元条法事类》卷七《职制·监司巡历·职制令》。与宣和四年诏书相比可发现，两者内容大约相同，只是数处详略不同，知《庆元条法事类》所载乃是宣和之制。然关于交接事宜既已有合理的处置方式，前后当不会有较大变化。
② 《元典章》卷六《台纲二·体察（体覆附）》"改立廉访司"。

相应地,开始巡行的时间,也与宋代不同。据洪金富的研究,在制度初创期,即至元六年(1269)至二十三年设提刑按察司期间,按察司官分上、下半年出巡,尚未见有出巡、还司的确切日期。自二十八年改按察司为廉访司,定于每年五月出巡,翌年正月还司。大德三年(1299),改为九月初出司,四月初还司。延祐三年(1316)起,改为八月中出巡,次年四月中还司。① 此外,尚有一次盛夏"录囚"的出巡,大约在四月下旬至六月上旬之间。② 至元二十三年之后,无论作何改变,出巡时间总在七至八个月之间,加上录囚,大约九个月有余。在规定了期限之后,我们发现,元代按察—廉访司在外巡历的时间反而少了。剩下两三个月时间,则在总司处理文案。明代按察司官也被限定了出巡、回司的时间。据弘治元年(1488)马文升奏:

> 分巡官出巡往回月日,亦有定制。洪武、永乐年间,各处分巡、分管官常川在外,遍历所属……近年以来,多有顾恋妻子,罔肯出巡……乞勒各处巡抚、巡按等官,今后布、按二司分巡、分管官员,每年春二月中出巡,七月中回司,九月中出巡,十二月中回司。务要遍历所属,每处所住,不拘日期。③

据其意,按察司分巡官(按察分司、分巡道)出巡、归司时间,在明初已有明确规定,但管理不严,经过百余年后,关于时间的规定,已被分巡官视为文具,故而马文升提议重定期限。这一建议大约被朝廷所接受,故而嘉靖元年(1522)令曰:"各处守巡官,务照分管地方及旧定期限,躬亲巡历……抚、按官亦要……严加督察。"④所谓"旧定期限",应即弘治中再次强调的一年两巡之相关时间节点。

---

① 洪金富:《元代监察官吏的出巡日期问题》,《新史学》十三卷二期,2002年6月,第174页。
② 洪金富:《元代监察制度的特色》,《成功大学历史学系历史学报》第2期,第237页。
③ 《端肃奏议》卷三《陈言振肃风纪裨益治道事》,文渊阁四库全书本。
④ 《大明会典》卷二百十一《都察院三》"抚按通例"。

至于御史之出巡，元代的监察御史似未见有出巡、回台的时间与期限。明制，巡按御史亦未见出巡时限，但实际上当然不可能没有限期，巡按御史任期一年，任期即是其限期。至于临时"点差"出使的监察御史，倒是规定了出巡时限的严格限制。按道里远近，遣往诸方的御史最少可获得三十五日的往返期限（真定、宣大），最多达一百四十五日（四川）。① 受"点差"的御史，通常往指定地方行使特定的监察任务，不同于巡按御史之各处巡行，故可有统一之期限。

自汉以后，看上去关于时间的规定越来越详细，制度越来越严格。不过，如果没有关于巡行空间的规定，一味限定时间是无意义的。关于空间，主要的问题是：在一个巡行过程中，是不是要求监察官巡遍部内所有政区。若允许监察官有选择性地巡视政区，那么任何期限都不足以成为促使其快速巡行的动力。

似未见汉代刺史必须"遍历"的要求。按照制度设计，刺史任期为九年，②似乎不急于在一年中巡遍。但由于每"岁终"皆须奏事，并为所部二千石课殿最，这就意味着，刺史对所有郡守的治绩都需有所了解。而朝廷对刺史的要求，当然不是让他凭着文牒往来或委托掾属或通过其他间接渠道去获取信息，而是要他亲自察视以作出判断。如此则每岁遍历诸郡，便是必然的要求。至于县级政区，初时既未将县令纳入刺史的监察范围，则遍历诸县当无必要。大约在巡察诸郡的行程中，刺史总是要经过各个县，故而逐渐也兼具巡县之职责，需要察"墨绶长吏"。然而，刺史所部既广，要求他一年之中巡遍下属数百个县，根本不存在这个可能性。监察诸县事务，自有郡守下属的督邮，非必刺史不可。

与汉末刺史转型相隔八百年，宋代重建了监察官巡行制度，其制度的成熟，又经历了较长时间。自太宗提出转运使"不住巡案"之后，仁宗明道二年（1033）方始规定"逐路转运使、副今后并一年之内，遍巡辖下州军"。③至此，算是回到了汉制的水平。

---

① 《大明会典》二百十《都察院二》"奏请点差"。
② 《通典》卷三十二《职官典十四》，"州郡上·州牧刺史"。
③ 《宋会要辑稿》食货四九之一二、一三。

但是困难仍然是存在的,宋代监司于监察之外,尚有其他职事,而随着监司对地方事务的介入愈来愈深,监察的内容和细致程度也不断提升,巡行的速度便不可避免地慢下来,以致一年巡遍的要求时常无法遵行。至熙宁十年(1077),神宗借助宋代一路多个监司并存的特点,定下分部巡历之制,即将一路划为两个区域,分由两个监司巡行一区,次年互换巡区。由是,监司的巡行压力终于得以缓解。

神宗新创分部之制,似乎不仅仅是出于纾解监司压力的目的。监司巡历的广度(他的巡部)缩小一半,神宗希望加强其监察的深度(所巡政区的层级),将中央的监察力量下探到基层政区。熙宁十年(1077),监司受命遍巡诸县,"巡历不遍者奏裁"。这真是强人所难:譬如荆湖北路共14州军,56县,熙宁十年之前,监司每岁遍巡14个政区,此后,则是35个——7个州军加上28个县。看来新制度执行起来困难重重,所以到元祐元年(1086),借着废新法之机,巡遍诸县之制亦予废除。①

既不需遍巡诸县,那么监司得益于分部之制,其精力应该是有富余的。这一判断使得朝廷继续加强监司的工作量,只是换了一种方式——缩短巡行周期。先是于孝宗朝改为一年出巡两次,每次各巡本路之半,一年巡遍,相当于熙宁十年前的制度。后又令监司"各季轮流巡按管下州县",②大约春、秋两季巡历,即沿袭原制,各巡本路之半。而夏、冬两次,则专为录囚,"各随置司去处地理远近",③若一路监司在三员以上,则较之春秋之巡历,压力略小。

宋代的一路诸司并立之制,随着政权的灭亡而消失。但其分部之制,却在元代得以沿用。只是并立的关系和分部的方式,发生在监司内部——按察或廉访司的派出机构"分司",其主持者为按察(廉访)副使或佥事。熙宁七年(1074),宋境以转运司路计,共二十三路;至元三十年(1093),元中原之地有二十二道廉访司。大体元之廉访司较之宋代监司

---

① 《续资治通鉴长编》卷二百八十二,熙宁十年五月戊午;卷三百六十八,元祐元年闰二月丙申。
② 《宋会要辑稿》职官四五之四一。
③ 《宋会要辑稿》刑法五之四十六、四十七。

巡区略大。但宋代一路分巡之区,不超过三部分,一般为两部,而元代每道副使、佥事额定六员,分巡的余地要大得多。虽然"分司"的规模似无成规,但分巡区大体为三四路,少者仅一路或两路。元之路,略当宋之府、州的规模,则元代"分司官"的巡行压力,或不如宋代监司。即管置按察司时期,每年两次出巡;置廉访司之后,除一年一巡之外,尚有盛夏虑囚之责,又需一巡,然而终不如南宋后期监司一年四巡之艰难。

元代按察—廉访分司是否需要遍巡诸县?关于按察司官巡至某县的记载极多,按理说,分司分巡区域不大,较宋代监司更有遍巡诸县的可能。而为了完成朝廷下达的照刷"诸官府文卷"的指令,①遍巡属县亦有必要,但却未见有明确的规定。总体来说,元代按察司、廉访司官遍巡诸县的可能性较大,然有待于进一步确证。

至于监察御史,尽管有"遍历"的提法,也有一些较为含糊的记载,常提到其需巡行"路府州县"或"郡县",但所谓"遍历"并无具体对象,不应视作遍历所有"路府州县"的正式规定。元人吴澄曰:"行台所纠三省十道,若路,若府,若州,若县,不知其几,皆御史按行所至也。"②然则,这只是说明一种可能性,御史到来的可能性,却非必然,更非意味着御史在每一个周期内都要巡遍基层政区。监察御史代表御史台分省巡按,元代一省面积不下于汉代较大的刺史部,辖县也是数以百计,监察御史肯定没有一岁遍巡的能力。而监察御史与按察—廉访司存在监察对象的分工,前者所按,为道以上的较高层的地方行政机构,并无必要将其精力分散在州、县。监察御史之"遍历",应止于路、府而已。

明代的监察官巡行制度大体沿袭元制。按察司坐镇会府,而以副使、佥事分巡。不过较之元制更进一步的是,按察司官的"分司"即分巡道之区划确定下来,形成六十九道之制,分司已有治所,不必每每从总司治所出发。这些变化,都增加了巡行之便利。明代统县政区数,在一百八十左右,县数约一千四百有余,平均每个分巡道约监察不到三个府、(直隶)州,

---

① 《元典章》卷六《台纲二・体察(体覆附)》"察司合察事理"。
② 《吴文正集》卷二十五《送监察御史刘安世赴行台序》,文渊阁四库全书本。

二十个县。这样的规模,完全可以将巡行"遍历"的规定施加于县一级。而明太祖于洪武十五年(1382)初置尝试按察分司巡察天下,"儒士王存中等五百三十一人为试佥事,人按二县",①分司按县的传统在当时即已确立。因此,按察司官"每出巡审囚刷卷,必须遍历",②要求他们"遍历"的应是县一级。

当然,明制也可见巡按御史"遍历"之规定。但即使明代分省较元代稍细,十三布政司各自辖区仍然广远——约与汉刺史部相当而远大于宋代的路。平均下来,每省辖县在一百以上。一年巡遍,可能性很小。即便勉力完成,也是蜻蜓点水,其监察工作究竟能深入到什么地步,着实令人怀疑。但制度初定之时,应当有巡按御史"遍历"诸县之规定。至少上引正统四年"每出巡审囚刷卷,必须遍历"的规定,不仅针对按察司官,也同样针对御史。但这个不现实的规定令御史们无法应付,于是朝廷也对御史巡历的空间范围作了些许调整。嘉靖二十七年(1548),仍要求巡按御史"偏僻州县,俱要一体遍历",但"如果地方广远,不能遍及,亦须严督守、巡,依期巡历"。③ 本意是促使御史要不惮劳苦,勤于巡历,尽量巡遍诸县。可是"地方广远"是各省的共同现象,既然连制度规定都有所松懈,那么"严督守、巡"代自己去巡历,这个解困之道自然会是巡按御史乐于践行的。

综观历朝监察官的巡行之制,总的发展方向是渐趋细致。不同类型的"分部"方式,使同一监察区之内产生多个分巡区,当巡行区域缩小并且定型之后,监察的对象便从统县政区一级,指向县一级,意味着中央对地方行政机构的监察事务,几近于完全覆盖。但始料未及的是,较狭小的监察区固定下来,新形成的被称为"道"的监察区,对府、州、县的行政事务之干涉是如此便利,这促成了道本身夺取了行政权加诸己身,其原先的监察功能便逐渐虚化。由于分司与总司分离,按察使对分巡官的监控并不容易,难以阻止其地方化的趋势。最终,道在清代完成了向行政区的转

---

① 《明史》卷七十五《职官志四》。
② 《大明会典》卷二百十《出巡事宜》。
③ 《大明会典》卷二百十《出巡事宜》。

型。而元代廉访司和明、清的按察司，其不同于宋代监司的一个重要特点，是"总司"即正官只是"坐司"，他本身并不像汉刺史、宋监司那样周流不居，出巡之职皆由副使、佥事履行。当副使以下主管的"道"失去监察区的性质，总司便名存实亡，整个按察司体系的监察职能便沦为形式了。

巡行时、空有了严格的规定之后，为了保证监察效果，尚需其他的细则，为监察官的巡行确立较完整的规范。

首先是关于监察官在一地停留的时限。多数时代，对于这一点似无明确规定，比如明代对御史和分司官的出巡，洪武二十六年（1393）、正统四年（1439）都曾强调"必须遍历，不拘限期"。① 此处表述，可谓辞不达意。"不拘限期"显然不是指遍历所属的过程可以没有日期的限制——不然，嘉靖元年（1522）所谓"守巡官，务照分管地方及旧定期限，躬亲巡历"，②这"旧定期限"又有什么意义呢？实际上，洪武、正统所谓"不拘限期"，指的是在一地停留，不限时间，直至问题解决，方才离去。这层意思，在上引马文升的奏议中表达得很清晰。文升一面要求，给分巡官定下每年两次巡行的出巡、回司日期，一面又建议，官员巡行所至，"每处所住，不拘日期"。这表示，明代对监察官每年出巡的完整过程，有时间限制，但对出巡过程中在某地的停留时间，则无具体限制。相反，宋代却规定："监司巡历所至不得过三日，有事故不得过半月。"③对其巡行中的每一个步骤，进行了非常严格的时间限定。

无论有期限，还是无期限，何以都要作出强调呢？对于监察官在某地停留时间的规定，其实反映的是宋、明朝廷对于巡行效果的不同方面的侧重。宋代监司巡历压力较大，宋廷希望整个巡行过程善始善终，如期完成，不要在一地消磨太长时间而耽误了对其他地方的察视。而明代按察分司辖地较小，本来不至于无法巡遍，但照刷等事务繁夥，故而要强调细

---

① 《大明会典》卷二百十《都察院二》"出巡事宜"。
② 《大明会典》卷二百十一《都察院三》"抚按通例"。
③ ［宋］胡寅撰、容肇祖点校：《斐然集》卷十一《论湖南漕不归司札子》，中华书局，1993年；又，《宋会要辑稿》职官四五之二五："监司巡历州县，依条不得过三日。"

究,勿致漏落。相比之下,宋制应当更合理些。明制本意虽然不错,但使监察官有了长期停留于一地的借口,而影响其巡行效率。明中期分巡官不能遍历,"不拘限期"恐怕也起了一定影响——至少被当作一种重要理由。

其次,对监察官出巡所携属员有限制,这一点历代皆然。汉置刺史,初无属员,也毋须制定相关规定。至元帝朝始置属员,①不过从事史、假佐等四五十员,刺史有治所之后,也未必全部携以从行。总之,未见有相应规定对刺史巡行从行人员有所限制。至宋代则有明文规定监司巡行所带属员的种类和各自的数目:"吏人二人,通引官或客司一名,书表司一名,当直兵级一十五名,搬担军人一十五人。"②共三十四人,但其中属吏不过四人,其他皆为后勤人员,其规模可称精简。再如明代,"凡监察御史巡按,许带吏书一名,照刷文卷,许带人吏二名。若应用监生,临朝奏请。按察司官分巡,许带吏典二名,承差一名。皆须官吏、监生、承差同行,不许分离"。除监生以外,无论巡按御史或按察分司,所带人吏皆为三名,与宋代监司之从行者人数相近,而当直之兵卒当另计,"经过去处,量拨弓兵防送"。③ 大体而言,对于监察官从行人员的控制,既为避免其无谓地浪费行政资源,更为制止监察官营造浩大声势,稍杀其在行政官面前的威势。

其三,对监察官与被监察的行政官之间的礼节,有具体规定。宋制,监司来往,州县官不许出郭迎送。明洪武二十六年(1393)、正统四年(1439)都曾强调,各衙门官吏不许"出郭迎送"。④ 对于监察官会见地方各衙门官吏——如"方面官"、卫指挥使、知府,以及州县官、首领官等答拜之礼,亦有详细规定。如此周全的考虑,似非出于维护监察官的威望,倒像是防止行政官在监察官面前卑躬屈膝。嘉靖八年(1529),"令巡按御史不

---

① 《太平御览》卷二百六十三《职官部六十一》"别驾"条引应劭《汉官仪》:"元帝时,丞相于定国条州大小,为设吏员,治中、别驾、诸部从事,秩皆百石。"中华书局,2011年。亦收入孙星衍所辑应劭《汉官仪》,见《汉官六种》,中华书局,1990年。
② 《庆元条法事类》卷七《职制门·监司巡历·吏卒格》。
③ 《大明会典》卷二百十《都察院二》"出巡事宜"。
④ 《大明会典》卷二百十《都察院二》"出巡事宜"。

许折挫凌辱守、令,知府相见,不许行跪礼"。① 显然,所"不许"的都是当时已经发生的事。正七品的巡按御史,居然享受正四品的知府的跪拜之礼,朝廷体统,荡然无存,若非下诏制止纠正,则其煊赫之势,更无法控制。

此外,关于监察官之供馈、避籍、拜谒等各种可能影响其履职公正和效率的方面,都为朝廷所重点关注,历代法规也都有相应的细则予以限制,且愈往后,则细则愈多,监察官履职之时所受束缚也愈大。然若考虑到监察官的权力与威势之持续增长,也就不难理解朝廷何以如此处心积虑地限制他们的权力。监察官被用来牵制行政官,两个体系应形成较平衡的关系,过于强势的监察体系,并非朝廷之利。

第二节　宋代监司的巡历与分部巡历

上文详述了历代中央政府如何从时间和空间入手,为发挥地方监察官的监察效果,设计出完善的制度。在这一节中,作者希望就宋代的相关制度作出更细致的剖析,以体现巡行制度的调整,如何与职官制度、政区制度相适应,如何达到中央更紧密地控制地方的目的。之所以选取宋代,是因汉末至宋初之间,并无长时间存在的完整的地方监察体系,无论是相关的机构、官员,还是运行体制,在宋代都是从无到有重建的过程,这个历时甚长的重建过程,恰能最好地反映制度生成和变化与政治环境的关系,也最易体现高层的政治理念。一个复杂的个案,显然能比简单的个案展现更多的内涵。另一方面,汉代刺史制度的研究较为成熟,如上所述,元代的巡行制度,也在洪金富、李治安的研究中有精妙的剖析和阐发,使宋代相关制度以全面和动态的样貌得以呈现,这是将历代地方监察制度作为一整体来考察的必要工作。

宋代地方行政制度的发展,至仁宗前期告一段落,明道二年(1033)提

---

① 《大明会典》卷二百十《都察院二》"出巡事宜"。

点刑狱司建置的固定,可视作制度已臻于成熟的标志。至此,宋代高层政区管理机构在建置、职能和履职方式上的特色都已比较明朗:监察部门权力化,或说监察部门与权力部门合二为一,各路转运司(漕司)和提点刑狱司(宪司)既是管理部门,又是一路的主要监察机构,漕、宪二司由此称为"监司";权力部门多元化,即各路的管理之职,由漕、宪二司共同负责;履职方式动态化,即制度要求监司在下辖州军不断巡行,日常管理和监察工作,大部分以亲临现场的方式解决。神宗熙宁二年(1069),监司的行列中更增加了提举常平司(仓司)。这一新机构的出现,使相关的制度设计更为繁杂细致,不但没有抹去上述特色,反而使之更为凸显。

这些特色,实可谓交相为用,一种特色产生的不利因素,可由另一种特色来抵消。比如,监司集管理与监察权于一身,易令其权力过度膨胀,然有几个机构互相牵制,监察、管理两种权力的合并,其风险便因机构分立而消解。① 又如,巡行本是监察机构的履职方式,而监司同时作为权力部门,在运动中完成行政职责,当然是比较奇特的,难免产生种种不便,但几个机构分担职责,却能分解工作量而使履职难度降低。

当然,并不是说多机构的并立,就会自然而然地导致相互分担工作量而减轻负担。机构的并立只是为这种分担提供了制度基础。中央政府厘定了很多细节性的条款进行引导和限制,以确保平行机构之间相互配合而非相互干扰,路一级丰富的行政资源之使用更为有序细致,而非混乱浪费。除了多次调整机构之间的职能分工,中央政府亦下极大的工夫,突出对监司在履职的时间和空间方面的技术环节的强调,即规定它们巡行的周期,以及特定时期各监司的"分部"——在同一路内划分巡行区域。此类条款保证了宋代监司动态的履职方式得以长期延续。

这些以细枝末节体现出来的技术问题,决非不重要,但是它引起学界的关注,时间却不是太长。金圆先生1982年已提到宋代监司的

---

① 关于一路各机构分权而导致中央政府控制力增加的论述,参见余蔚《完整制与分离制:宋代地方行政权力的转移》,《历史研究》2005年第4期,第118—130页。

巡行周期问题,但较为简略,说宋监司"要在一年或二年内,巡察所辖地区一遍"。① 1992 年,邱永明先生在其通代性著作中,提到宋代的"监司每岁分上下半年巡按州县……并量地远近,每年按期遍巡各地,提点刑狱则两年巡察一遍……诸监司每岁须巡视的地方,限五月下旬起发,至七月十五日以前巡遍"。② 引述的宋代制度不少,但不同时期的制度若置于一处,显然互相矛盾。此后,朱瑞熙先生在论及监司出巡的诸多限制时,曾引述宋代不同时期关于出巡时间和地分问题的条款,③大大有助于提高我们对相关复杂制度的了解及其意义的认知。李昌宪先生从政区建置的角度,论述了"分部按举"与各监司分治不同州军的关系。④ 贾玉英先生提出应将不同时期"监司出巡时间的变化过程反映出来"。这种对动态研究的推崇,值得肯定;不过,她的研究结果大体仍是"北宋时期,监司出巡的时间一般为两年或者一年",而"南宋时,监司出巡的时间一般为一年一巡"。⑤ 戴扬本先生在关于转运使的研究中,对于其巡历责任的阐述,涉及了周期、常见问题、惩罚措施等细节,是迄今为止关于单一监司巡历问题最深入的研究。⑥ 不过,由于研究对象与关注的时间段的限制,从最基本的情况——巡历的周期是否始终是一年或两年,到巡历所涉及的不同监司的合作,以及所牵涉的更广的制度层面的因素等问题,仍有待于在新的研究中提出和解答。比如,在巡历周期的转折之间,究竟发生了什么?是否牵涉到其他制度的改迁?在某些时间段,制度并未有明显的变化,朝廷却在不断重申同样的命令,是否反映出条款在执行过程中遭遇了困境?

---

① 金圆:《宋代监司监察地方官吏摭谈》,《上海师范学院学报》1982 年第 3 期,第 91 页。其后,在《宋代监司制度述论》一文中,他再次简单提到"巡历地区时间、次数、内容皆有规定"。(《上海师范大学学报》1994 年第 3 期,第 74 页)
② 邱永明:《中国监察制度史》,第 323—324 页。在其新著《中国古代监察制度史》中增入了较多内容,但大体同于金圆先生所述,即"一年或两年内巡遍所辖地区"。(上海人民出版社,2006 年,第 327 页)
③ 朱瑞熙:《中国政治制度通史》第 6 卷《宋代》,人民出版社,1996 年,第 524 页。
④ 李昌宪:《中国行政区划通史·宋西夏卷》,复旦大学出版社,2007 年,第 42 页。
⑤ 贾玉英:《宋代监察制度》,河南大学出版社,1996 年,第 316 页;《中国监察制度史》,人民出版社,2004 年,第 269 页。
⑥ 戴扬本:《北宋转运使考述》,第 144—147 页。

以及，中央指令中屡次提及"岁分上下半年巡按"①或者"互分州县"，②这个"分"字，如何体现了机构间的配合？技术细节变迁的缘由，实际上是各种政治制度发生关联的过程，其意义无疑是远超技术问题本身的，但当我们追问下去时，却发现已有的研究，仍需进一步推进。

一、技术难题：巡历制度的确立过程

监司巡察下属政区，在宋代多称为"巡历"，或称"巡按"，亦有比拟汉代刺史之出巡，称之为"行部"者。柯睿格将监司译为 Circuit Intendants，即"巡游监察者"，③可称允当。因为，几乎在监司甫建之后，就须不断巡历所部。

宋代最早建置的监司——转运使初置不久，④已受命巡行所部。端拱二年（989）诏书言："诸路转运使、副颇务因循，或端坐本司，或故留诸郡，深彰旷职，殊不尽心。自今并须不住巡案所部州、府、军、监。"⑤"端坐本司或故留诸郡"既为失职，则此前漕司巡历，已是其职，此后则更需加快巡行之速度。明道二年（1033）又命"逐路转运使、副今后并一年之内，遍巡辖下州军"。⑥ 神宗时，又规定监司除所部州军，亦须遍巡各县，"巡历不遍者奏裁"。不过巡历诸县之制执行过于困难，维持了不到十年，元祐元年（1086）即予废除。⑦ 此后朝廷多次下诏，立定期限，命监司遍巡所部州军。如元祐五年，臣僚言："监司便文苟简，多不遍行所部。"诏："转运、提刑司

---

① 《宋会要辑稿》职官四五之二七、二八，乾道五年（1169）九月四日诏："诸路监司今后分上、下半年依条巡按。"又职官四五之二〇，绍兴二十六年二月二日诏："诸路监司仰依法分上、下半年出巡。"
② 《宋会要辑稿》职官四五之一，元祐元年十一月二十四日诏。
③ E. A. Kracke, Jr., *Translation of Sung Civil Service Titles*, Paris: Ecole Pratique des Hautes Etudes, 1957, p. 11.
④ 宋代转运使在诸道普遍设置，在乾德四年（966），参见郑世刚《北宋的转运使》，见《宋史研究论文集》（一九八二年年会编刊），第 324 页。
⑤ 《宋会要辑稿》食货四九之六、七。
⑥ 《宋会要辑稿》食货四九之十二、十三。
⑦ 《续资治通鉴长编》卷二百八十二，熙宁十年五月戊午；卷三百六十八，元祐元年闰二月丙申。

按部,二年一周。"①类似记载甚众。对于触犯条款者,以峻法裁之:"诸监司巡历所部不遍者,杖一百。"②为改善监司巡历时的生活和工作环境,又于各州设立"行司",据《淳熙三山志》记载,"自端拱、明道之际,诏所属郡不辍巡按,故逐州皆有(转运)行司"。③ 但这些惩劝措施效果有限。监司不遍巡所部的情况,累见于史。④

朝廷屡诏而监司不改,除了某些监司无心、无力举职之外,恐怕亦有制度上的原因,使之不得不然。

首先当然是职事丛杂,在紧迫的巡历期限内妥善处理完毕,较为不易。宋代监司确实承担了地方监察事务之绝大部分,其为监察官无疑,"监司"之称,亦由此而来。而另一方面,一路之行政事务,也全由数员监司及帅司分任。⑤ 宋代监司虽非行政机构,但他们承担了一路大部分的行政职责,也是确然无疑的。

监司在具体行政事务中与州县官多有接触,更易了解其能力和品格。而监察官亲临下属政区解决行政事务,也有相当大的好处,不仅有助于避免拖沓推诿,且简省了许多文书往复的繁杂手续,可促进行政的速度和效果。宋人分析说:"宪、漕诸司之势,必行于郡县……至诸司耳目之所不

---

① 《宋会要辑稿》职官四五之一。
② 《庆元条法事类》卷七《职制·监司巡历·职制敕》。此当是南宋中期之制。前此后此,惩处手段当不尽相同。真宗大中祥符中(1008—1016),江南东路转运使刘煜"弛职不按部","罢黜之"。(《宋史》卷三百三《赵湘传》)然不遍巡甚至不巡,法当受惩,这是确然无疑的。太宗端拱二年(996)诏,诸道转运使、副若"无事端坐,委知州以下密具闻奏"。(《宋会要辑稿》食货四九之七)北宋末政和七年(1117)诏,诸路监司巡历往往不遍,"令互察弹奏"。(《宋会要辑稿》刑法五之三一)若被指在巡历一项上旷职,监司在政场之前途必受影响,此当无疑。
③ 《淳熙三山志》卷七。《续资治通鉴长编》卷四百九十六,元符元年(1098)三月癸酉条,也提到雷州有"监司行衙"。
④ 如绍兴二十一年,高宗谓辅臣:"闻近时监司多是端坐,不出巡历。"(《宋会要辑稿》职官四三之三〇)乾道五年,中书门下省言:"诸路监司近来多不诣所部州县巡按。"(《宋会要辑稿》职官四五之二七)理宗时,"每岁冬夏,诏提刑行郡决囚,提刑惮行,悉委倅贰"。(《宋史》卷二百《刑法志二》)
⑤ 朱瑞熙先生提出:"宋朝每路都设立安抚使司、转运使司、提点刑狱司、提举常平仓司等彼此平行的官署……随着上述各官署的设置,路逐渐具有半地方监察区、半行政区的性质。路的各个长官实际上行使一级行政单位的职权。"(《中国政治制度通史》第6卷《宋代》,第515页)

接,又巡按得以及之,故郡县于诸司财赋类不敢亏。"①当然诸司之威势,尚不止于保证措置财赋之顺利。然而,两职合一加大了监司的工作量,且随着新增事务日渐庞杂,巡历期限的压力愈显沉重。如上所述,元祐元年(1086)罢仓司,少了一位分担者,巡历之责使漕、宪二司不堪重负。在特殊情况下,更是奔走不暇。比如建炎中(1127—1130)"军兴之际,调发紧急,百须应办,巡历不常,又非平日无事之比,难以指定岁终巡遍之限"。②

其次,所辖区域过大,在规定期限内难以巡遍。与其他朝代相比,宋代高层政区面积虽然不算太大,但是,就一年巡遍所部的要求而言,这个面积还是太广。对于恪尽职守的监司来说,结果只能是疲于奔命。如绍兴二年(1132)张纲任江东提刑,"巡历所部,访民疾苦,未尝休息,迄冬奔驰道路,居鄱阳公廨止数十日而已"。③

再次,属州自然条件迥异,有些州僻处一隅,交通不便,南方、西南更有不少州军自然环境极为恶劣,外人前往甚至有性命之忧,监司自然惮于巡历。这一现象在广西尤多,徽宗时开广西左右江置黔南路,"地边蛮蜑,异时部使者惮于临按"。④ 南宋嘉定五年(1212),又有臣僚言:"广右州郡多号瘴乡,司臬事者,惮于冲寒冒暑,深入烟岚。"⑤而广西一路,又以海南为甚。绍兴中张维提点广西刑狱,"到部按行,周遍郡县,南薄瘴海,陈船欲渡,吏卒扣头更谏",渡海之后,"所至边氓叹嗷,以为百年未始见使者旌节"。⑥ 事隔不久,乾道元年(1135)张仲钦为广西提刑,"以扁舟渡海,吏士扣头涕泣交谏"。⑦ 嘉定中(1208—1224),崔与之提点广西刑狱,渡海而

---

① 《宋会要辑稿》职官四一之六五、六六,开禧元年(1205)十一月三十日臣僚奏。
② 《宋会要辑稿》职官四五之一五、一六,建炎三年二月十八日知平江府汤东野言。
③ [宋]洪迈:《张公(纲)行状》(作于乾道四年),张纲《华阳集》卷四十"附录",文渊阁四库全书本。
④ [宋]李纲:《梁溪集》卷一百六十八《宋故左中奉大夫直秘阁张公墓志铭》,文渊阁四库全书本。
⑤ 《宋会要辑稿》刑法五之四十七,第6693页上。
⑥ [宋]朱熹:《晦庵先生朱文公集》卷九十三《左司张公墓志铭》。
⑦ [宋]张孝祥:《于湖居士文集》卷十四《棠阴阁记》,上海古籍出版社,1980年。

南，"朱崖隔在海外，异时未尝识使者威仪，公至，父老骇异"。[①] 通过这三位提刑巡历之时"边氓"、"吏士"、"父老"的态度，其他监司不敢巡行海南的事实更为彰显。岂止海南，史载各路监司巡按不到之州军甚多，兹附部分例证于下表。

表 5-1 宋代监司长期巡历不到之州军一览表

州军名（所属路）	巡历不到事实及原因	资料出处（记载年份）
温、台等州（两浙）	自熙宁四年（1071）以后，监司未尝巡历……盖监司止在浙西乘船往来	《续资治通鉴长编》卷二百五十二，熙宁七年四月壬辰
歙州（江东）	穷于山谷之间，吏常患乎州穷而刺举者有所不知	王安石：《临川先生文集》卷五十一《奏举人陈仲成大理寺丞制》（嘉祐六至八年），香港：中华书局香港分局，1971 年
江阴军（两浙）	僻在一隅，监司未尝到	孙觌：《鸿庆居士集》卷十二《沈相书》（绍兴四至六年），文渊阁本四库全书本
无为军（淮西）	地最僻左……自太平兴国三年（1978）创建军垒以来，部使者……往往惮其纡而罕至	王之道著，沈怀玉、凌波点校：《相山集》卷二十三《无为军淮西道院记》（绍兴二十二年），北京图书馆出版社，2006 年
海南诸州军（广西）	海外州军，监司巡历不到	《建炎以来系年要录》卷一百五十六（绍兴十七年十二月乙未）
汀州（福建）	汀州在闽郡最为穷僻，从来监司巡历，多不曾到	朱熹：《晦庵先生朱文公集》卷二十七《与张定叟书》（绍熙中）
辰、沅、靖州（湖北）	提刑、提举在常德，为置司之所，究年卒岁，足迹未尝一到……三州之地，荒陋远僻，非特水陆皆险，舟车不便，行役所以亦难	《宋会要辑稿》职官四十五之三十七、三十八（庆元三年十月六日）

---

① [宋]李昴英：《文溪集》卷十一《崔清献公行状》，文渊阁四库全书本。

巡历环境恶劣、道路艰难之州军,监司需冒瘴毒,薄岭海,甚者有性命之虞。因此,在自然条件恶劣的路分,朝廷允许监司在气候较好的季节出巡,如川峡道阻多瘴,"使者行部,多不以春夏出"。① 广南路提点刑狱出巡,"若炎瘴之地,盛夏许移牒点检,至秋乃出巡","及大中祥符末,转运使、副亦听准例"。② 但即使所受限制较小,川峡、岭南的监司,也往往不肯依法遍巡,对于这些路分的监司,朝廷最后也只能放任。然而,如温、台州,只是离各监司置司处较远;又如辰、沅、靖州,如舌状附着在湖北路西南,是一路交通之死角。这些地方主要是因为偏僻而使监司疏于巡历,并不存在威胁到监司生命安全的自然因素。对于这一类州军,朝廷采取诸多措施,将它们纳入监司遍巡之范围。

对朝廷来说,最省心省力的方法,当然是不断下诏,令监司依法巡历,如上所述,整个宋代,此类诏书累累而下。其立法之细,甚至规定了监司巡历所至停留的时间:"自来条制,监司巡历所至,不得过三日,有事故不得过半月。"③然而不管立法如何周到,监司的困难依然存在,按时完成巡历任务,总是不易。

这一现实,促使朝廷推出更为有效的措施——增加监司员数,调整路分区划。前者如天圣七年(1029)增置益、梓、广南东、广南西四路转运判官各一员,即为与转运使合作,以减轻其工作量。④ 四路转运判官遂于两年后废罢。⑤ 然于嘉祐五年(1060)又增置川峡、广南等十一路转运判官时,仍是着力强调各路监司工作量之大、巡历之困难:"或转带山海,崎岖蛮夷,而皆一转运使领之处,则无与同力,设有缓急之警,调输之烦,机会一失,民受其弊,甚非豫虑先具之策也。"⑥此说极好地证明了巡历困难与增加监司数的直接关系。

---

① [宋]沈辽:《云巢编》卷九《张司勋墓志铭》,文渊阁四库全书本。
② 《续资治通鉴长编》卷六十六,景德四年九月丙子。
③ 胡寅撰、容肇祖点校:《斐然集》卷十一《论湖南漕不归司札子》;又,《宋会要辑稿》职官四五之二五,乾道元年正月一日大礼赦文:"监司巡历州县,依条不得过三日。"
④ 《续资治通鉴长编》卷一百八,天圣七年六月壬辰。
⑤ 《续资治通鉴长编》卷一百十,天圣九年十月壬寅。
⑥ 《宋会要辑稿》食货四九之十六。

关于监司巡历艰难导致路分调整,其例也甚多。熙宁年间(1068—1077)由十八路调整至二十三路,即与此有关。比如两浙路,正因温、台等州监司巡历不至,"州县事废弛,无人点检",遂于熙宁七年分为两路,且令两路漕、宪、仓司分别于杭、润、越、温四州置司。① 河东、永兴军路"所部阔远",虽未分路,乃于元丰元年(1078)"各增提举官一员",以防独员阙事。② 元祐元年(1086)司马光建请废提举常平司,也考虑到"监司数少,路分阔远处,巡历及管勾不办",这才促成了"每遍巡诸州外,更不遍巡诸县"之制的恢复。③ 此亦可反证监司增加有助于巡历制度更为细密完善。

然则官员之增置不可能没有限制,路分划分更不能只考虑巡历之方便,同路各州之间"财谷通融移用"也是必须考虑的问题。对于行政区划而言,这两个因素显然是相悖的。欲求巡历方便,路分应当划小;④反之,为使财赋通融之余地更大,则增大路分幅员较为有利。这一矛盾导致了宋代政区划分的特别现象:诸监司路分区划不相重合。因通融财赋之职在漕司,故漕司路较大;而宪司主职在于疏理滞狱,为便于快速巡历,及时决狱理囚,故路分稍小。

不过,由事实来看,宋代诸监司路分之重合程度还是比较高的,尽管对于监司遍巡诸州之要求仍在不断强调,各监司路分却一直没有较大幅度的调整。这就要归功于宋代充分发挥"诸司并立"之利便的另一创造——监司分部巡按。

二、巡历的空间与时间:路内分部与周期

监司出巡既为常职,那么一旦一路有两员以上监司,就需要进行协

---

① 《续资治通鉴长编》卷二百五十二,熙宁七年四月壬辰。
② 《宋会要辑稿》职官四三之四。
③ 《续资治通鉴长编》卷三百六十八,元祐元年闰二月丙申。
④ 如天禧四年分江南为东、西路,也是为"以便按巡"之故。(《续资治通鉴长编》卷九十五,天禧四年四月庚寅)

调,以期诸监司的工作量能够平均分布于本路诸州。景德三年(1006),河北转运使、副未协调好巡行路线,"边臣患其数至,或两员俱到",甚为不便,遂诏使、副二人"自今迭出巡行州军"。① 不过,当时只是令两人"互往",使他们错开巡行的时间,空间上尚未有明确规定。分部巡历之先声,发轫于仁宗朝。天圣七年(1029),置益、梓、广南路转运判官,明令判官与转运使"分部按巡"。② 四路转运判官简省之后,明道二年(1033),仍命诸路转运使、副"自今出巡,须岁一遍所部",③取消分部之制。景祐元年(1034),诏令诸路提点刑狱司治所与转运使、副同在一州者,徙于他州。④ 皇祐三年(1051),仁宗再次强调漕、宪司治所分离时,云:"诸路转运使、提点刑狱廨宇同在一州,非所以分部按举也。"⑤再次出现分部之说。然而"分部巡按"在仁宗时似乎尚未成为制度:

> 辛巳,降提点江南东路刑狱、都官员外郎张肃知睦州,同提点内殿承制、阁门祗候赵牧小处监押。先是,朝廷以京东、淮、浙、江、湖灾伤,令转运、提点刑狱分路巡察,而肃等稽违不行,乃奏准编敕,每遇出巡,仍须同行,又请挈家于分定州军。上曰:"始令分路巡按,盖急于抚恤疲羸,督视盗贼,而肃等乃欲挈家以自便。"故降之。⑥

此处反映的信息是:按常法,出巡之时应当"同行",因为此前漕、宪二司即不得一处置司,故此"同行",必是提点刑狱与同提点刑狱同行;此次分部(按语境,当是路内分部之意)较为彻底,不仅诸监司,而且同一监司之同事者——提刑与同提刑,亦须分部;令漕、宪司分部巡按,是因某些路分灾伤,急于抚恤,不一定是通制。故而分部巡按在仁宗时确已实行,但可能是时行时罢,这应当与仁宗时提点刑狱刚刚复置,且同提点刑狱与转运判

---

① 《续资治通鉴长编》卷六十三,景德三年七月乙丑。
② 《续资治通鉴长编》卷一百八,天圣七年六月壬辰。
③ 《续资治通鉴长编》卷一百十三,明道二年十二月丁酉。
④ 《续资治通鉴长编》卷一百十四,景祐元年五月庚午。
⑤ 《续资治通鉴长编》卷一百七十一,皇祐三年十一月乙丑。
⑥ 《续资治通鉴长编》卷一百七十二,皇祐四年二月辛巳。

官置罢不常有关。

　　监司分部巡按真正成为一项完善的制度,是在熙宁十年(1077)五月。自熙宁七年分两浙为两路,未半年又合,九年五月又分,至此复为一路。① 分之原因,上文已述及,为便于监司巡历;而合之原因,乃是"财赋不可分"。至熙宁十年,这一对矛盾得到了调和,因为"已责监司分定巡历诸州县岁遍故也"。该年五月,诏"诸路提举司岁终各具所分州县、巡历月日,限次年正月十五日以前申中书点检"。② 从此,监司之"分部巡历"成为常制,从而保证了此后高层政区的相对稳定。

　　因各监司主职不同,每一监司在正常任期内巡遍本路所有州军是必要的。故分定巡历州军,并不意味着某一监司的巡历区域只限于本路之一部,而需每年在各监司之间轮替所巡之州,每监司在任期内巡遍辖区全境。因路内分部之制的确立,监司巡历的周期发生了变化。

　　明确提到监司巡历周期的,是元祐元年十一月二十四日诏:"诸道监司互分州县,每二年巡遍。"③元祐五年五月癸未,又重申"今后转运、提刑司巡所部州县,二年一周,仍岁按其半"。④ 可以认为两岁为期之制在持续实行,但只能确定这是元祐年间的制度,即指:在一路只有漕、宪两司时,各自的分划方式和巡历周期。而机构的增减,必定会对划区与周期产生影响。笔者以为,熙宁十年(1077)确立分部巡历制度之初,情况并非如此;由于仓司的加入,熙宁末各路当划为三部,漕、宪、仓每年各司一部,如此,则巡历周期当为三年。此说并无直接的记载,但有较为有力的间接证据。

　　首先,熙宁十年,与仓司参与分巡同时,朝廷要求各监司将巡历工作

---

① 《续资治通鉴长编》卷二百五十二,熙宁七年四月壬辰;卷二百七十五,熙宁九年五月丙寅。
② 《续资治通鉴长编》卷二百八十二,熙宁十年五月戊午。然而早在熙宁七年,臣僚已有相关建请,并获朝廷允准:"检正中书户房公事张谔言:'准朝旨,权提点诸路监司所申巡历状,乞监司官岁分州县互巡,次年正月十五日以前具已巡历上中书。经一年不巡者,委中书点检官申举。'从之。"(《续资治通鉴长编》卷二百五十四,熙宁七年六月庚午)不知何以至十年方正式下诏。
③ 《宋会要辑稿》职官四五之一。
④ 《续资治通鉴长编》卷四百四十二,元祐五年五月癸未。

深入到辖区各县,而在元祐元年(1086)罢仓司的同时,又相应撤销了巡县之令。由仓司的置、废与"遍巡各县"紧密联系可以反映:若非每司"巡遍"的周期由一年延长为三年以及每年的分部范围缩小到三分之一,是很难做到"遍巡各县"的。

其次,可由哲宗亲政、重置仓司之后的制度,来回溯神宗熙、丰之制。元符二年(1099)下诏:"自今提举官虽与监司互分巡历,并须本司官二年遍所部州县。"①这可以说明,提举官参与"互分巡历",在元符二年已经实行有年,应当在绍圣元年(1094)仓司复置之初即已恢复,并且一直至元符二年下诏之时,提举官的巡历周期长于二年。按照机构数量推测,自然是以三年为周期。

元符二年之制,没有提到漕、宪二司的分部情况与巡历周期是否维持原状。但是二司与仓司的巡历周期,应当发生同步变化。到徽宗宣和四年(1122),制度再变,诏命"诸转运、提点刑狱岁以所部州县量地远近互分定,岁终巡遍,提点刑狱仍二年,提举常平一年一遍"。②"仍二年",说明以两年为周期是宣和四年(1122)以前的旧制,当即元符二年所改。而此诏也未提到转运使,但结合元祐五年"转运、提刑司按部,二年一周"的规定,③以及此诏将转运与提刑并举,即可说明两者在元符二年后,都沿用元祐之制,以两年为周期。

若仅漕、宪二司分部巡历,因"二岁一周"之说,其分区和轮替的方式较易推得:某年将一路分为两区,漕臣巡历甲区,宪臣巡历乙区,次年则互相调换。当然也不排除两年的周期完成之后,因形势的需要改变分区方式的可能。总的说来,对于本年度所分之州军,漕、宪臣巡历之周期为一年;而对于本路所有州军而言,任一监司巡历之周期为两年。但这只是就建置已比较成熟的漕、宪二司而言,若是仓司也参与分部,则较为复杂。

元符二年(1099)的诏令较难理解:既称"互分",那么应当是漕、宪、仓司将一路分为三部,每年各掌一部。但这样一来,诸司都不可能在两年之

---

① 《续资治通鉴长编》卷五百十,元符二年五月辛亥。
② 《宋会要辑稿》职官四五之十四。
③ 《宋会要辑稿》职官四五之一。

内巡遍本路诸州。较符合逻辑的解释是：每司每年分巡州军，约为本路州军总数的一半，因此，在任一时间截面，三个机构的分区，相互之间有所重叠。或许因为这种地域界分不太明晰，故而在宣和四年又作调整，漕、宪二司互分巡历，而仓司则不再分部，每年须遍巡一路州军，至此则分部的状态复显规整。至于一路如有二员漕臣或二员宪臣，同职之间是否进一步细分，则无可考矣。

不过，由于制度上规定的监司三年之任期，与实际情况有较大出入，故而巡历周期也相应产生了问题：若某监司未满任而调离，其巡历任务是自动取消呢，还是由谁来承接？就此，有正式的规定："诸监司岁以所部州县量地里远近，更互分定，岁终巡遍，提点刑狱仍二年一遍，并次年正月具已巡所至月日申尚书省（原注：巡未遍而移罢者，至次年岁首新官未到，即见任官春季巡毕）。"①若前任于年中离开而后任在次年正月尚未就任，则由后任于次年春补行巡历之职。而此条款的潜台词是：若前、后任正常交接，没有职位空缺时期，巡历任务就自然接续。

南宋监司巡历之责不断加重。南宋前期的相关法令屡次强调"本年已分巡历处"、"分定巡历是何州县"等说法，且提到提举司与转运、提刑司一同参与分部。② 此制应当近似于熙、丰间以及绍圣至元符之间的制度，即每司以三年为周期，巡遍本路。但是南宋又有规定，监司一年需两次出巡。南宋前期的绍兴二十六年（1156），即有诸监司分上、下半年出巡之规定。③ 次年又令州军分"上、下半年"开具"监司出巡将带人数，并批支过口

---

① 《庆元条法事类》卷七《职制·监司巡历·职制令》。与宣和四年诏书相比可发现，两者内容大约相同，只是数处详略不同，知《庆元条法事类》所载乃是宣和之制。然关于交接事宜既已有合理的处置方式，前后当不会有较大变化。
② 《宋会要辑稿》职官四五之三○："（乾道九年）十二月十五日，详定一司敕令所状'……一，诸监司准指挥，分诣本路州干办者，各具本年已分巡历处（有妨碍处，听互牒前去）……'"《庆元条法事类》卷五《职制·考课·考课格》："监司考较事件，转运、提点刑狱、提举常平依下项……一，分定巡历是何州县，自甚月日起离至某处，至何月日还本司，有无分巡不遍去处，如有，开具缘由。"同书卷七《职制·监司巡历·职制令》："诸监司每岁分定（上）下半年巡按州县。"又说："诸监司准指挥分诣本路州干办者，各依本年已分巡历处。"
③ 《宋会要辑稿》职官四五之二○。

券数目,及有无应副过须索物件,供申户部点检"。① 三个机构分部,虽然各自巡历的境域只及一路三分之一,然而一岁再巡,对于原本岁分一路之半的漕、宪二司而言,比北宋末"每岁巡历所部,并一出周遍"之状况,②耗费在巡历路上的时间反而增加。

更有甚者,孝宗后期开始,巡历任务持续加重。大约在孝宗乾道末、淳熙(1174—1189)之间,分上、下半年出巡的制度未变,但是上、下半年需各巡本路一半之境,即一路只分两部,巡遍本路的周期缩短为一年。淳熙九年朱熹任浙西提举常平,所辖共绍兴府及明、台、温、婺、衢、处七个府、州之地。朱熹于正月四日自治所绍兴府起行,十三日入婺州界,③同月下旬至衢州界,二月回司,行程及于三府、州大部分属县。④ 同年七月十六日,又自绍兴府出发,二十一日入台州界,⑤八月二十二日进入处州,此次巡历及于处州缙云县而止,朱熹因力辞现任职务而中止了巡历。⑥ 若除去前路不远的温州,两浙东路所辖,只有明州是他未曾到过的。经一岁再巡,即便是中途辞职,朱熹当年也几乎巡遍了本路。

40年之后的嘉定十五年(1222),针对州军最多的广西路,朝廷定制,提刑司"分上、下半年,就郁林州与静江府两处置司"。⑦ 郁林州在广西路较南处,静江府在北,这一举措,显然是与当时分一路为两部、以一年为巡历周期的制度相配合,正为促使宪司一年之内巡遍本路。以一年为周期,相当于回到了熙宁十年(1077)分部以前的情况,那么,为何又没有像北宋前期一样取消分部呢?笔者以为,仍是因为一路监司员数甚多,为免于数员监司齐赴一地,造成行政资源的浪费,故尽量设法使各监司在巡历空间

---

① 《宋会要辑稿》职官四五之二一。又于乾道五年九月四日再次下诏重申,见《宋会要辑稿》职官四五之二七、二八。
② 《宋会要辑稿》职官四五之十五。此为建炎三年二月十八日知平江府汤东野引述"宣和二年御笔"。
③ 《晦庵先生朱文公集》卷十六《奏巡历合奏闻陈乞事件状》。
④ 《晦庵先生朱文公集》卷十六《奏巡历婺衢救荒事件状》。
⑤ 《晦庵先生朱文公集》卷十七《奏巡历沿路灾伤事理状》。
⑥ 《晦庵先生朱文公集》卷十九《又乞罢黜状》。监司巡历州县,停留不得过三日,朱熹为查究、弹劾前知台州唐仲友,在台州及其属县宁海两地竟停留逾月,为此不得不于奏状中多作解释。
⑦ 《宋史》卷一百六十七《职官志七》,嘉定十五年臣僚言。

上分散。

即使分部的方式出现变化,周期缩短为一年,分上、下半年出巡却没有改变,即《庆元条法事类》所载,监司"每岁春、秋检行下所属"。① 但是,嘉定间却出现四季出巡的提法:

> 嘉定三年五月二十六日,臣僚言:"乞申儆中外,俾厥监司之任者,每岁各季轮流巡按管下州县,稽察官吏,疏列臧否,访求民瘼,具以实闻,虽穷荒僻左之地,尤当博采情伪……"从之。②

既谓"申儆",必是先前已有各季轮巡之规定。而嘉定之前所修的《庆元条法事类》,也提到"诸州县禁囚,监司每季亲虑",③则南宋中期,监司又改为分四季出巡,极大地增加了巡历负担。只是,夏、冬两季巡历,原其始末,其性质本与春、秋出巡有异,且是经过一个发展阶段才与后者合为一体,形成四季出巡之制。

监司夏季出巡制度,被称为"盛暑虑囚",始见于乾道九年:"诸监司每岁被旨分诣所部点检,催促结绝见禁罪人,限五月下旬起发,至七月十五日以前巡遍。"④至开禧二年(1206),又新定岁终理囚之制,"诸路监司岁十一月按部理囚,如五月之制"。⑤ 与夏巡相对应,时限也同样接近两个月,为十一月下旬至来年正月十五日。不过,夏冬两次巡历,目的比较单一,主要是为履行刑狱之职,故而《庆元条法事类》强调,"监司每季"出巡,是为了"亲虑"因犯,此其与春、秋出巡的区别之一。在分部的方式上也有不同,夏、冬巡历,其分部遵循"各随置司去处地理远近",⑥也就是就近原则,不存在每年分部、互换巡区的必要。故而,巡历负担虽又大增,但巡历的周期,倒没有因为新的巡历任务之加入而再次缩短。

---

① 《庆元条法事类》卷七《职制·监司巡历·考课令》。
② 《宋会要辑稿》职官四五之四一。
③ 《庆元条法事类》卷七《职制·监司巡历·职制令》。
④ 《宋会要辑稿》职官四五之三〇。
⑤ 《宋史》卷三十八《宁宗纪二》,开禧二年三月丁酉条。
⑥ 《宋会要辑稿》刑法五之四六、四七。

要之,宋代监司巡历制度,不仅经历过一年、两年为周期的时代,也曾有三年一遍之时。宋初至神宗熙宁十年(1077)之前,是一年巡遍之制发展成熟的时期。此后至哲宗元祐元年(1086),又自哲宗绍圣元年(1094)至元符二年(1099),即是以三年为周期的时代,合计仅14年。元祐中及元符二年之后,行两年巡遍之制。自元符至徽宗宣和四年(1122),则仓司需一年巡遍,而漕、宪二司则仍以两年为期。至南宋,则大约以孝宗淳熙为界,此前行三年巡遍之制,此后周期则缩短为一年。但同样是一年,南宋中后期之制度要求监司一年两巡甚至四巡,较之北宋前期,大大增加了监司的工作强度。北宋监司因分部、巡历周期延长而得到缓解的压力,在南宋又步步趋强了。

当然,巡历是以一年、两年还是三年为周期,并非随意为之,而探究这一问题的终极目标,也不应止于时限。巡历周期的背后,是事务的增加、机构的变动、部门之间的协调,而最终是为了促使各机构尽量迅速而有效地执行行政与监察任务。

监司巡历周期,在不同时期有一至三年的区别,但经由分部制度,多少能减轻奔波之苦。即使如南宋时监司巡历任务极重,但因有分工的存在,毕竟缓解了压力。更重要的是,这种制度设计使得每一州军无时无刻不在监司的监视之下,属部需要监司"躬亲措置"之事,亦能及时解决。不仅可在最短的周期内处理"稽察官吏,疏列臧否,访求民瘼"等监司日常之职,而且一旦地方有大事,"诸监司准指挥分诣本路州干办者,各依本年已分巡历处",[1]存在可以凭借的制度,保证监司对地方事务的反应速度。可以认为,分部巡历是对宋代路一级政区"诸司并立"特点的最好利用。虽然监司巡历不遍的情况仍时有发生,在南宋,这应当缘于巡历任务的重新增重,但更不可忽视的原因是,机构本身的惰性,导致包括分部在内的各种举措,无法解决一切问题,这也是任何制度无法摆脱的命运。但对于巡历制度的细化和完善,毕竟有助于让它维持近三百年而不辍。

---

[1] 《庆元条法事类》卷七《职制·监司巡历·职制令》;《宋会要辑稿》职官四五之三〇,乾道九年十二月十五日详定一司敕令所状。

三、临时分部：为处理紧急事项而作的空间分划

春、秋常规巡历采用定期分部并轮替的方式，而夏、冬虑囚则采用就近分部原则，反映了宋政府对于监司分部巡历制度的灵活运用。然而宋廷发挥此制之便利，不限于这些常规的监司职责，还希望它能在一些临时职事或突发事项的处理过程中发挥作用。当此之时，监司亲临属州必然促进决策和执行的速度，加强贯彻的力度，而诸监司之间适当的分部，又使个人的注意力集中于少数几州，不至于头绪过多。只是，为临时事务所作的分部，其方式不尽相同，或循常规分部方式，或重作分部。在朝廷所颁下巡历诏敕之中，对于临时分部方式的表述也会有微妙的差别。简单说来，就是"分定"与"依分定"。

"依分定"，是指依照当年已定的常规分部。如崇宁四年（1105），朝廷听从两浙路提举常平徐确之言，对于苏、秀二州已重开的"吴松古江"，令"监司依分定岁巡，亲往检察"。① 对于此类虽属临时事务但不甚紧急者，最常用的分部方式就是依照当年已划定的常规分部。《庆元条法事类》规定："诸监司准指挥分诣本路州干办者，各依本年已分巡历处。"②即就此类事务而言。

但在另一种情况下，会提出"分定州县"，意指监司之间需临时商榷分划方式。建炎四年（1130），因浙江、福建土豪联合枪杖手扰民，诏"逐路提点刑狱与提举茶盐官斟量紧慢，分定州县巡按，督责措置"。③ 绍兴六年（1136），高宗决心整治地方"受纳之弊"，诏"委诸路常平、茶盐、提刑、转运官，分定州县，躬亲体究"。次年明堂敕，又重提此事："州县受纳作弊，昨降指挥，令诸路监司分定州县体究，并不恪意奉行"，④而此类重作分部，最常见的应是在救灾赈济的过程中。

---

① 《宋会要辑稿》方域十七之十二。
② 《庆元条法事类》卷七《职制・监司巡历・职制令》。
③ 《宋会要辑稿》兵一之一六。
④ 《宋会要辑稿》食货九之三、四。

第五章　巡行：地方监察官的履职方式及效果　199

前引北宋皇祐四年（1052）漕宪分定州军巡察，盖因赈恤灾伤之故。赈务从急，自不宜按照无事之时预定的分部方式与巡历计划从容轮巡；更因灾伤不一定遍及全路，监司也不需每州皆至。而受灾之地，灾情却有轻重之别，巡历所至，也应有先后之分。故而，监司因救灾赈恤出巡，一般都需临时分部。如元祐元年（1086），"开封府、诸路灾伤，转运、提点刑狱官并据本路灾伤州县分定，亲诣检校"。① 元符元年（1098）规定：诸路"蝗蝻滋生稍多去处，即监司分定地分巡检，往来督责官吏，寅夜并手打扑尽静（净），仍躬亲视闻，奏讫，方得归司"。② 因各次灾情的不同地理分布，监司之间自然有随宜分部的需要。熙宁七年（1074）大量流民进入京师及京西路，朝廷恐致饿殍，"遂诏京西路监司官，分定州军速检计，随处当兴大小工役"，以工代赈。③ 此亦与直接的赈济方式无异，需监司尽可能有序、高效地发挥作用，故而要尽快确定临时的分部。

在南宋嘉定八年（1215）救济江南东路大灾的过程中，一路监司分部监管的原因、分部方式、工作过程和效果，得到了极好的体现。该年，"江东九郡，大旱者七，加以飞蝗"；余下的饶州"近来旱处亦多"，飞蝗入境；信州亦将有池鱼之殃。转运副使真德秀请命于朝廷，建议帅、监司"各以附近州县分任其责"，措置提督。其关于分部方式的建议是："建康府、太平州、广德军当责之安抚、转运司，宁国府、池、徽州当责之提举司，饶、信州、南康军当责之提刑司。"④朝廷大致采纳其策，而进一步细分，将建康府责帅司管辖，而漕司负责太平州与广德军。时帅臣、漕臣治建康府，提刑司治饶州，提举司治池州。如此分部，很明显遵循了就近原则（诸司分部见图 5-1）。漕臣亲至广德，全功而返。恰逢帅臣殁，由总领摄事，漕臣又助总领完成建康府赈济事务。⑤ 提举李道传更是"穷冬行风雪中，虽深村穷

---

① 《宋会要辑稿》食货一之四。
② 《宋会要辑稿》瑞异三之四二转引《续宋会要》。
③ 《续资治通鉴长编》卷二百五十一，熙宁七年三月乙丑。
④ ［宋］真德秀：《西山先生真文忠公文集》卷六《对越甲稿·奏乞分州措置荒政等事》，四部丛刊本。
⑤ ［宋］刘克庄撰、辛更儒校：《刘克庄集笺校》卷一百六十八《西山真文忠公行状》，中华书局，2011 年。

谷必至,赖以全活者甚众"。① 正是就近分部之方法,使监司以直接与中央联系之便利,调度属州财谷之权,得以专力于二三州之境,使赈恤事务取得最大成效。因为停留治所以外之州不止 3 天或半月,可能已经超出"巡历"的范围,但可以算是分部巡历制度之延伸。

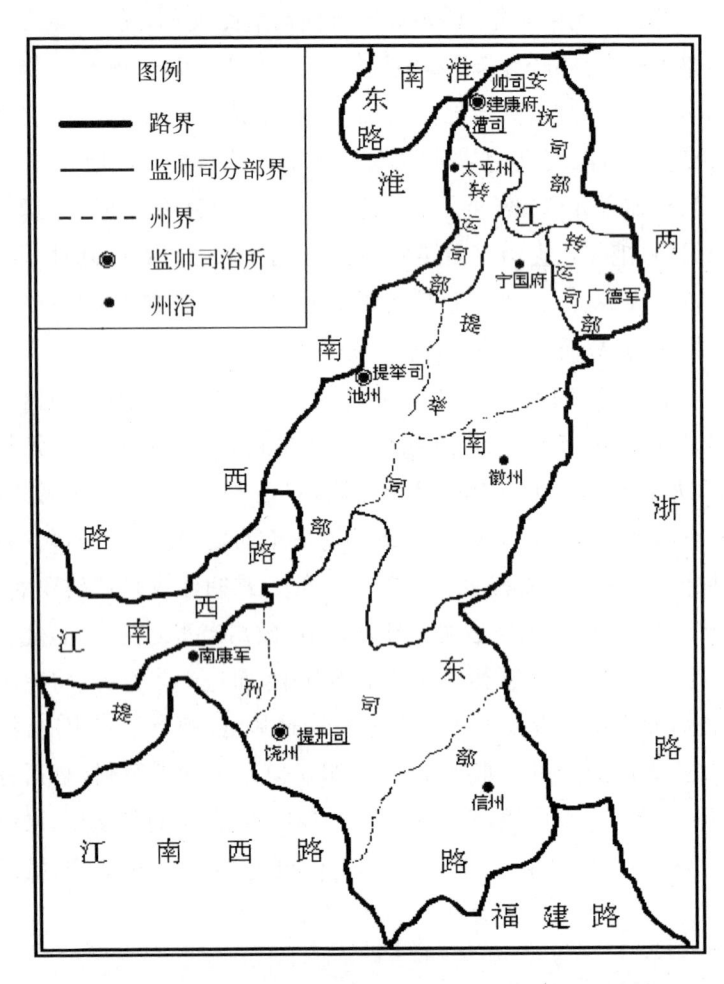

图 5-1 嘉定八年江南东路监、帅司分部赈灾示意图

说明:据谭其骧主编的《中国历史地图集》(地图出版社,1982 年,第 24—25 页)第 6 册《宋辽金时期》"两浙路江南东路"图改绘。

---

① 《宋史》卷四百三十六《李道传传》。

赈济与盛夏虑囚一样,是甚为急迫之务,故而同样采用治所就近原则。真德秀说:"部内九郡,监司所当通察。至于措置提督,则当各以附近州县分任其责。"①应当是南宋通行的做法。而如何"就近",也就是说哪些州、府离某监司治所较近,一旦有紧急事务,划入该监司临时分部的可能性较大,这在朝廷、在一路各监司之间,当有清晰的认识。真德秀所列举的具体分部之法,显然相当合理,应体现了监司之间多年合作的经验。然而,事务波及的地域范围不会是固定的,并且本路监司是否满员、帅司是否参与分部,这些因素也影响分部方式,因此,就特定的事务,往往还需作出特别的调整。

宋之分部,不禁令人联想到明清高层政区之派出机构——道。宋代的高层行政组织每年或半年,甚至每季分部按察,同样有"分巡"或"分守"之实,而且上司本人亲临属部,自然较上司之派出机构更有权威,解决实事之效果固当过之,更何况可以少去一层半虚不实、并逐渐由虚入实的行政机构。宋代"诸司并立"之状态,看似行政效率低下,且被视作宋代冗官之一端,但我们也必须看到,中央政府设计的监、帅司的工作方式,却在保证行政工作精确性的前提下,弥补了"诸司并立"结构本身存在的处理行政事务速度缓慢的缺陷。

小　结

地方常设监察官员,每岁有例行之巡察,且有固定的分区,这种制度并非宋代首创,西汉之刺史部为其先例。但汉刺史制度与宋监司巡历制度,仍有若干不同之处,若将元、明之制也纳入比较范围,则历代巡行制度的变迁更显起伏。

最大的区别,是汉代刺史与宋代监司的性质不同。汉代绝大部分时间,刺史为纯粹的监察机构,刺史介入行政虽不乏其例,但这种做法常会

---

① 《西山先生真文忠公文集》卷六《对越甲稿·奏乞分州措置荒政等事》。

引起朝野争议。两汉之间刺史侵郡守行政权之势积重难返,中央政府数度被迫改刺史为州牧,监察机构转而为行政机构。然而发生这种转变之后,其巡察之职是否得到延续,史无明文。笔者以为,前两次改为州牧之后,原来刺史担负的巡察之职,应仍得以延续。汉哀帝时(前6—前1),鲍宣"迁豫州牧,岁余,丞相司直郭钦奏宣……所察过诏条,行部乘传去法驾,驾一马,舍宿乡亭,为众所非"。① 后汉建武十一年(公元35年),郭伋为并州牧,"始至行部到西河美稷"。② 显然,无论是前汉末还是后汉初,行部仍是当时州牧之工作方式。但后汉中平五年(188)作为刺史制度的关键转折点,也终结了每岁行部之制。州牧俨然为一部之行政首长,军政诸务集于一身,行部之事,当不再是每年必须履行的职责。后世更不闻有刺史行部之制度。可见,刺史行部制度之长期实行,实与刺史作为监察官之身份切合,当其最终转变为行政官之后,则巡察之事即不再举。

宋制则不同。宋代监司合行政监察为一。权力部门竟然完全承担了监察之职,并且以巡历的方式把监察之职贯彻到极细致深入的地步,这是此前历代无法企及的——须知汉刺史介入行政,正是令汉廷大为踌躇甚至无可破解的难题。何以宋能将前代讳行的权力合一之制持续施行两百年以上? 正如本文一开始所说,当归功于"诸司并立"之制了。

至于元、明两代,总体来说,其制度更接近汉制。廉访—按察司则兼有监察和司法功能,但最强势的监察官——由中央定期遣出的监察(巡按)御史,是最为纯粹的监察官,汉代监察—行政分划比较清晰的状态,又复见于元、明。

宋代监司并不能完全按照诏条,处于持续的活动状态。其中自然有个人年龄和健康状况以及惰性等在起作用,但监司在监察之外同时也承担行政职能,这应当是巡历不及时的关键原因。既要处理行政事务,监司在地方停留的时间毕竟比单纯的监察官要长,故而宋代路的面积虽然普遍小于汉代的刺史部,但宋监司耗费时间在汉刺史两倍以上,也往往无法

---

① 《汉书》卷七十二《鲍宣传》。
② 《后汉书》卷三十一《郭伋传》。

巡历周遍。这个问题促使宋政府发展出一套更为复杂的巡历制度。制度设计层面的区别,是宋制有异于汉制的第二方面。路内分部制度,即是其中最为重要的一种。

在巡历的时间与空间的安排上,元、明之制更接近宋制。巡历的起、始时间和周期较为确定,而一年两次甚至四次的出巡,则使宋、元、明的地方监察官履职的压力要明显大于汉代刺史。这样,元、明两代,也不得不沿用宋代分明的分部之制,并且分部之制逐渐细化和固定,元代尚不太稳定的廉访分司的区划,在明代终于发展为辖境固定的分巡道。然而,一旦分部的空间范围固定下来,其"地方化"、"行政化"便有了基础,终在清代由监察官演化为行政官。

在中国古代,监察与行政难以分开,地方监察官总有变为行政官员的趋势,监察区也总是落地生根,演化为行政区。如此结果,显然违背中央政府建置监察机构的初衷,却又无法避免。汉之部、明清之道,都没有脱离这种演化轨迹。而宋代的制度却体现了另一种思维:如果高层政区内部权力,非由单独的机构或个人独占,那么它对中央集权就不存在强大威胁,又何必避免行政、监察权力之合一? 故而,宋采用了另一种解决方式,即一开始就将两种职能合为一体,然而两者皆由几个机构分担。[①] 制度看似繁复了,但却摆脱了汉式监察制度的死症。仅从这一点来看,我们或许就可以对"专从政治制度上看来,(宋)也是最没有建树的一环"[②]之说作出回应了。

[①] 金圆先生曾对汉刺史与宋监司的地位进行过比较:"由漕、宪、仓三司共同负责监察地方官吏,这就使地方官吏的监察权比较分散,不似汉刺史权力专一,在一定条件下,就容易转化成地方势力……而宋监司避免了这个弊病。"(《宋代监司监察地方官吏摭谈》,《上海师范学院学报》1982年第3期,第92页)

[②] 钱穆:《中国历代政治得失》,三联书店,2005年第2版,第67页。

结　　语

　　以汉代为基准作一比较，可以说，宋以后的监察体系，更为复杂。但是在宋、元、明之间，却通过不同模式表现其复杂性。汉代存在着由地方控制的一个监察官层级（督邮），这个现象在宋以后不再存在。经历了漫长的过渡期之后，至宋代重建起监察体系，由中央完全掌控。

　　逐层向上负责的行政体系，并不是一种各层之间呈现相同维系力度的均衡结构，这具体表现为：层级越往上，相邻两级之间的联系越弱。以层级较少的汉代为例，郡对县的控制相对容易，但中央对郡国的控制便比较难。放到层级最多最复杂的元代来看，府管理州县，事务较少，统辖关系较为稳定，行省管理路、府，就明显要困难，以至于某些面积较大、人群构成较复杂的行省，尚需分置宣慰司作为代管机构。而中央对行省的管理最难。从朝廷到地方基层，容易出现脱节的是朝廷到地方高层这个环节。因此，无论哪个时代，若欲构建监察体系，首先无疑要从中央—高层政区（不置高层政区的时代，则是统县政区）着手，加强管控力度。宋代也不例外，其监察体系的复杂性，即表现在应当着力强化的中央—统县政区的关系上。在同一层级上不断铺开，强调多个监控渠道并存且相互牵制，这不仅有助于避免失察的可能，从长远来看，也免除了处在府、州以上一层的监察机构渐变为完全的行政机构的可能性——汉代的部刺史，正因其"网点"的布局比较适合于整合力量应付突发的大事件，而不可控制地变成郡守的行政上级。

　　宋代的体系传至金代，经过混乱的多次变制，其架构已难以分辨其原型。而元代接过金代曾经出现过的机构改造出新体制后，更是以完全不同于宋制的面目出现。宋代"横向的多元"转变为元代"纵向的多元",不再有平铺的多渠道监察,但多出一个层级来。若以宋代的监司去比照元代的某个机构,那么,其实对应于肃政廉访司显然更合适。而元代新增的由监察御史构成的层级,更加接近中央。这反映出,在元代政区层级众多且控制更难的大背景之下,中央加强对行省—宣慰司的联系控制,最为迫切。但是由监察御史与廉访司建立上下级关系,说明中央对于宣慰司以下的各个层级,也不愿意放松控制。在这一点上,元、明之间又有明显的继承关系。

而监察体系的权力扩张过程,却又显现出另一种特征。与汉代的情况相比较,宋代之后的监察体系是分两步前进的。宋代完善了对统县政区主要官员的综合"考"核权,同时将泛泛而"察"的权力向下延伸到基层政区,将县级官员也容纳进来。到了明代,县官与监察官员方始建立直接的"考"与"被考"关系。

简单梳理宋、元、明地方监察体系及其权力的变迁,不难得出这种结论:宋与元明之间,建立的监察体系有明显的差异,经过金代的传递之后,元的制度较之宋代有显著的新意。但是权力扩张过程,却是前后衔接,呈现一致的趋势:即向上、下两方都伸展开来。向上,逐渐将层级最高的地方行政机构列入监察的范围,元代之刚刚成型的行省、宣慰司等,以及明代的布政司、都指挥司等,皆受到地方监察官的注视。至于向下,则是这个体系不断尝试着容括更低层级的地方官员。在宋代渐入佳境后,至明代获得突破性的进展。元代的"廉访分司"是"半固定"的,是每年二月至十月在分巡区域循行间隙停留的处所。而明代的按察分司,终于以分巡道的形式固定下来。这个派出机构即是监察权向下延伸的产物。若说宋代的地方监察尚可算是"疏而不漏"的话,那么,明代就不再"疏",而是滴水不漏。

监察体系的权力扩张,当然是以侵夺原属行政体系的监察权的方式来实现的。最容易判断的是考核权的转移。若以大致完成转移过程的明代作一观察,可以发现,监察体系直接侵夺了对大部分基层官员的考核权。这些基层官员,既包括统县政区长贰之外的其他官员,也包括县一级的所有官员。行政体系的官员——从府州长贰上至布政使仍参与考核,但既有按察使来分享权力，布政使以下，就不再能独立决断。更何况，还有巡按御史最终起着作用，布政使甚至都不再有首要的地位。在宋代，还算是存在着两条相对清晰的考核途径；而在明代，则由于监察官介入对各个层级官员的考核过程的各个步骤，因此在行使监察权之时，监察—行政两个体系的官员则交错地发挥作用。前者已不再限于在外围监控，而且已全面渗入后者的内部。

两个体系之间的权限越来越模糊，权力混淆日甚，有显而易见的好处。这个好处是就朝廷保障其控制力而言的。直白地说，就是加强了中央集权。胡宝华在论及唐代监察制度时，对于监察主体在中央还是地方，作了如下分析：

> 日常的地方行政监察必须要靠地方政府中承担监察职责的官吏才可能完成。唐代的监察御史扮演的是全国地方监察最高长官的角色，即便是巡察地方的时候，也不过是听取地方官员的汇报而已。所以笔者认为地方监察的主体不在中央，而是来自地方政府。[①]

安史之乱的爆发，就是唐代不存在地方监察体系、中央的"主体"地位无所保障的直接后果。而乱事之中及平定之后的新局势，又消弭了建立体系的可能性。这是一个深刻的教训。如何才能做到，官员在地方执行职务，却能代表并成功地保障中央利益？宋与元明，是两种类型的尝试。长期派驻地方的宋代监司，肯定远不止于"听取地方官员的汇报"，然而，他们难免越来越深地介入地方行政，而后，便难免与中央的利益有所分歧。在元、明，中央决心不再依靠地方政府来完成主要的监察工作，而是由自己来担当"主体"的角色。中央遣出的监察御史，也就不能停留在"听取汇报"的工作方式上。中央的目的，决定了监察体系的结构与权力界限之变化，进而使自己成功掌握主动权。

此外或可一提的是，行政体系内部的监察，因更容易形成利益共同体

[①] 上揭胡宝华专著，第123页。

而归于无效。我们在徐谓礼的批书中看到,他在知州任上数年,"按劾过"一条之下始终空白,可知,置于印纸的规定内容以显示其重要性的监察职责,成了"官样文章"。来自体系以外的监察对于澄清吏治起着何等重要的作用,就不难想见了。

但既然有权力的混淆,那就难以避免权力的争执,或者影响行政效果,以及其他种种始料不及的不利后果。监察体系越来越庞大,对行政体系的牵制和干涉渐强,无疑影响地方行政的效果。汉武帝始置刺史,仅仅是强固了最容易脱节之处,他给郡国守相留下很大的余地,或是地方行政稳定而有效运转的需要。明代先以按察使牵制布政使,更以巡按御史凌驾其上,终致名义上的一省行政长官布政使无所展其手足,运转不灵,地方不靖,从而要新创强势的行政官员总督、巡抚,来重新统一事权。即便在监察体系内部,也易于发生权力的占夺、转移,使他们的精力大量消耗于磨合之中,且不同类型的监察官的地位此起彼落,部分抹除了多层级监察体系建立的本意。明代按察司的发展颓势,便是其例。

监察内容越来越倾向于"细节化"、"具体化"、"全面化",也导致了某种困境。行政体系内部的监察,固然会因共同的利害无关而失效,但是,上级行政官员通过共事与日常沟通,对下级的业绩和缺陷有直观的了解,这是监察官员很难实现的。后者要全面掌握监察对象的情况,最稳当的方法,仍只有遵照朝廷指令,埋头于案牍文书。于是,文牍主义就不得不盛行于官场,监察者与被监察者一同劳形于簿书期会。如此情形,未必真有利于行政的效率与公正。元代廉访司"照刷案牍,繁重芜杂,事无巨细,悉查无略……费去了廉访司许多精力,这对于廉访司纠察非违不法的基本职能,客观上也有些消极影响"。[①] 这一评价,揭示了元、明的新监察体制的困境:其工作方式从前朝有重点的、择要深入的"纠错",向扁平化的全面考察转变。当这一转变完成之后,监察、行政两个体系的互补作用极大的淡化,却在某种程度上发生了替代作用。

现代"分权"观念的影响下,权力按照种类(如行政、军政、财政、司法、

[①] 李治安上揭专著,第312页。

监察等)来划分,几乎被视为唯一的正途。不过在上层无从分置出多个最终负责机构的中国古代,当然是无法实现的。换个角度来思考,分权终归有共同的目的,即是为了政治力量之间的制衡,是为了对权力进行约束。不同体系分享同一类权力,比如监察权,并非不可取。但若方式和重点都高度重合——或者说高度雷同,没有重点,可能就无所谓分权与制衡了。由此看来,宋以后监察体系强势的持续发展,也未必能视作是全然正面的。由是,笔者只能谨慎地用"复杂",而不敢用"完善",来形容其发展趋势。

参 考 文 献

一、古　籍[①]

[宋] 王钦若等：《册府元龟》，中华书局，1960年。

[宋] 慕容彦逢：《摛文堂集》，文渊阁四库全书本。

[明] 孙承泽：《春明梦余录》，北京古籍出版社，1992年。

[宋] 梁克家：《淳熙三山志》，《宋元方志丛刊》本，中华书局，1990年影印本。

[宋] 宇文懋昭撰、崔文印校证：《大金国志校证》，中华书局，1986年。

[明] 申时行等修、赵用贤等纂：《大明会典》，续修四库全书第789—792册。

[明] 余继登：《典故纪闻》，中华书局，1981年。

[宋] 魏泰：《东轩笔录》，中华书局，1983年。

[宋] 胡寅：《斐然集》，中华书局，1993年。

[宋] 汪藻：《浮溪集》，文渊阁四库全书本。

[清] 赵翼著、王树民校证：《陔余丛考》，中华书局，1963年。

[宋] 林駉：《古今源流至论》，文渊阁四库全书本。

[汉] 卫宏、应劭等撰，[清] 孙星衍等辑：《汉官六种》，中华书局，1990年。

[汉] 班固：《汉书》，中华书局，1962年。

[南朝] 范晔：《后汉书》，中华书局，1965年。

[宋] 张纲：《华阳集》，文渊阁四库全书本。

[宋] 朱熹：《晦庵先生朱文公集》，四部丛刊本。

[宋] 施宿等纂：《嘉泰会稽志》，《宋元方志丛刊》本，中华书局，1990年影印。

[①] "古籍"部分，以书名首字拼音排序。

［宋］李心传：《建炎以来朝野杂记》，中华书局，2000年。
［宋］李心传：《建炎以来系年要录》，中华书局，2014年。
［元］脱脱等：《金史》，中华书局，1975年。
［清］施国祁：《金史详校》，（台北）新文丰出版公司，1984年。
［唐］房玄龄等：《晋书》，中华书局，1974年。
［宋］吕陶：《净德集》，文渊阁四库全书本。
［宋］汪藻撰、王智勇笺注：《靖康要录笺注》，四川大学出版社，2008年。
［后晋］刘昫：《旧唐书》，中华书局，1975年。
［明］黄淮、杨士奇等编：《历代名臣奏议》，上海古籍出版社，1989年影印，文渊阁四库全书本。
［唐］姚思廉：《梁书》，中华书局，1973年。
［宋］李纲：《梁溪集》，文渊阁四库全书本。
向南：《辽代石刻文编》，河北教育出版社，1995年。
向南、张国庆、李宇峰辑注：《辽代石刻文续编》，辽宁人民出版社，2010年。
［元］脱脱等：《辽史》，中华书局，1974年。
［宋］刘克庄撰、辛更儒校：《刘克庄集笺校》，中华书局，2011年。
［宋］王庭珪：《卢溪集》，文渊阁四库全书本。
［明］马文升：《马端肃奏议》，文渊阁四库全书本。
［汉］郑玄笺，［唐］陆德明音义，［唐］孔颖达疏，朱杰人、李慧玲整理：《毛诗注疏》，上海古籍出版社，2013年。
［明］陈子龙：《明经世文编》，中华书局，1997年。
《明实录》，"中研院"史语所影印，1962年。
［清］张廷玉等：《明史》，中华书局，1974年。
［南朝梁］萧子显：《南齐书》，中华书局，1972年。
［元］刘孟琛等：《南台备要》，收入《宪台通纪》（外三种），浙江古籍出版社，2002年。
［宋］吴曾：《能改斋漫录》，中华书局，1960年。
［清］钱大昕：《廿二史考异》，中华书局，1985年。
［清］赵翼著、王树民校证：《廿二史札记校证》，中华书局，1984年。
［宋］洪皓：《鄱阳集》，文渊阁四库全书本。
［宋］周密：《齐东野语》，中华书局，1983年。
［汉］荀悦撰、张烈点校：《前汉纪》，收入《两汉纪》，中华书局，2002年。

[元] 袁桷：《清容居士集》，《四部丛刊》初编本。

[宋] 谢深甫编：《庆元条法事类》，燕京大学图书馆，1948年刻本。

陈述辑校：《全辽文》，中华书局，1982年。

李修生主编：《全元文》，凤凰出版社，2004年。

[宋] 章如愚：《群书考索》，文渊阁四库全书本。

[晋] 陈寿：《三国志》，中华书局，1959年。

[宋] 刘一止：《苕溪集》，文渊阁四库全书本。

[宋] 王辟之：《渑水燕谈录》，中华书局，1981年。

[汉] 司马迁：《史记》，中华书局，1959年。

[清] 徐松辑：《宋会要辑稿》，中华书局，1957年。

[元] 脱脱等：《宋史》，中华书局，1977年。

[南朝梁] 沈约：《宋书》，中华书局，1974年。

[唐] 魏徵等：《隋书》，中华书局，1973年。

[宋] 周紫芝：《太仓稊米集》，文渊阁四库全书本。

[宋] 李昉等编：《太平御览》，中华书局，2006年。

[宋] 王溥：《唐会要》，中华书局重印《国学基本丛书》本，1955年。

[唐] 李林甫等撰、陈仲夫点校：《唐六典》，中华书局，1992年。

[唐] 长孙无忌等撰、刘俊文点校：《唐律疏议》，中华书局，1983年。

[唐] 杜佑：《通典》，中华书局，1988年。

[宋] 胡三省：《通鉴释文辩误》，《资治通鉴》附，中华书局，1958年。

[明] 沈德符：《万历野获编》，中华书局，1959年。

贾敬颜：《王寂〈辽东行部志〉疏证稿》，收入贾敬颜《五代宋金元人边疆行记十三种疏证稿》，中华书局，2004年。

[北齐] 魏收：《魏书》，中华书局，1974年。

[宋] 司马光：《温国文正司马公文集》，四部丛刊本。

[宋] 李昂英：《文溪集》，文渊阁四库全书本。

[宋] 马端临撰、上海师范大学古籍研究所等点校：《文献通考》，中华书局，2011年。

[元] 王恽：《乌台笔补》，收入《宪台通纪》（外三种），浙江古籍出版社，2002年。

[元] 吴澄：《吴文正集》，文渊阁四库全书本。

[宋] 王溥：《五代会要》，上海古籍出版社，2006年。

[宋] 真德秀：《西山先生真文忠公文集》，四部丛刊本。

［明］张萱：《西园闻见录》，上海古籍出版社，1995年影印。

［元］赵承禧：《宪台通纪》（外三种），浙江古籍出版社，2002年。

［元］唐惟明：《宪台通纪续集》，收入《宪台通纪》（外三种），浙江古籍出版社，2002年。

［宋］欧阳修、宋祁：《新唐书》，中华书局，1975年。

［汉］司马彪：《续汉志》，收入《后汉书》，中华书局，1965年。

［宋］李焘：《续资治通鉴长编》，中华书局，2004年第2版。

［汉］桓宽撰、王利器校注：《盐铁论校注》，中华书局，1992年。

［宋］黄裳：《演山集》，文渊阁四库全书本。

［宋］张孝祥：《于湖居士文集》，上海古籍出版社，1980年。

［宋］王应麟：《玉海》，江苏古籍出版社、上海书店出版社，1987年。

陈高华等点校：《元典章》，中华书局、天津古籍出版社，2011年。

［金］元好问：《元好问全集》，山西古籍出版社，2004年。

［明］宋濂：《元史》，中华书局，1976年。

［元］苏天爵：《元文类》，商务印书馆，1958年。

［宋］沈辽：《云巢编》，文渊阁四库全书本。

［宋］华镇：《云溪居士集》，文渊阁四库全书本。

［宋］张咏：《张乖崖集》，中华书局，2000年。

［宋］孙逢吉：《职官分纪》，中华书局，1988年。

［元］许有壬：《至正集》，（台北）新文丰出版公司，1985年。

［宋］司马光：《资治通鉴》，中华书局，1958年。

［元］苏天爵：《滋溪文稿》，中华书局，1997年。

二、今人论著[①]

高一涵：《中国御史制度的沿革》，上海商务印书馆，1926年。

曾纪蔚：《清代之监察制度论》，上海书店出版社，1931年。

徐式圭：《中国监察史略》，中华书局，1937年。

陈世材：《两汉监察制度研究》，上海书店出版社，1944年。

劳榦：《两汉刺史制度考》，《中研院史语所集刊》第十一本，1944年。

---

① "今人论著"部分，以出版或发表年月排序；相同年月则以书名首字拼音排序。

萨孟武：《西汉监察制度与韩非思想》，《台大社会科学论丛》第五辑，1954年，收入《孟武随笔》，三民书局，1969年。

E. A. Kracke. Jr., *Translation of Sung Civil Service Titles*, Paris: Ecole Pratique des Hautes Etudes, 1957.

严耕望：《中国地方行政制度史·秦汉地方行政制度》，"中研院"史语所，1961年。

岛田正郎：《辽朝监察官考》，《大陆杂志》30卷第7期，1964年。

丹羽友三郎：《元代における地方監察機構の成立過程について》，《三重法经》第十六号，1965年。

丹羽友三郎：《元代における地方監察官の分巡について》，《名古屋商科大学论集》第十卷，1966年。

陶晋生：《金代的政治结构》，《"中研院"史语所集刊》第四十一本第四分册，1969年。

巨焕武：《明代巡按监察御史》，台湾政治大学政治研究所博士论文，1970年。

徐曾渊：《中国监察制度的理论、渊源及影响》，台湾商务印书馆，1971年。

严耕望：《中国地方行政制度史·魏晋南北朝地方行政制度》，中研院史语所，1974年。

洪金富：《元代监察制度的特色》，载《成功大学历史学系历史学报》第2期，1975年7月。

高桥继男：《唐代後半期における巡院の地方行政監察業務について》，载《星博士退官纪念中国史论集》，星斌夫先生退官纪念事业会，1978年。

徐连达：《唐代监察制度述论》，《历史研究》1981年第5期。

孙伯南：《中国监察制度的研究》，三民书局，1982年。

金圆：《宋代监司监察地方官吏摭谈》，载《上海师范学院学报》1982年第3期。

郑世刚：《北宋的转运使》，载邓广铭、郦家驹等主编《宋史研究论文集》（一九八二年年会编刊），河南人民出版社，1984年。

郝时远《元代监察制度概述》，载《元史论丛》第3辑，中华书局，1986年。

王寿南：《唐代御史制度》，载《劳贞一先生八秩荣庆论文集》，台湾商务印书馆，1986年。

彭勃、龚飞主编：《中国监察制度史》，中国政法大学出版社，1987年。

谭其骧：《金代路制考》，收入《长水集》下卷，人民出版社，1987年。

谭其骧：《讨论两汉州制致顾颉刚先生书》，收入《长水集》上卷，人民出版社，1987年。

池田温：《采访使考》，载《第一届国际唐代学术会议论文集》，台湾学生书局，1989年。

戴建国：《宋代的提点刑狱司》，载《上海师范大学学报(哲社版)》1989年第2期。
何汝泉：《唐代前期的地方监察制度》，载《中国史研究》1989年第2期。
陈仲安：《汉唐间中央行政监察权力的分合》，载《魏晋南北朝隋唐史料》第11期，武汉大学出版社，1991年。
吴观文：《中国古代政治与监察制度》，国防科技大学出版社，1991年。
宫崎市定：《宋元时代的法制和审判机构》，载《日本学者研究中国史论著选译》第八卷，中华书局1992年。
邱永明：《中国监察制度史》，华东师范大学出版社，1992年。
余兴安：《明代巡按制度研究》，载《中国史研究》1992年第1期。
徐松巍：《金代监察制度初论》，载《民族研究》1992年第2期。
邓小南：《宋代文官选任制度诸层面》，河北教育出版社，1993年。
胡沧泽：《唐代御史制度研究》，文津出版社，1993年。
贾玉英：《宋代监察制度》，河南大学出版社，1994年。
金圆：《宋代监司制度述论》，载《上海师范大学学报》1994年第3期。
刘太祥：《北朝大使巡行初探》，载《许昌师专学报》1995年第1期。
贾玉英：《宋代监察制度》，河南大学出版社，1996年。
俞鹿年：《中国政治制度通史·隋唐五代》，人民出版社，1996年。
朱瑞熙：《中国政治制度通史·宋代》，人民出版社，1996年。
吴吉远：《试论明清时期的守巡道制度》，《社会科学辑刊》1996年第1期。
李锡厚、白滨：《中国政治制度通史·辽金西夏卷》，人民出版社，1997年。
关文发、于波主编：《中国监察制度研究》，中国社会科学出版社，1998年。
周振鹤：《地方行政制度志》，上海人民出版社，1998年。
程妮娜：《金代政治制度研究》，吉林大学出版社，1999年。
张晋藩、郭伟成主编：《中国法制通史》，法律出版社，1999年。
袁刚：《隋朝监察制度》，载《北大学报》1999年第6期。
戴建国：《宋代法制初探》，黑龙江人民出版社，2000年9月。
郭东旭：《宋代法制研究》(宋史研究丛书)第362页，河北大学出版社，2000年。
李小树：《秦汉魏晋南北朝监察史纲》，社会科学文献出版社，2000年。
程妮娜：《金代监察制度探析》，《中国史研究》2000年第1期。
武玉环：《辽代监察制度考述》，《北方文物》2000年第3期。
张治安：《明代监察制度研究》，台湾五南图书出版公司，2001年。

洪金富：《元代监察官吏的出巡日期问题》，载《新史学》十三卷二期，2002 年 6 月。

高敏：《北朝典签制度试探》，载《中国史研究》2003 年第 1 期。

李治安：《元代政治制度研究》，人民出版社，2003 年。

史云贵：《汉代刺史制度述论》，载《人文杂志》2003 年第 2 期。

万孝行：《"异体"监察与西汉刺史制度》，载《史学月刊》2003 第 11 期。

都兴智：《辽金史研究》，人民出版社，2004 年。

贾玉英：《中国古代监察制度发展史》，人民出版社，2004 年。

刘双舟：《明代监察法制研究》，中国检察出版社，2004 年。

李传军：《魏晋南北朝时期风俗巡使制度初探》，《晋阳学刊》2004 年第 2 期。

陈志坚：《唐代州郡制度研究》，上海古籍出版社，2005 年。

胡宝华：《唐代监察制度研究》，商务印书馆，2005 年。

钱穆：《中国历代政治得失》，三联书店，2005 年第 2 版，第 67 页。

余蔚：《完整制与分离制：宋代地方行政权力的转移》，载《历史研究》2005 年第 4 期。

邱永明：《中国古代监察制度史》，上海人民出版社，2006 年。

戴扬本：《北宋转运使考述》，上海古籍出版社，2007 年。

李昌宪：《中国行政区划通史·宋西夏卷》，复旦大学出版社，2007 年。

刘运玺：《关于两汉刺史制度的几个问题》，载《学术论坛》2007 年第 9 期。

武剑青：《南朝遣使巡行初探》，载《西南交通大学学报》（社会科学版）2007 年第 6 期。

邓小南：《政绩考察与信息渠道——以宋代为重心》，北京大学出版社，2008 年。

严耕望：《景云十三道与开元十六道》，《严耕望史学论文集》，上海古籍出版社，2009 年，原载《"中研院"史语所集刊》第三十六本《纪念董作宾董同龢两先生论文集》上册，1964 年。

虞云国：《宋代台谏制度研究》（增订本），上海书店出版社，2009 年。

戴建国：《唐宋变革时期的法律与社会》，上海古籍出版社，2010 年 12 月。

包伟民、郑嘉励主编：《武义南宋徐谓礼文书》，中华书局，2012 年。

温海清：《画境中州—金元之际华北行政建置考》，上海古籍出版社，2012 年。

武波：《元代考课制度》，载《史学月刊》2013 年第 8 期。

索 引

A

哀帝 61,62,111,202
安抚使 87,132,186
按察分司 97,156,167,175,179-181,205
按察使 36,46,47,49,58,74,80,88,89,94,129,158,160,179,206,207
按察司 36,40,42,44,46-54,57,73,74,91,93,94,96-99,118-121,149,152,156,160,163,165-169,173-175,178-181,202,207
按察转运司 47,48
按问使 129

B

鲍宣 76,202
别驾 61,64,82,181
布政使司 74,97,102,103,158
部从事 61,90,113,161,181
部郡国从事 61,161
簿曹从事 61,161,163

C

采访处置使 81-83
采访使 4,50,82-84,87,88,125,128,129,132,136,149

蔡质 144,160,172
仓司 12,22,25,35,87,183,186,187,190,192-194,197
漕臣 10,12,22,25,135,193,194,199
漕司 10,21,24,25,35,87,140,183,185,190,199
漕司勾当公事 22
茶盐司 12-14
察访使 16-18,26-28,31,71,132,135,139,150
察访司 16,17,26-28,70,138,150
成帝 60,61,109,111,155
丞相史 58,59,108,110,122,172
丞相司直 108,110,111,202
承宣布政司 73
程妮娜 36,42
黜陟使 83,126,127
刺史 2,4,5,7-9,27,45,46,58-70,75,76,79,80,82-84,90,92,93,95,100,102,104,108-112,115,116,119,121-127,141,144-151,154,155,159-161,163,166,169,171-174,176,180-182,185,201-204,207

索 引

刺史部　14,59,60,62,90,93,103,174,178,179,201,202

存抚使　80

D

大计　117,156,157,160

大理寺　15,43,79,81,188

大司空　62,111

大司徒　111

邓小南　3,10

典签　84,112,155

点差　117,118,160,166,168,176

殿最　25,41,113,146,147,151,173,176

都察院　1,58,73,74,79,86,90,96-98,117-121,141,156-158,163,166,168,175,176,180,181

都官从事　111

都官考课法　148

都御史　95,117,119,158

都指挥使司　73

都转运使　21

督军御史　123,166

督邮　64-66,90,92,93,100,144,176,204

督邮部　93,100

E

二千石　27,59-63,68,69,92,109-111,122,124,126,144,154,155,160,163,170,176

二十六路　10

二十三路　10,14,177,190

二十五路　10

F

分部　60,64,68,92,97,177,179,182-184,190-201,203

分守道　74,98,171

分司　38,48,74,94-97,118,129,163,166,171,177-180,203,205

分巡道　74,75,97,98,160,171,175,178,203,205

分巡区　74,178,179,205

风俗使　126

抚恤使　126

抚谕使　132

G

高一涵　2

高宗　12,13,139,186,198

给事中　129,168

观察使　38,67,83,84,87,88,129,149,150

观风俗使　126

管勾文字　22,34

H

汉高祖　141

汉武帝　82,108,121,141,166,171,207

行部　40,52,60,61,155,161,185,189,202

行省　52,72,74,87,95,97,101,103,106,116,117,138,156-159,204,205

行台大夫　72,116

行御史台　72,74,94,95,97,100-102,115,158

行元帅府 52

行院 52

行止簿 151

何汝泉 77,84

何武 62,161,163

洪皓 37,42,55

洪金富 3,8,72,94,95,99,116,153,156,175,182

后曹 147

胡宝华 1,2,8,84,87,90,98,111,112,121,128,164,167,206

互察 30-35,54,99,119,157,186

户口使 126

皇城司 136

黄绶 155

J

监察使 30,124,126,127

监察御史 4,5,38-41,46,49-52,58,72-74,78,79,89,90,93-97,100,102,103,108,110,112,114-122,127,128,133,141,151,153,155,156,159,160,163,165-170,172,176,178,181,205,206

监军使 126

监军御史 166

监司 4,15,16,19-35,54,58,63,66-73,75,80,85,87-89,91,93,98,99,113-115,119,132,133,135-140,145,150-153,155,157,159,161,162,164,165,169,170,173,174,177,178,180-203,205,206

监御史 58-60,63,77,78,107-110,171,172

检校御史 72

解由 151,153

晋武帝 63,69,75

京察 117,149

经略安抚使 19

经司金帐 21,152,164

纠察在京刑狱 15,16,79

九道 79,80,127,178

决曹 147,148

郡守 30,37,60-63,65,76,77,85,92,100,108,144-150,154,160,161,169,171,176,202,204

K

开封府界常平司 13

开元十五道 79,127

考察 3,5,6,8,33,36,37,39,40,44,45,50,51,53,64,65,74,78,88,91,92,100,104,107,114,115,118,119,121,122,126,132,136,137,142-144,146,152,156,160,161,169,182,207

考功 114,119,147-149,152,156,157

考功课吏法 147

考功郎中 114,148

考功员外郎 114

考课 3,34,43,46,49,69,70,81,85,113,114,145-153,155,156,166,169,173,194,196

考满 119,152,153,156,157

L

劳榦　4,108,161

李道传　199

李峤　128

李治安　3,4,8,72,74,94,95,97,102,116,158,182,207

历子　113

廉访使　17,18,20,26,28-31,37,38,139,151

刘劭　148

刘双舟　3,85,97,153,159

刘焉　62,63

刘昭　63,144,160,172

六察　64,114,115,133

六科　117,120

六科给事中　1,117

六条　59,60,64,70,76,81,82,112,146,154,160,163

录事参军事　90

M

马文升　175,180

磨勘　114,118,133

墨绶　60,110,155,176

N

南宋徐谓礼文书　85,150,151,166

P

彭汝砺　138,139

平倒别路除授之制　46

Q

佥都御史　158

佥事　74,95-97,160,177-180

秦始皇　77,121,141

青绶　155

清军道　74

《庆元条法事类》　21,23,24,32,34,35,69,85,114,150,165,174,181,186,194,196-198

劝农使　21,48,52

R

仁宗　15,18-20,23,25,70,99,113,133,134,136-138,161,176,182,191

S

三独坐　111

三辅　58,59,108,109,124

三京道　128

三老　93,123

啬夫　93

尚书　22,34,39,41,43-46,48,49,51,52,55,81,89,111,112,114,129,132,148,149,166,174,194

尚书令　111

神宗　12,17,20,21,26-28,31,32,56,85,99,114,135,136,138,139,150-153,177,183,185,193,197

审官院　113,114,157

十八路　10,12-14,190

十道　79,80,89,94,95,97,127,128,178

十道按察使　80

十道巡察使　112

十三布政司　179

十三部　59,82,109,111

十五路　10,11,66

守贰　29

枢密院　27,30,55,167

刷卷　117,153,179

帅臣　29,32,33,199

帅司　19,20,30-33,87,136,140,167,186,199,201

司隶刺史　64,82,89,127,163

司隶台　64,76,79,82,89,112,125,127,130,131

司隶校尉　14,59,61,62,79,109-111,121,141

司马光　9,26,68,138,139,190

司州　111

私罪　160

四善二十七最　148

四善十七最　46,49

宋太宗　133,136

宋太祖　56

肃政廉访使　4,72,73,79,102,115

T

堂上官　117-120

陶晋生　57

提点府界诸县镇公事　15

提点刑狱　4,10-12,14-17,20-23,25,27,32-36,44,67-69,79,87,99,114,137,138,161,162,174,182-184,186,189,191,193,194,198,199

提督学道　74

提举茶盐　12-14,87,198

提举常平　12-15,21,22,27,29,32-35,67,69,70,87,99,114,138,165,183,186,190,193-195,198

提举常平茶盐　10,13,14,20,22

提举司　12,15,22,32-34,54,66,67,70,192,194,199

提举学事　34,35

提刑　11-16,21-25,27,32-36,40-48,50-54,56,57,66,67,70,71,73,88,90,91,93-95,97,100,137,138,162,167,185-188,191-195,198,199

提刑按察使　72,73,87,93,95,97

提刑按察司　36,73,74,88,93-98,101,102,162,175

提刑使　36,43,50,88

提刑司检法官　22

体量安抚使　132,136

亭部　93,100

通判　9,27,30,46,67,84,85,103,113,144,145,150,151,153,170

W

外察　149,152

《文具录》　55

《乌台笔补》　47

五官掾　93

五京道　128

武后　72,80,89,112,125,127

X

夏侯玄　172

宪司　11,22,35,87,183,190,191,195

乡部　93

孝宗　32,67,177,195,197

绣衣御史　121,124,125

绣衣执法　125

徐谓礼　85,150,151,166,207

序官　26,67

宣抚使　87

宣抚司　53,137

宣慰司　95,101,169,204,205

宣谕使　132,137

玄宗　80-82,128,149

巡按使　132,136

巡按御史　4,5,73,74,76,79,86,87,90,96-98,117,118,120,152,157,158,160,169,173,176,179,181,182,206,207

巡抚　74,79-81,85-87,98,127,132,157-159,175,207

巡抚使　86,132

巡行　4,6,22,51,52,60,73,80,85,89,90,93-95,97,123,125,126,129,133,144,170-183,185,188,191,201

巡历　21-23,33,35,48,67-70,88,90,93-95,99,118,152,153,162,165,166,174,175,177,179-182,184-203

巡院　4,9,84,98,99,164

循行小史　90

Y

谒者　64,123,124,130,131,141,142,172

谒者台　130,131,141

《一司赦》　23

驿传道　74

印纸　34,35,85,113,151,153,166,207

游徼　93

有秩　93

右肃政台　79,89,112,116,125

虞云国　4

宇文虚中　55

御史大夫　1,58,59,62,64,82,90,96,108-111,119,123

御史府　96,109,110,112,115,116,124,141

御史中丞　50,52,109-111,113,114,124,125

元帝　60,61,147,181

Z

贼曹　147,148

章宗　36,38,40-47,50-52,55-57,88,167

赵翼　37,44

照刷　73,74,118,153,156,165,166,168,178,180,181,207

哲宗　11,17,19,20,28,29,71,133,136,139,193,197

贞观十道　79,80,127

真德秀　199,201

真宗　10,12,21,132,133,135-138,152,186

赈恤使　126

制衡　1,56,57,70,74,99,108,112,159,170,208

制压　57

制置使　87,137

制置司　137

中丞　72,109,116

中书　25,27,34,101,113,116,117,129,130,167,186,192

州牧　58,59,61-63,68,83,90,108,125,166,172,176,202

朱博　60,62,155,161

朱瑞熙　87,184,186

转运按察使　16

转运使　4,9-11,15,16,18,20-23,25-27,30,32,36,37,40,47-49,54,55,67,68,70,78,87,88,94,98,99,103,113,114,133,139,150,152,164,176,184-186,189,191,193

转运司　9-12,14,21-23,25,26,32,33,35-37,45,47-49,53,54,57,66-68,70,75,78,94,98,99,114,137,139,152,153,162,164,177,183,199

资序　67,68

总领　137,199

走马承受　18-20,26,28-31,87,136,142,167

租庸使　164